第 32 辑
(2018年·春)

中文社会科学引文索引(CSSCI)来源集刊

文化研究

广州大学人文学院
南京大学人文社会科学高级研究院　主　办

陶东风（执行）　周　宪　主　编
胡疆锋　　　　　周计武　副主编
陈国战　　　　　　　　　编　辑

社会科学文献出版社
SOCIAL SCIENCES ACADEMIC PRESS (CHINA)

《文化研究》编委会

主　编

　　陶东风（执行）　广州大学人文学院
　　周　宪　　　　　南京大学人文社会科学高级研究院

编　委

国内学者（按姓氏笔画排序）

　　王　宁　　清华大学
　　王逢振　　中国社会科学院
　　王德胜　　首都师范大学
　　乐黛云　　北京大学
　　邱运华　　首都师范大学
　　陈晓明　　北京大学
　　金元浦　　中国人民大学
　　赵　斌　　北京大学
　　高丙中　　北京大学
　　曹卫东　　北京师范大学
　　戴锦华　　北京大学

海外学者（按姓氏拼音排序）

　　洪恩美　　　　　　澳大利亚西悉尼大学
　　托尼·本尼特　　　英国开放大学
　　大卫·伯奇　　　　澳大利亚迪金大学
　　阿里夫·德里克　　美国杜克大学
　　西蒙·杜林　　　　美国约翰·霍普金斯大学
　　约翰·哈特莱　　　澳大利亚昆士兰科技大学
　　刘　康　　　　　　美国杜克大学
　　鲁晓鹏　　　　　　美国戴维斯加州大学
　　格雷厄姆·默多克　英国拉夫堡大学
　　约翰·斯道雷　　　英国桑德兰大学
　　沃尔夫冈·威尔什　德国耶拿席勒大学
　　徐　贲　　　　　　美国加州圣玛丽学院
　　张旭东　　　　　　美国纽约大学
　　张英进　　　　　　美国圣迭戈加州大学

· Editors-in-chief

Tao Dongfeng (Execute)	College of Humanities, Guangzhou University
Zhou Xian	Institute of Advanced Studies in Humanities and Social Sciences, Nanjing University

· Editorial Board

Domestic scholars

Wang Ning	Tsinghua University
Wang Fengzhen	Chinese Academy of Social Sciences
Wang Desheng	Capital Normal University
Yue Daiyun	Peking University
Qiu Yunhua	Capital Normal University
Chen Xiaoming	Peking University
Jin Yuanpu	Renmin University of China
Zhao Bin	Peking University
Gao Bingzhong	Peking University
Cao Weidong	Beijing Normal University
Dai Jinhua	Peking University

Overseas scholars

Ang Ien	University of Western Sydney, Australia
Bennett Tony	Open University, UK
Birch David	Deakin University, Australia
Dirlik Arif	Duke University, USA
During Simon	The Johns Hopkins University, USA
Hartley John	Queensland University of Technology, Australia
Liu Kang	Duke University, USA
Lu Xiaopeng	University of California, Davis, USA
Murdock Graham	Loughborough University, UK
Storey John	University of Sunderland, UK
Welsch Wolfgang	Friedrich-Schiller-University Jena, Germany
Xu Ben	St. Mary's College of California, USA
Zhang Xudong	New York University, USA
Zhang Yingjin	University of California, San Diego, USA

主编的话

陶东风

从第 30 辑开始,《文化研究》编辑部已经移到广州。刊物将改由广州大学人文学院与南京大学人文社会科学高级研究院共同主办。这是我第一次在广州大学城撰写"主编的话",不禁感慨良多。今年广州的冬天特别冷,朋友们说是 2008 年后最冷的一年。我说,比北方还是暖和多了。

"听觉文化研究"作为专题刊出,在本刊还是第一次。20 世纪的学术界"××转向"的声音此起彼伏。什么语言论转向、葛兰西转向、福柯转向、视觉文化转向、图像转向等,搞得人不免晕头转向。最近我们听到的一个转向就是所谓"听觉转向"。在汉语语境中,"转向"常常带有彻底改变的意思,带有从……到……的绝对论意味(如从资产阶级立场转向无产阶级立场)。如果把这个意思带到"听觉转向"中,麻烦就大了。或许正是因为这个原因,曾军先生不认同"听觉转向"的说法。他的文章梳理了中外学界对"听觉转向""听觉文化""听觉文化研究"等术语的使用情况,认为"听觉转向"不是一个严格而准确的学术话语,相反,这是一个类似广告的东西,"就是作为一面旗帜通过振臂一呼、摇旗呐喊来引起更多学者对听觉文化的关注"。但他承认,"听觉文化研究"是一个有意义的概念,只是研究对象和范围需要厘清。曾军认为,听觉文化研究的逻辑起点在于对"听觉文化"之文化性质的确定,不能将听觉文化研究确定在生理学和物理学的维度,否则就意味着将所有与声音和听觉相关的文化都尽收其中,使这个概念的外延大得没有意义。在他看来,作为当代文化研究对象的"听觉文化",特指以现代听觉技术(以声音的录制和保存为核心)为媒介和呈现方式的声音文化现象。这就把听觉文化研究的对象在时间上锁定在 19 世纪工业革命以后。"听觉文化中的声音不再是非物质的、只在时间的流逝中展开的、一次性不可逆的物体振动,而是可以被保存在特定物质介质中的、可以克服线性时间的局限(可以有时序、时频、时长等各种技术处理手段)、可以重复播放、技术处理和远距离传输的声音采样。"正因为听觉文化的这种现代媒介属性,使"声音"和"听觉"不再局限于生理和物理的范围,而是广泛与科学技术、政治经济、社会文化等方方面面发生关联,这些关联方面正是听觉文化研究的着力点所在。我以为,这个界定对于厘清"听觉文化""听觉文化研究"的对象和范围,具有重要意义。

曾军的这个定义得到了王樱子的呼应。在《何以走向听觉文化——听觉的时空突破与审美主体性讨论》中,作者指出,应该在现代声音技术的语境中理解当下学术界对听觉文化日渐强烈的关注,正是现代媒介技术的发展使得声音突破了时间限制,变得可长久保存和反复聆听。不过在我看来,更有意思,也更加接近听觉的文化研究(而非美学研究)的,是作者对于与不同文化产品相对应的不同感觉属性的文化分析:视觉更为理性、精神化、冷静,而听觉更感性、更身体化,有更强烈的情感唤起功能。我们对于一幅画的观赏更加不动声色(所谓"静观"是也),而激烈的声音却往往使人手舞足蹈。"跟随悠扬的音乐翩翩起舞,循着热烈的鼓点晃动,或在一段演讲的高潮部分经久不息地鼓掌。"还有,观看行为可以采取不同角度,不同个体在同时、同地观看同一幅画时,每个人的视野是不同的;而当广大听众共同聆听一段声音时,由于对象的时间性,其听之过程往往同步。"因为这一特殊性,公共的听觉空间常被用来对人进行同一性的塑造。"正如阿达利所言:"所有音乐与任何声音的编制都是创造或强化一个团体、一个集体的工具,将一个权力中心与其附属物联结起来。"本文作者举的例子是今天的消费场所,比如在肯德基、麦当劳等快餐店,总是充斥着分贝不低的流行音乐,明显的鼓点与振奋的节奏仿佛在一拍不差地催促食客们加快用餐,好为下一拨客人"腾地方"。类似的例子还有今天公园里的革命歌曲大合唱。作者对于耳机技术导致的听的私人化和声音的私人空间的分析,对技术带来的声音对于时间和空间的超越,也都精彩,虽然强调了技术的重要性,却不是技术决定论。

如果说曾军和王樱子的文章都侧重理论性,那么,路扬的《上海的声景:现代作家的都市听觉实践》则是对于中国现代作家都市听觉经验书写的个案分析。相比于对文学作品中视觉书写的大量研究著述,听觉经验书写的研究还是相对少的。在作者看来,上海这个国际大都市中不同类型主体的听觉体验,不仅具有文学研究价值,也是一份特殊的城市史料。作者抓住现代作家笔下的"市声"做文章,认为它将一个多元声景之中的上海保存了下来。作者通过对不同类型作家(特别是鲁迅和张爱玲)的听觉书写,认为在视景之外,声景中的上海暴露出其都市现代性的不均衡与不稳定,并在不同作家那里显影出社会区隔、空间政治以及战时日常生活的心理地貌。作者引用了艾米丽·汤普森的"声景"(soundscape)概念。"声景"即一种听觉的景观(acoustical or autal landscape),"它既是物质环境,又是感知这一环境的方式,不仅包括声音本身,同时还包括在听者感知声音的环境中由声音所创造或毁灭的物质对象。因而,声景既包含了有关聆听的科学与美学方式,也包含了聆听者与环境的关系及其社会境遇"。这样的界定之后,对声景进行超越美学和文学的文化研究也就顺理成章了。现代作家笔下的城市声景构建既是物质性的,也是想象性的。作者特别强调:相比于直接的声音对象或声音技术,文学文本提供的是现代作家关于都市声音的体验、感受、想象或记忆。它既是私人的,也是公共的,既带有情感性与想象性,又可能触发理性的思辨或批判性的实践。作者特别注重分析作品中的声音与城市日常生活的联系,专注于日常生活中的声音,如叫卖声、倒马桶声、调情的声音,可谓声景众生相。文章通过文本解读和其他分析视角的融合,在看似平常的声音细节中寻找权力和等级的印记。"在二十世纪上半叶的上海,那些斑斓而驳杂的'市声'既昭示着这个'地狱上的天堂'里两极分化的社会区隔与空间政治,又呈现着现代性经验生成时的淋漓与破碎,甚至还承载着沦陷时空中的个体心理危机与历史重负。"

这个专题还有一篇译文,即米歇尔·希尔穆斯的《广播与想象的共同体》,它是对诞生于20世纪20年代的广播的文化分析。作者认为,广播这一表现形式的出现本身就有文化规范和价值观的基础,它的影响远超过节目播出这一行为本身,具有从文化上、语言上团结民族的力量。听众们通过广播创造了全国范围的共享共时性经验,对于建构具有现代国家意识的"想象的共同体"至关重要。广播用共同的语言通过半官方、半私人的形式面向整个国家播音,谈论事关整个国家的事情。"广播这种新媒体通过将公共空间带入隐秘的私人空间,把偏远地区与文化中心联系起来,用无形的以太波把国家捆绑在一起。"当然,广播在消除距离和区隔、承诺希望的同时,也带来了新的社会问题,威胁到原先的自然与社会空间的分隔状况,造成种族、阶级、性别身份的混乱,等等。广播推进了语言的统一,更有利于统一的民族身份的建构,但也加深了方言消失的危机。

第二个专题是"亚文化研究"。其中安迪·贝内特的《后亚文化转向:十年后的一些反思》一文全面介绍了后亚文化转向的含义,它对于亚文化研究提出的挑战,它自身存在的问题以及两者联合的可能性。简单概括,从亚文化到后亚文化,体现了亚文化研究范式从现代到后现代,从(阶级、种族等的)本质主义到反本质主义,从集体主义到个人主义,从生产主导论到消费主导论,从亚文化风格的整体论到碎片论、混合杂交论(用迈尔斯的话说,"务实、统一的亚文化身份,转变为风格的变动不居的拼接和并列")的重点转移。比如,在一个流动的后亚文化音乐场景中,不同背景的人因为音乐品味和相关的审美感受,而不是因为阶级或所属的社区,而临时聚集在一起。后亚文化理论家认为,亚文化理论太过于坚持有关阶级和社区固定性的本质主义假设,而且,在社会、文化和结构发生快速改变的背景下,消费已经成为维系年轻人稳定生活的根本手段。

后亚文化理论的后现代立场如果走向极端,就会像过度夸大消费者能动性的积极受众理论(以费斯克为代表)那样,陷入自我欺骗乃至阿Q式的精神胜利法,因此而招致一系列批评也就在情理之中了。批评意见认为,后亚文化理论对风格的阶级性、集体性和稳定性否定过多,看不到结构对能动性的制约。假定不论青年身处什么阶级,收入多寡,生活在何处,他们都有同等的消费能力,这完全不符合实际。结构化的不平等在年轻人对文化商品的获取和消费过程中显示出了持续的重要性,因为阶级差异和一个人在生产结构中的位置无疑是一个基本的社会事实,否定这个基本事实无异于自欺欺人。

本文作者认为,亚文化和后亚文化两种研究路径各有千秋,其实可以互补,重要的是要依据具体个案灵活把握以何种研究路径为主导。这个建议具有重要价值。亚文化理论的主要问题在于机械应用阶级结构和生产结构分析法,假设阶级之类的社会事实是在任何情况下都占据绝对主导地位的本质实体,然后将它僵化地应用于文化问题,认为前者的关系可以直接用来解释后者。在具体的青年文化研究中,应该结合现代和后现代、亚文化和后亚文化的理论元素,灵活应用,以便更有效地描绘青年的文化经验,形成一种更具体、更灵活有效的理论和方法。不应该先假定一些本质化的特性和青年身份,然后从此固定观点出发进行"反向研究"(把事先建构的特点套用于对象)。只有在掌握、融合了多重方式开展具体的经验研究之后,亚文化和后亚文化理论家才能实现有意义的合作。要达到这一目标需要解决一系列关键问题。

与贝内特不同但形成互补的是肯·麦克洛克、亚力克斯·斯图尔特、尼克·洛夫格林的《"我们只是一起闲逛":青年文化与社会阶级》一文。文章对爱丁堡和纽卡斯尔两地青年进行了经验研究,重申了不平等的阶级结构与青年亚文化的风格和特性的紧密联系。作者的采访发现:每个亚文化群体中的青年都有着相似的阶级地位,其身份的界定不是取决于他们自由浮动的生活方式,而是在很大程度上取决于他们所处的社会阶级。这些访谈资料还挑战了下面的观点:我们生活在一个个性化的社会,在这里我们不受传统关系的束缚,我们可以自由选择,可以按照自己的意愿自由发展。所有那些固定的东西——组织化资本主义、阶级、工业、城市、集体都已经融化在了空气里。结构因素虽然不会完全决定文化身份,但无疑也是一个年轻人加入某类群体的影响因素。限于篇幅,本专题的其他文章不一一介绍评述。

本辑专题之外的文章也可圈可点。施畅的《恐慌的消逝:从"电子海洛因"到电子竞技》明显借鉴了社会学家斯坦利·科恩(Stanley Cohen)《民间魔鬼和道德恐慌》(1972)一书的研究方法,此书基于对英国20世纪60年代一系列反社会现象(包括光头党、足球流氓、嬉皮士等)的观察,发现:媒体倾向于重复报道某一反社会行为,令公众对某一特定社群产生恐慌,即便这种恐慌是不必要的,从而为权力对之进行操控提供"科学依据"和"民意基础"。施畅的研究锁定于20世纪90年代以来中国内地由电子游戏引发的恐慌及其逐步平息的过程。电子游戏初入中国内地那几年,游戏场所也曾引发很多人的恐慌,被视作危险空间,游戏者被判定为越轨者,电子游戏更被指责为毒害青少年身心健康的"电子海洛因",家长控诉、媒体曝光、专家批判乃至政府打击等,纷至沓来。"游戏成瘾"被专家诊断为亟须矫正或治疗的疾病。直至网戒产业的相关黑幕被媒体曝光,公众针对"网瘾"的恐慌才暂时告一段落。文章认为,游戏污名的消退得益于三个原因:首先,流行游戏本身在迭代更替,表现为角色扮演类游戏的衰落与电子竞技类游戏的兴起,其商业模式从点卡售卖、道具付费拓展为泛娱乐全产业链运营。其次,各级政府以"发展民族游戏"为口号,促进绿色、健康游戏产业的发展,并为国产游戏事业解绑。最后,原先的游戏玩家如今已长大成人，获得了更多的话语权，结成趣缘社群，广泛联结，同声相求。游戏逐渐成为一种融社交、时尚、竞技于一体的新型娱乐方式。这种中国式的建构和"解决"道德恐慌的方式方法，值得深入探究，从中或许能够找到建构中国自己亚文化研究视野的灵感。

最后我还想提一下郭云娇的《新中国单位组织制度下的话剧生产——以北京人民艺术剧院（1952～1966年）为例》这篇文章。新时期以来，关于文艺和政治的关系，关于当代中国文艺政治化弊端的反思，已经汗牛充栋。但许多文章限于文本分析（作品内容如何成为政治的传声筒），或者结合一些作家、艺术家的创作谈或报纸正式披露的官方文章。像这篇文章那样，通过翔实的第一手资料（特别是她自己收藏的人艺大事记），具体呈现新中国成立以后国家单位组织制度下的人艺单位制度、审查制度、话剧生产方式的变化，这对于了解新中国文化政治实践在组织机构层面的运作方式，无疑有窥一斑而知全豹的效果。"人艺"的单位组织结构从最初由作家、文艺家构成的院长制，逐步走向由党组成员决策艺术生产的党组制，又从企业化模式的短暂尝试到党委全权制的建立，最后走向"文革"前的"革命化"战斗单位，呈现了新中国在20世纪五六十年代的社会政治文化转型过程中，对文艺单位所进行的体制改造与对异质成分的消解过程。单位成员对单位组织的全面依赖，也必然导致单位对单位成员的绝对领导和支配。在这个意义上，单位作为一种制度，成为定义和规范人们行为的制度形态。

《文化研究》一开始没有主办单位，后来由首都师范大学主办，再后来由首都师范大学和南京大学合办。今天，它又随我一起来到了花城广州。广州既是千年古城，又是改革开放的前哨，既有历史底蕴，又充满开放进取精神。愿它在广州扎根，成为花城万花丛中的一朵。

2018年3月

目 录

专题一 听觉文化研究

主持人语 …………………………………………… 周志强 / 3
转向听觉文化 ……………………………………… 曾　军 / 6
何以走向听觉文化
　　——听觉的时空突破与审美主体性讨论 ………… 王樱子 / 17
上海的声景：现代作家的都市听觉实践 …………… 路　杨 / 29
广播与想象的共同体
　　………… 〔美〕米歇尔·希尔穆斯 著　王　敦　程禹嘉 编译 / 51

专题二 亚文化研究

主持人语 …………………………………………… 胡疆锋 / 63
后亚文化转向：十年后的一些反思
　　……… 安迪·贝内特（Andy Bennett）著　胡疆锋译　陈　曦校 / 67
"我们只是一起闲逛"：青年文化与社会阶级
　　……… 肯·麦克洛克、亚力克斯·斯图尔特、尼克·洛夫格林 著
　　　　　　　　　　　　　　吴　霞译　王紫薇校 / 87
青年亚文化现象的本质与类型 ……… T. V. 拉缇谢娃 著　陈　曦译 / 110
"新伊丽莎白时代的人们"：20世纪中期英国小说中青年
　　亚文化的再现 …………… 〔英〕尼克·宾利 著　赵淑珊译 / 122

其他论文

恐慌的消逝:从"电子海洛因"到电子竞技 …………………… 施　畅 / 145

国家形象建构中的抗战创伤叙事
　　——以电影《父子老爷车》为研究中心 ………………… 朱荣华 / 166

新世纪东北喜剧的师/父表述与青年主体再生产 ……………… 刘　岩 / 178

从地方到空间:新世纪诗歌的地理视角考察 …………………… 冯　雷 / 188

新中国单位组织制度下的话剧生产
　　——以北京人民艺术剧院(1952~1966年)为例 ……… 郭云娇 / 202

替代性的欲望满足:宫斗题材作品中的乌托邦书写 …………… 丁文俊 / 212

不合"时"宜的块茎文本:读《朝霞》 ………………………… 吕鹤颖 / 224

中国大众文艺中古典意象的同质化问题
　　——以古装电视剧为分析重点 …………………………… 马骁远 / 238

Contents

Issue I Auditory Culture Studies

Introduction   *Zhou Zhiqiang* / 3
The Turn to Auditory Culture   *Zeng Jun* / 6
How to Go to the Auditory Culture: the Time and Space Breakthrough
   of Auditory and the Discussion of Its Aesthetic Subjectivity   *Wang Yingzi* / 17
"Soundscape of Shanghai": The Urban Auditory Practice of Chinese
   Modern Writers   *Lu Yang* / 29
Radio and the Imagined Community   *Michelle Hilmes* / 51

Issue II Sub-Culture Studies

Introduction   *Hu Jiangfeng* / 63
The Post-Sub-Cultural Turn: Some Reflections 10 years on   *Andy Bennett* / 67
"We Just Hang Out Together": Youth Cultures and Social Class
    Ken McCulloch, Alexis Stewart & Nick Lovegreen / 87
The Essential Nature and Types of the Youth Sub-Culture Phenomenon
    T. V. Latysheva / 110
'New Elizabethans': The Representation of Youth Sub-Cultures
   in 1950s British Fiction   *Nick Bentley* / 122

Other Discussions

Gone Panic: From "Electronic Heroin" to eSports   *Shi Chang* / 145

Narration of the Traumatic War of Resistance against Japan in the
  Construction of a National Image: On *Father and Son's Car* and
  "Stories" Following it   *Zhu Ronghua* / 166

The Master/Father Representation and the Reproduction of Youth In
  Northeast Comedy   *Liu Yan* / 178

From Place to Space: A Study of the Geographical Perspective about
  the Poetry in the 21st Century   *Feng Lei* / 188

The Drama Production of New China Under the Unit System: A Case
  Study of Beijing People's Art Theatre (1952–1966)   *Guo Yunjiao* / 202

The Substitute for Satisfaction of Desire: The Writing of the Utopia
  in the Harem-Drama   *Ding Wenjun* / 212

Untimely Rhizomic Text: Reading *Sunglow*   *Lyu Heying* / 224

The Problem of the Homogenization of Classical Imageries in
  Chinese Popular Literature and Art: with the Example of
  Ancient Costume Dramas   *Ma Xiaoyuan* / 238

专题一
听觉文化研究

主持人语

周志强[*]

2017年11月11日至12日，南开大学文学院、中国人民大学文学院、《探索与争鸣》杂志社、上海美学学会、天津美学学会在天津联合举办了"听觉文化国际学术研讨会"。这是国内第一次听觉文化研究的国际学术会议，产生了广泛的影响。本期刊发的文章，乃是本次会议从近80篇论文中筛选出来的三篇，又补充了王敦博士的一篇译文。

曾军的文章从技术媒介的角度论证了听觉文化发生的理论逻辑，提出听觉文化转向的可能性和意义。他延续了此前对视觉文化研究的思考，用一种比照性的眼光，梳理了听觉文化研究的问题框架和研究领域。值得注意的是，他无意中区分了当前国内"转向听觉文化研究"的三种形态：傅修延等学者倡导的对文学叙事中的听觉文化命题的研究（实际上乃是研究叙事学中的声音叙事问题），王敦等学者推动的现代社会听觉现象的文化研究，周志强等推动的声音政治批评的研究。曾军尝试把三种形态的"转向"纳入一个统一的"听觉文化视野"中，从而认为听觉文化研究应该是"视听杂交"。我觉得不妨把这个观点看作一种"补偿论"，即曾军认为听觉/声音文化研究乃是对此前视觉文化研究缺失的一种补偿。毫无疑问，这个思路是可取的，因为此前少了声音层面的思考，视觉文化的研究无意中在研究伦理上凸显出"视觉霸权"的倾向。这使得很多学者没有注意到视觉现象从来都是视听现象的问题。但是，这个思路也存在一定的可反思的地方，有可能因此忽视了声音之意识形态内涵的独立性价值。

---

[*] 周志强，南开大学文学院教授。

王樱子的文章从思考媒介文化研究的角度,思考声音技术和现代声音文化的社会功能与政治意义。作者延续了本雅明所倡导的那种"技术解放人类"的思想立场,认为"听觉取消了人类在观看外部世界时高高在上的位置,而强调以平等的姿态接纳和感受世界,这一理念有利于消除视觉霸权背景下人类被信息轰炸的疲惫,唤醒麻木已久的审美感受力"。毋庸置疑,现代声音技术和声音编码,确实在创造一种新的空间——也许是所谓的"第三空间"。人们不仅在声音中消费,也用各种声音进行充满个性的表达。"嘈杂的现代性"与"安静的前现代",乃是可见的对照。但是,声音技术的发展,一方面创造了各种各样新的声音现象和声音文化,为人类的主体性表达提供了新的机会;另一方面——正如此前我反复提到的,声音的技术发展也创造了"听觉中心主义",即以提供听觉幻觉而操控听觉需要的方式,塑造"自我感",从而创生一种"零度主体"(zero level subject)。我想,这也应该是未来学者要多多关注的话题。

路杨的文章提出了"市声"的研究价值问题。他从现代作家笔下的声音现象入手,以"上海"为核心,分析不同的声音景观(声景)创生各类不同的空间政治意识的问题。值得关注的是,作者对声景的强调和理论的应用颇具启发性:"电车声、电梯声、电话声、留声机、无线电……现代技术不仅生产出新的声音,也为声音的传播与感知提供了新的形式与空间。正是在这个意义上,艾米丽·汤普森在其听觉文化研究中提出了'声景'(soundscape)的概念。她将'声景'定义为一种听觉的景观(acoustical or autal landscape),它既是物质环境又是感知这一环境的方式,不仅包括声音本身,同时还包括在听者感知声音的环境中由声音所创造或毁灭的物质对象。"事实上,"声景"问题应该成为听觉/声音文化研究的核心议题之一。

美国学者米歇尔·希尔穆斯的文章,很对我个人的胃口。他对"广播"这种现代声音现象的分析,堪称"声音政治批评"的典型研究。他认为,"广播用共同的语言通过半官方、半私人的形式面向整个国家播音,谈论事关整个国家的事情"。这形成了一种颇具政治无意识内涵的"想象的共同体"。米歇尔·希尔穆斯延续了麦克卢汉等学者对媒介政治问题的思考,把媒介与现代国家问题联系在一起,反思特定的声音形象中的文化政治内涵。家庭中不同文化的进入、国家语言的统一乃至"母语"意识的确立,广播可谓"功不可没"。当然,结合当前中国社会各种直播现象而言,网络广播的多元性议题,似乎正在暗中消融米歇尔·希尔穆斯的这个"想象的共同体"。

总体来看，无论是这次国际学术会议的召开，还是这一组文章的刊发，都在努力地证明这样一件有趣的事情：2017年有可能是中国听觉/声音文化研究的元年，而听觉/声音文化的研究，也由此有了一个"中国起点"。

转向听觉文化

曾 军[*]

摘要 中国的"听觉转向"提法源于文学叙事研究和文化研究领域内学者的倡导。这个词更多侧重的是对声音美学或听觉文化研究重要性的强调。与之相关的西方理论资源也表明,对听觉文化的重视并不意味着要生造出"视觉霸权"作为批判的对象。因此,从"转向听觉文化"的角度来看,听觉文化有其特定的基于现代听觉技术而出现的听觉文化现象这一逻辑起点,并形成了侧重于声音和听觉的当代文化批评的"造声""听音""声景"的问题域。听觉文化研究关注的是"视听杂交"和"视听均衡"。

关键词 听觉文化 听觉转向 转向听觉文化

Abstract "The auditory turn" in China is originated from some scholars in literary narration studies and cultural studies. It emphasized the importance of the study of sound aesthetics or auditory culture. The western theoretical resources was also showed that emphasized the importance of the study of auditory culture did not mean that it is necessary to create "visual hegemony" as an enemy. Therefore, from the point of view "the turn to auditory culture", the auditory culture was based on the emergence of modern hearing technology and formed some problematic of the contemporary culture, such as "making sound", "listening sound" and "soundscape". Auditory culture study is fo-

---

[*] 曾军,上海大学文学院教授。本文为国家社科基金重点项目"欧美左翼文论中的中国问题"(项目编号:15AZW001)的阶段性成果。

cused on the "audio-visual hybrid" and "audio-visual balance".

Key Words Auditory Culture The Auditory Turn The Turn to Auditory Culture

纵观20世纪以来的人文学术思潮，命名为"××转向"者层出不穷。从"语言转向"到"话语转向"，从"葛兰西转向"到"福柯转向"，从"文化转向"到"技术转向"，现在又出现了从"视觉转向"到"听觉转向"的倡议。正如"图像转向""视觉转向"成为视觉文化研究兴起的一面旗帜一样，"听觉转向"的提出也成为听觉文化研究在中国引起关注的一个重要表征。如果"转向"只是为了强调这一新的研究领域或新的研究视角的重要性的话，那我们可能并不需要特别在意。但如果将之作为一个学术问题提出来，那就必须要仔细斟酌。正如"读图时代"来源于图书出版对图文类通俗学术读物"红风车漫画丛书"的营销策略、"视觉转向"只是当代文化上的一种新变（与"语言转向"并不处于同一逻辑层面）一样，①"听觉转向"的提法也同样亟待进一步厘清下面几个问题：听觉文化是从何处"转向"而来的？是从"视觉文化"转向"听觉文化"的吗？这一"转向"究竟是事实判断还是价值判断？"听觉转向"发生了还是正在发生抑或期望它早日发生？本文的写作即由此问题意识入手来展开：首先检讨一下近年来国内外有关"听觉转向"的学术话语，进而再来讨论"转向听觉文化"所可能展开的问题域。

一 中国路径：叙事学和文化研究中的"听觉转向"

"听觉"研究在被命名为"听觉文化"之前，主要集中在音乐、影视和传播研究领域。其比较成熟的学科形态有"音乐美学"、"影视录音"和"播音主持"等。不过，中国的"听觉文化"以及"听觉转向"问题的提出却首先来自文学研究和文化研究领域内的学者。在中国学术语境中，听觉文化研究的兴起主要归功于以两位学者为中心的学术群体。一位是傅修延，另一位是王敦。

---

① 参见曾军、陈瑜《传媒时代的学术生产——读图时代批判》，《探索与争鸣》2008年第3期；曾军：《近年来视觉文化研究中存在的几个问题》，《文艺研究》2008年第6期。

早在2007年，傅修延即在《江西社会科学》开辟"叙事学研究专栏"，并于2007年第3期推出一组文章"音乐与叙事"，发表了美国弗雷德·伊夫莱特·莫斯的《古典器乐作品与叙事》、罗亚尔·S.布朗的《音乐与电影叙事》两篇文章；从2013年起，傅修延的叙事学研究明显出现了"听觉转向"，继《听觉叙事初探》（《江西社会科学》2013年第2期）之后一发而不可收，先后发表10余篇专题论文，阐发听觉叙事思想。傅修延对"听觉转向"的阐发主要有两层意思。其一，"听觉叙事""听觉空间""听觉转向"这些命题的提出来自对当代文化中"视听失衡现象"的忧虑与反抗，是"视觉文化的过度膨胀对其他感觉方式构成了严重的挤压，眼睛似乎成了人类唯一拥有的感觉器官"。① 因此，对"听觉转向"的倡导意味着对"非视觉"或者"视觉之外"的人类感官的重新重视。不过，这一判断并没有得到充分的论证："视觉文化的过度膨胀"只是凭借日常生活经验做出的判断，是否是真实的当代文化现象学有待进一步的明确。人的生理感官结构决定了不同感官接收和处理信息的能力是不均衡的。一个正常人每天所获得的各种信息中，80%以上的来自视觉，20%的来自听觉、触觉、嗅觉和味觉。因此，视觉技术和装置在当代的媒介文化生态中成为主导性的信息处理和传播的媒介也是顺理成章的。我们不能因此而得出结论，视觉的支配性地位是"视觉文化过度膨胀"的结果；同样，"视听失衡现象"也是客观事实，这一失衡早在人类进入书写和印刷文明之后就已经开始了，基于口头文化的"听觉优先权"能否、如何，以及在多大程度上获得更大的权重，这才是问题的关键。其二，傅修延提出的"'听觉转向'并非单纯的'听觉文化转向'，而更多指的是叙事研究中的听觉维度"。② 正因为如此，傅修延在文中所提到的"听觉转向"在文学研究中的表现，主要是"与听觉感知相关的学术成果不断增多"③。在傅修延的听觉叙事研究中，对"听觉"的重视不仅仅是相对于"视觉霸权"而言的，更重要的是在中西叙事传统的比较中发现"视觉"和"听觉"正好可以用来区别中西不同的叙事传统。傅修延发现，"中国传统文化对听觉情有独钟，'听'在汉语中往往指包括各种感觉在内的全身心反应"，并形成了"听觉传统作用下中国古代

---

① 傅修延：《听觉叙事初探》，《江西社会科学》2013年第2期。
② 傅修延：《释"听"——关于"我听故我在"与"我被听故我在"》，《天津社会科学》2015年第6期。
③ 傅修延：《听觉叙事初探》，《江西社会科学》2013年第2期。

叙事的表述特征"①。与之相反,西方的叙事则更多建立在"视觉"的基础之上,并由此发展出风格迥异的叙事传统来。不仅如此,在 2014 年的"叙事的符号与符号的叙事"研讨会上,听觉叙事研究成为重要议题之一;2015 年的"听觉与文化"学术研讨会则直接正视读图时代的局限,在批判"图像至上主义"的同时,还强调要"建设一套自成体系的听觉文化理论",并以此来"摆脱'视觉文化理论'的窠臼"②。

如果说,傅修延着力于以中国的听觉叙事传统来推动听觉文化研究的拓展的话,那么王敦则是从西方声音或听觉研究的理论维度来为听觉文化的研究鼓与呼。王敦在国内发表的关于听觉文化的文章最早大约在 2010 年。在他看来,"只有了解了以'听觉转向'为标志的研究维度之后,才有希望比较全面地说清当今我国美学文艺学所关注的都市文化、日常审美化、生活论美学、生态论美学等问题"③。王敦对听觉文化的倡导是建立在与视觉文化的比较基础之上的,主要从三个方面展开。其一是作为当代文化的共在性。"如果在'景观社会'、'拟像'里面只看到'视觉文化'而忽略听觉手段、技术和效果的文化意义,对当代人'诗意栖居'问题的考察就只能是片面的。"④"不论是回溯历史上的审美经验,还是解读当下的都市文化,都应当'耳聪'加'目明'。"⑤ 其二是在"范式类比"的意义上强调听觉文化研究对视觉文化研究的借鉴。"大致来讲,在听觉文化研究里分清楚'听觉'与'声音',就如同在视觉文化研究里分清楚'视觉'与'图像'。"⑥ 其三就是"听觉转向"。他尖锐地批评说:"'读图时代'的文化研究者对听觉却常'视而不见'。近年来,国外人文社科界对'聋子'式的文

---

① 傅修延:《为什么麦克卢汉说中国人是"听觉人"——中国文化的听觉传统及其对叙事的影响》,《文学评论》2016 年第 1 期。
② 刘茂生、肖惠荣:《文学研究中的"听觉转向"与文化建构——"听觉与文化"学术研讨会述评》,《外国文学研究》2016 年第 2 期。
③ 王敦:《"声音"和"听觉"孰为重——听觉文化研究的话语建构》,《学术研究》2015 年第 12 期。相似的表述在王敦的《听觉文化研究:文化和审美研究的一个新角度(摘要)》中也出现了:"只有在对以'声音学转向'(an auditory turn)为标志的听觉文化方法有了比较清楚的认识后,才有希望比较全面地讨论都市文化、日常审美化等问题。"(《"美学与文化生态建设"国际论坛论文集》,2010 年 9 月)
④ 王敦:《流动在文化空间里的听觉:历史性和社会性》,《文艺研究》2011 年第 5 期。
⑤ 王敦:《都市空间的听觉辨识与文化修辞》,《中国社会科学报》2015 年 7 月 10 日。
⑥ 王敦:《"声音"和"听觉"孰为重——听觉文化研究的话语建构》,《学术研究》2015 年第 12 期。

化研究发出质疑,开始了继'视觉转向'之后的又一次'听觉转向'。"不过,在王敦那里,"听觉文化研究者们并不是要借这一'转向'来让'耳朵'发难'眼睛'的话语地位,而是要借听觉话语来'中和'读图时代所衍生的视觉话语泡沫,达成对感官文化的整体均衡思考"。① 也就是说,如果有"听觉转向",也并非"从视觉文化转向听觉文化"。无论是对雷蒙德·默里·谢拂(Raymond Murray Schafer)的"声音景观"和"听觉生态"理论的介绍,还是对阿兰·柯尔本(Alain Corbin)的"听觉文化史"的诠释,抑或对艾糊·汤普森(Emily Thompson)现代声音技术史的梳理,均没有任何一种研究是在将听觉文化与视觉文化相对立的前提下展开的。周志强成为王敦在听觉文化研究方面最为有力的推动者,并在 2017 年组织召开了首届国际听觉文化研究学术研讨会。不过,两人的关注重心并不完全一致。周志强更强调"声音政治批评"而非"听觉文化研究",强调的是即使是"声音文化"自身也会因为"声音的拜物教"而出现"听觉中心主义"的问题。②

由上述分析可见,无论是傅修延还是王敦,"听觉转向"一词更多地侧重于对声音美学或听觉文化研究重要性的强调,而非一个严格而准确的学术话语。

二 西方资源:美学和媒介理论中的"听觉转向"

在听觉文化研究的讨论中,有几个来自西方的理论资源被广泛征引和涉及,并成为中国听觉文化研究的几个重要坐标。这也成为我们反思"听觉转向"的重要维度。

首先是正式以"听觉转向"为名的学术活动,即 2009 年在美国得克萨斯大学奥斯汀分校举办的"对倾听的思考:人文科学的听觉转向"研讨会。不过围绕这一学术会议的信息却少得可怜。即使是王敦作为将这一信息引入中国的介绍者,对此也语焉不详。网上与这个会议有关的信息也极其有

---

① 王敦:《听觉文化研究:为文化研究添加"音轨"》,《学术研究》2012 年第 2 期。亦参见王敦《声音的风景——国外文化研究的"听觉转向"》,《中国社会科学报》2011 年 7 月 12 日。
② 周志强:《声音与"听觉中心主义"——三种声音景观的文化政治》,《文艺研究》2017 年第 11 期。侧重于"声音政治"研究的,除了周志强之外,还有美国的唐小兵。也是在 2013 年前后,唐小兵开始从声音政治的角度重读现代文学经典,参见唐小兵《聆听延安:一段听觉经验的启示》,《现代中文学刊》2017 年第 1 期。

限，仅能够从得州大学官网上找到一则非常短的会议信息。从这个研讨会所传达出来的信息来看，会议主办者对"听觉转向"似乎并非欢欣鼓舞，而是出奇的冷静。他们在试图回答"人文学科是否已处于'听觉转向'的边缘"这个问题时，希望探讨"视觉研究"与"听觉研究"是否具有同等重要的地位，分析是否可以将之命名为"听觉领域"或"听觉文化"，争论"听觉转向"如何从"视觉转向"中汲取可资借鉴的经验，以及如何辨析"听觉性"、"文本性"和"视觉性"三者之间的关系，等等。因此，他们非常清楚对听觉文化研究兴趣的高涨并没有奠定在学术调查的基础之上；也认为对听觉文化的强调固然有批判视觉至上的动机，但鼓吹"听觉转向"也面临诸多理论风险。

其次是"听觉转向"的首倡者德国的美学家沃尔夫冈·韦尔施。在《重构美学》第九章"走向一种听觉文化?"中，韦尔施开篇即发出了类似马克思《共产党宣言》式的口号："一个疑虑在游荡：我们迄至今日的主要被视觉所主导的文化，正在转化成为听觉文化；这是我们所期望的，也是势所必然的。"① 由此，韦尔施展开了对"视觉优先"以至于"视觉霸权"的批判性分析，并在此基础上描绘了"听觉文化革命的宏大构想"。不过，韦尔施对"听觉文化"的到来仍然底气不足，心存疑虑，其标题"走向一种听觉文化?"即是以疑问（既是设问，又是反问）的态度来展开他的思考的。而且韦尔施的结论也是相当谨慎的："尽管我们有所有这些充足的理由，告别视觉至上来呼吁一种听觉文化，防止反过来作一面倒的归顺，亦殊有必要。"② 他更强调"看与听的类型学差异"，关注的是两者的不同，而非彼此的优劣。因此，当韦尔施提出"听觉文化"的理论出发点时，便不再强调"从'视觉文化'向'听觉文化'"的转向，而是转向听觉文化的内部。一如他坚决地反对"视觉文化"的"震惊与奇观"，韦尔施对"听觉文化"的态度也是提倡"俭约"、化解"噪声"，呼唤"安静地带"。由此可见，在韦尔施的听觉文化革命的构想中，视觉文化只是一个被刻意拉出来示众的真正的"假想敌"；听觉文化的真正敌人是"听觉野蛮主义"③。

如果将"听觉文化"放在韦尔施整个"重构美学"的理论框架之内来

---

① 〔德〕沃尔夫冈·韦尔施：《重构美学》，陆扬、张岩冰译，上海译文出版社，2002，第209页。
② 〔德〕沃尔夫冈·韦尔施：《重构美学》，陆扬、张岩冰译，第220页。
③ 〔德〕沃尔夫冈·韦尔施：《重构美学》，陆扬、张岩冰译，第224页。

考察，我们便会发现，韦尔施所讨论的"听觉文化"不是传统美学领域内的"声音或音乐美学"问题，他试图"以新的方式来审美地思考"（即"审美思维"）那些原本并不属于美学范围内的方方面面的问题，"诸如日常生活、科学、政治、艺术、伦理学等"。这些领域中或许包含着部分艺术或审美的因素，或许还包含着非审美，甚至是反审美的内容。因此，韦尔施认为，"美学必须超越艺术问题，涵盖日常生活、感知态度、传媒文化，以及审美和反审美体验的矛盾"等。① 正是按照这个"审美地思考"的方式，韦尔施指出，讨论"听觉文化"有两种方式：一种是"咄咄逼人的、形而上学的包罗万象的意义，也就是说，目标在于彻底调整我们的文化，以听觉作为我们在世界中自我规范和行为的新的基础模式"；另一种则是"比较窄小的、比较谦虚的"，也是"更为实用的"方式，"它的目标首先也是最主要指向听觉领域本身的培育"。韦尔施认为后者也同样重要，并将自己的研究重心放在了后者。由此可见，韦尔施并不呼唤并且致力于一种反抗、超越甚至替代视觉文化的听觉文化的出现，而是比较现实地在人类文明的听觉传统中解决"听觉衰退"的问题。

最后是经常被引为"听觉转向"理论佐证的另一位重量级学者米歇尔·麦克卢汉。在傅修延和王敦的文章中，都曾引用过麦克卢汉的"acoustic space"的观点。但这个词准确的译法应该是"声学空间"，而非"听觉空间"（auditory space）。在何道宽的中译本中，出现了比较戏剧性的一幕：麦克卢汉在提出"部落人生活在声觉空间的世界之中"时，记者对这一概念的追问却被翻译成了"听觉空间"，但在英文版中，这其实是同一个词。同时，何道宽为了与"视觉空间"相对应，没有选择该词的原初意义"声学空间"，而是生造了"听觉空间"的表述。麦克卢汉对"声觉空间"的解释是："那是指没有中心也没有边缘的空间。不像严格意义上的视觉空间，视觉空间是目光的延伸和强化。声觉空间是有机的、不可分割的，是通过各种感官的同步感觉到的空间。与此相反，'理性的'或图形的空间是一致的、序列的、连续的，它造成一个封闭的世界，没有任何一点部落回音世界的共鸣。"在后面的补充性解释中，麦克卢汉强调的是"视觉"对包括听觉、触觉、嗅觉等在内的其他各种感觉的集体性压抑。② 由此可见，所谓

---

① 〔德〕沃尔夫冈·韦尔施：《重构美学》，陆扬、张岩冰译，第 1~2 页。
② 〔加〕麦克卢汉：《麦克卢汉精粹》，何道宽译，南京大学出版社，2000，第 363~364 页。

"声觉空间"不仅是与"声音"和"听觉"有关的空间,而且是一种除了"视觉"之外的多种感官同步共存的感知空间。"声觉空间"与"听觉空间"对应于麦克卢汉所说的"部落人"与"文字人",但这并不是麦克卢汉媒介文化史观的全部。众所周知,其实是麦克卢汉从媒介文化的角度对"口传文化"(或"口头文化")、"书写文化"(或"读写文化")和"数字文化"(或"电子文化")所进行的区分。在此基础上,麦克卢汉提出了有关以"视听"为主要感知方式的"杂交能量"(Hybrid Energy)文化形态的基本看法。在《理解媒介:论人的延伸》一书的"杂交能量——危险的关系"小节中,麦克卢汉指出,"实际上,在所有产生巨大能量和变革的大规模的杂交结合中,没有哪一种能超过读写文化和口头文化交汇时所释放出的能量。读写文化赋予人的,是视觉文化代替听觉文化。在社会生活和政治生活中,这一变化也是任何社会结构所能产生的最激烈的爆炸"①。不过,"读写文化赋予人的,是视觉文化代替听觉文化"这一表述却是中译者的创造性翻译。其原文是"The giving to man of an eye for an ear by phonetic literacy is, socially and politically, probably the most radical explosion that can occur in any social structure"②。麦克卢汉强调的,其实是人们在识字方面通过眼睛的"读"与耳朵的"听"混合杂交之后对社会结构带来的激进变革。因此,并不存在一个用听觉替代视觉的过程。

无论是韦尔施把"听觉文化"从创造"新的文化"的野心退缩到解决"声音"和"听觉"内部的问题,还是麦克卢汉强调的多种感知方式的混合杂交,都表明了一个基本看法:将"视觉文化"与"听觉文化"简单对立起来,以二元思维的方式褒"听觉"而贬"视觉",为了论证听觉文化研究的重要性和迫切性而制造一个"视觉霸权"的做法是有问题的。"听觉转向"的提法如果说还有其意义和价值的话,那就是作为一面旗帜通过振臂一呼、摇旗呐喊来引起更多学者对听觉文化的关注。

三 转向听觉文化:逻辑起点及其问题域

周志强比较准确地表达了当代文化批评范围中对"听觉文化"的重视。

---

① 〔加〕麦克卢汉:《理解媒介:论人的延伸》,何道宽译,商务印书馆,2000,第83页。
② Marshall McLuhan, *Understanding Media: The Extensions of Man*, Routledge 1964, pp.60-61.

他认为，"'听觉文化'可以成为与'视觉文化'相对照的概念，这样，就能够'顺便'提出所谓'听觉文化转向'（实为'转向听觉文化'）的命题，与此前的'视觉文化转向'相互印证，起到良好的学术兴趣点的效果"①。在这段话中，周志强强调了几层意思：其一，"听觉文化"与"视觉文化"的关系是"相对照"的关系，并非竞争性甚至替代性的关系；其二，所谓"听觉转向"的准确学术表达应该是"转向听觉文化"②，强调的是当代文化批评学术兴趣的转移或者说新的学术兴奋点的出现；其三，"转向听觉文化"需要明确推进听觉文化研究的逻辑起点及其问题域。

首先，听觉文化研究的逻辑起点在于对"听觉文化"的文化性质的确定。尽管视觉、听觉、触觉等都是人的感知器官，但如果将听觉文化研究确定在生理学和物理学的维度，那就意味着将人类诞生以来所有的与声音和听觉相关的文化都纳入听觉文化的范围。这样做显然是不太合适的。正如我在界定"视觉文化"时，特别强调"其实质是特指以现代视觉技术（如照相机、摄像机、放映机、电视台、影院、电脑网络等）为媒介、以运动影像为呈现形态的文化现象"③。作为当代文化批评研究对象的"听觉文化"，也是特指以现代听觉技术（如留声机、电话、录音机、随身听、电子声音设备、音频软件及装置等）为媒介、以被复制保存和技术处理过的声音为呈现形态的文化现象。这个重要的界定强调了"听觉文化"的几个基本特点。其一，狭义的听觉文化是19世纪工业革命以来的产物。它发端于通过科学技术手段对声音的储存、复制、处理和传播手段的革新。也正因为如此，在《机械复制时代的艺术作品》中，本雅明才会在讨论艺术复制问题时，涉及声音复制问题，并特别在意留声机的出现所引发的文化变革。随着信息技术的进步，声音的数字化过程中也出现了与鲍德里达提出的"拟像"（simulacra）相一致的"拟声"（simulating sound）问题。其二，听觉文化的媒介技术的特征，决定了听觉文化所要关心的问题也与声音的储存、复制、处理以及传播等密切相关，这也克服了此前声音研究中的时空区隔问题。听觉文化中的声音不再是非物质的、只在时间的流逝中展开的、

---

① 周志强：《声音与"听觉中心主义"——三种声音景观的文化政治》，《文艺研究》2017年第11期。
② 类似的表述在文化研究的"葛兰西转向"中已经出现过了。其实准确的说法应该是"转向葛兰西"，如托尼·本内特指出的"the Turn to Gratnsci"。
③ 曾军：《文化批评的当代转型与文艺学的学科重建》，《文艺理论研究》2008年第6期。

一次性不可逆的物体振动，而是可以被保存在特定物质介质中、可以克服线性时间的局限（可以有时序、时频、时长等各种技术处理手段）、可以重复播放、可以技术处理和远距离传输的声音采样。其三，正因为听觉文化的这种媒介属性，使"声音"和"听觉"不再局限于生理和物理的范围，而是广泛与科学技术、政治经济、社会文化等方方面面发生关联。现代听觉技术使声音得以存储复制、编辑加工、传输传播，也就使得声音能够变成产品，进行制作和销售。也正因为如此，在霍克海默、阿多诺的《文化工业或欺骗大众的启蒙》中，电话、广播、流行音乐、电影、电视等与声音密切相关的行业被纳入文化工业体系之中进行分析；也正因为现代听觉技术的出现，才使得声音更紧密地与现代工业化大生产和工业机器相联系，"噪音"也才成为谢弗的"声音景观"（soundscape）、贾克·阿达利的"音乐的政治经济学"（the political economy of music）理论重点关心的问题。①

其次，在问题域设定方面，听觉文化需要被置于当代文化批评的论域中展开。一方面，听觉文化与其他当代文化一样，都受到了技术、资本、权力的深刻影响。因此，听觉文化研究就不太可能仅仅满足于音乐、美学领域内的"声音美学"分析，而应该更广泛地与媒介技术、文化产业、国家治理等问题联系起来，并使听觉文化成为对当代文化构成性分析中的重要组成部分。另一方面，听觉文化也有其与其他当代文化领域不完全一致的特殊性，或者说听觉文化在当代文化中所发挥的影响有其侧重点。因而，听觉文化的问题域，可以被概括为与"声音"和"听觉"有关的当代文化现象及其问题。可以进一步说明的是：第一，在"声音"和"听觉"之间，听觉文化更侧重关注"听觉"，而不仅仅是"声音"，因此，听觉文化研究有着从"声音"研究向"听觉"研究的重心转移（并非"转向"），即更加重视作为声音主体的人的"造音"和"听音"行为。正如伯明翰学派的视觉文化研究也是从大众文化研究中逐步发展出来的一样，听觉文化研究也更多地受惠于大众文化研究的理论给养；斯图尔特·霍尔的"编码/解码"理论以及福柯的"治理术"理论都将成为听觉文化研究的理论资源和研究向度。第二，听觉文化研究不再仅仅关注"声音"的内在构成（即基于"音符"的声音中心主义的研究，即文学中的文本中心主义），而是更多地

---

① 可参阅 Raymond Murray Schafer, *Soundscape: Our Sonic Environment and the Tuning of the World*, Inner Traditions Bear and Company, October 1, 1993, 以及贾克·阿达利《噪音：音乐的政治经济学》，宋素凤、翁桂堂译，河南大学出版社，2017。

涉及"造音"(声音由谁,以何种媒体,在何种场合或环境中,出于何种目的被制造出来)和"听音"(声音由谁,通过何种媒体,在何种场合或环境中,出于何种目的被动或主动地"聆听"的)。听觉文化更关心的是"听觉",即人对声音的感知能力、聆听方式、听觉效果及其相关的社会、政治、经济和文化"声景"(soundscape)[①]。

最后,在研究的价值目标上,值得思考的有如下几个问题。第一,"听觉转向"只是一种修辞性表述,用来强调近年来学界对"声音"和"听觉"文化和艺术现象的关注越来越多,并期盼"听觉文化"成为未来具有学术生长性的研究领域。而"转向听觉文化"则意味着听觉文化之所以重要,并不是说出现了一个全新的研究领域,而是说听觉文化对于我们理解当代文化具有不可替代的重要性。如果没有从听觉角度获得理解和阐释,我们对当代文化的认识就是片面的、有局限的。第二,作为一个研究领域,听觉文化研究的问题意识仍需来源于自身,来自对"声音"和"听觉"内部的反思。诸如人声、乐音、噪音以及声音的复制和数字化问题,再比如"听众"的听觉能力和文化趣味问题等。第三,从人类感知方式的角度可以将当代文化区分为"视觉文化""听觉文化""味觉文化""触觉文化"等;同时,借用前文所引麦克卢汉的看法,"听觉文化"(或"声觉文化")更强调的是"非视觉"的、以听觉为代表的多种感知方式的文化整体。因而,当代文化可以被约简为"视听文化",或者更准确地命名为"统觉文化"。在当代文化的"听觉"与"视觉"的关系问题上,虽然时有对"视觉至上主义""视觉霸权"的批判,但这一批判本身并未成为"听觉文化"研究合法性的前提。相反,听觉文化研究者更加重视的应该是"视听杂交"和"视听均衡"。

---

① 该术语来自加拿大作曲家和理论家雷蒙德·谢弗的理论。但在谢弗那里,"声景"更多地局限在对"工业噪音"的抵抗和对"声音生态"的重建上。将"声景"作为一个听觉文化的核心问题展开,强调的是"听觉/声音"社会学、政治学、经济学和文化学视阈的进入。

何以走向听觉文化
——听觉的时空突破与审美主体性讨论

王樱子[*]

摘要 工业社会进程中声音技术的发展为听觉文化的转向提供了可能性。留声机和唱片的出现让受时间限制的听觉对象变得可录制、可复制,声音在公共空间营造中的应用不断泛化,完全个人化的聆听也得以实现。在技术的支持下,当代人的内在文化需求使听觉转向成为一种必需。听觉取消了人类在观看外部世界时高高在上的位置,而强调以平等的姿态接纳和感受世界,这一理念有利于消除视觉霸权背景下人类被信息轰炸的疲惫,唤醒麻木已久的审美感受力。

关键词 听觉文化 机械复制 听觉空间 声音景观

Abstract The development of sound technology in the process of industrial society provides a possibility for the turning of the auditory culture. The emergence of gramophones and records makes the auditory objects restricted by time become audible and reproducible, the important role of sound in public space is more and more widely applied, and personal listening is actualized Under the support of technology, the inner cultural needs of the contemporary people make the turn of hearing the only way. Hearing abolished the position of human being watching the outside world from the top place and emphasized that people accept and feel the world with an equal attitude. This

---

[*] 王樱子,上海大学文学院博士研究生。本文为国家社科基金重点项目"欧美左翼文论中的中国问题"(项目编号:15AZW001)的阶段性成果。

idea helps to eliminate the exhaustion of human being bombarded by information under the background of visual hegemony and awaken the sensibility of numbness for a long time.

Key Words　Auditory Culture　Mechanical Reproduction　Auditory Space　Soundscape

在爆炸性的视觉信息充斥着人类社会的今天，人们开始向其他感官求助，听觉文化问题被越来越多的学者拾起。这并不一定意味着视觉文化即将向听觉文化转向，但听觉的重要性已经成为亟待深入讨论的问题。在《重构美学》的最后一章"走向一种听觉文化？"中，德国美学家沃尔夫冈·韦尔施（Wolfgang Welsch）提出了一种走向听觉文化的可能性："我们迄今为止的主要被视觉所主导的文化，正在转化成为听觉文化：这是我们所期望的，也是势所必然的。"[①] 听觉文化作为一个明确的问题域而受到了广泛的关注，人们也开始思考读图时代下听觉路径的可能性。令人疑惑的是，从生理上来说，人类早就同时拥有了视觉感官和听觉感官，为什么在视觉霸权不由分说占据了 21 世纪之前几乎所有人类历史后，对于听觉的严肃思考和广泛讨论才姗姗来迟？事实上，对于听觉文化越来越多的关注有其时代发展下的必然性。近两百年来现代声音技术的发展为这一路径提供了坚实的土壤，听觉对象得以实现机械复制和电子传播功能。与此同时，工业时代的生产噪声和交通噪声引发了人主动处理听觉空间的渴望，人类内在的文化需求也强烈呼唤着听觉感官所能提供的不一样的审美感受方式。

一　听觉时间的凝固：从转瞬即逝到反复审度

无论是视觉优先地位的产生还是听觉遭贬的长久持续，都与视（听）觉对象的载体及传播媒介的发展有着密不可分的关系。数万年前，古人类在其居住的岩洞上就留下了绘画和标记，这些壁画为后世的人类起源研究提供了最直观可贵的证据。而印刷技术的发明，让图像和文字不仅成为可以存留的材料，而且能够大批量快速地复制与传播，这一技术更新大大地

---

① 〔德〕沃尔夫冈·韦尔施：《重构美学》，陆扬、张岩冰译，上海译文出版社，2002，第 209 页。

改变了社会文化结构。直到 1877 年，大发明家托马斯·阿尔瓦·爱迪生（Thomas Alva Edison）才展出了他发明的世界上第一台能够记录声音并能重放的圆筒留声机，这一事件距今也不过才 170 年时间。时间上如此巨大的差异与视、听觉对象的固有属性有关。从本质上来说，听觉对象是动态的，而视觉对象是静止的。即使是电影、电视节目等我们看到的所谓动态画面，也只是利用了人眼的视觉暂留特点，其本质是高速连续播放的多帧静态画面。故而韦尔施才会说，"视觉主要指涉空间对象，听觉主要指涉时间对象"[1]，因为将视觉对象与听觉对象相比较，前者的优势不言而喻：一幅画、一段文字可以被反复审视，而听觉对象则是流动的过程，声音的转瞬即逝性让记录声音的技术难度远远大于图像和文字，在录音技术出现之前，一段声音发出后便无法再被一模一样地还原和重复，这样的动态对象显然比静态对象更加难以把握。这一固有困难致使视觉的优先地位在公元前 5 世纪初就已显现，主要集中在哲学、科学和艺术领域，到了柏拉图的时代，视觉模式已完全盛行。现代光学的发展与视觉文化的主导地位相辅相成，共同构建起了当代视觉霸权的图景。反观听觉，则经历了迥异的发展过程。在漫长的历史长河中，由于缺乏有效控制听觉对象的技术，声音无法被录制和精确地重复，人类对过去的追溯和对未来的规划大多依赖于视觉材料，"道听途说"的听觉材料成为不可靠的代名词。

19 世纪中后期以来，留声机的出现与现代录音技术的发展使听觉文化发挥强大作用成为可能。"他们（过去的人们）没有努力——也许无法指望——去揭示这些由感知方式的变化所体现出来的社会变迁。现在，获得这种认识的条件就有利得多。"[2] 受 19 世纪中期以前的社会历史条件所限，人们根本无法想象听觉资料如何被机械复制，只能一门心思不断钻研视觉载体与传播媒介方面的技术更新。这一倾向反映在文化上，就是视觉文化覆盖性地占据着人们的视野，对听觉问题的讨论从未成为主流。尽管听觉文化的发展进程滞后了如此之久，但声音录制及复制设备的出现和发展还是彻底打破了听觉对象所受到的限制。随着留声机、唱片等声音记录媒介的不断发明，传统听觉对象拥有了前所未有的"新属性"：原本转瞬即逝的声音可以被记录和复制，听觉对象中的时间被"凝固"了。正如史蒂夫·

---

[1] 〔德〕沃尔夫冈·韦尔施：《重构美学》，陆扬、张岩冰译，第 221 页。
[2] 〔德〕瓦尔特·本雅明：《机械复制时代的艺术作品》，王才勇译，中国城市出版社，2002，第 89 页。

里奇（Steve Reich）在《作为渐进过程的音乐》中所说："音乐作品本身是一种极度渐进、逐步发生的过程，人们在聆听时既可以处理从音符到音符的动作，又在新音符被不断纳入的过程中充实着对于声音的总体认知，从而把握听觉对象。"① 声音记录设备让听觉对象由毫无距离、无法掌控的虚无变成了可以被放在一定距离之外进行客观审度的物体，录制下来的声音可以被几乎无损地反复聆听，人耳可听范围之外的声波一样可以被测量、控制和利用。随着声音科学的不断发展，我们的认知科学方式不再仅仅依赖于视觉，过去"理念"被等同于视觉的观念被彻底推翻。我们要避免听觉文化转向的技术决定论，但现代声音技术媒介的发展确实是听觉文化转向必不可少的土壤。"现代大众具有要使物在空间上和人性上更易'接近'的强烈愿望。就像他们具有接受每件实物的复制品以克服其独一无二性的强烈倾向一样。这种通过占有一个对象的酷似物、摹本或占有它的复制品来占有这个对象的愿望与日俱增。"② 大众想与对象无限接近并将之占有的渴望，对感官对象的再现与重复提出了庞大的技术需求。在过去，人们对记录及复制技术已十分完善的视觉对象趋之若鹜，如今听觉也受到了这一"礼遇"。听觉对象从不可占有变成了可反复审度的客体，现代科技让流动的时间在其中凝固，可机械复制性地实现让其首次拥有了技术上可与视觉对象并驾齐驱的条件。法国学者贾克·阿达利（Jacques Attali）在《噪音：音乐的政治经济学》中曾经提到一个有趣的事实，录音设备起初被发明时，发明者爱迪生和众多音乐家并没有将商业性的复制功能视为其最主要的功能："发明者自己批判了他的发明物将来的首要用途——也就是音乐的可制性、可亲性以及社会性。爱迪生要到 1898 年以后才了解到音乐录制的商业潜力。"③ 这也为我们做了一个提醒：视觉媒介的日新月异将享受着信息时代便利的人们投进了圆形监狱，并且人们在很长一段时间内对这份禁锢是不自知的。类似地，在听觉对象也拥有了机械复制技术的现代，听觉空间的营造被广泛应用到社会文化之中。

---

① 〔美〕Steve Reich，"Music as a Gradual Process"，*Writings on Music（1965 – 2000）*，New York：Oxford University Press，October 28，2014.
② 〔德〕瓦尔特·本雅明：《机械复制时代的艺术作品》，王才勇译，中国城市出版社，2002，第 90 页。
③ 〔法〕贾克·阿达利：《噪音：音乐的政治经济学》，宋素凤、翁桂堂译，河南大学出版社，2017，第 203 页。

二 听觉空间的突破：公共与私人

相较于视觉那颇为冷静的直观性，听觉具有更为强烈的情感唤起功能，而这种功能的发挥方式又是相当隐秘的。由于这些特性，听觉对象被欧洲中产阶级精练了它最具此类功能的意识形态产品，即音乐。"音乐为其所需的秩序创造了美学和理论的根基，经由形塑他们所听闻的来使人们相信。"①无论一幅图画的色彩是鲜艳还是黯淡，我们都可以不动声色地进行观看，但聆听声音时，身体却往往情不自禁地随之做出各种反应：跟随悠扬的音乐翩翩起舞，循着热烈的鼓点晃动，或在一段演讲的高潮部分经久不息地鼓掌。更为特殊的是，当诸多听众共同处于公共的听觉空间时，这些行为往往都是自发地产生，却又奇妙地整齐划一，不需要任何明确的文字提示。这一现象的部分原因来自听觉对象的流动性：当诸多个体在同时同地观看同一幅画时，每个人都可以观察这幅画完全不重叠的部分，大家的视野是不同的；而当听众共同聆听一段声音时，尽管会因审美取向或其他原因而产生不同的听觉侧重，但由于听觉对象的时间性，从整体进程上来说众人的聆听是同步的。因为这一特殊性，公共的听觉空间常被用来对人进行同一性的塑造。贾克·阿达利的《噪音——音乐的政治经济学》就对音乐、噪音等具有代表性的听觉对象进行了经济、政治角度的探讨。他认为，倾听是认识世界的最好方式："不是色彩和形式，而是声音和对它们的编排塑成了社会。与噪音同生的是混乱和与之相对的世界。与音乐同生的是权力以及与它相对的颠覆。"② 阿达利的论点部分承袭了本雅明的机械复制理论。他格外倾向听觉材料而非视觉材料的政治性与经济性的原因也与听觉的属性有关，他认为声音比影视更具渗透、爆破力量——能令人心境跟着起伏，改变人与他人、社会转折、经济生产，乃至政治抉择的环境及其变化的速度。当代听觉空间可大致划分为音乐和噪音，权力通过音乐来调和噪音，使一部分声音沉默，实现对整个社会结构的塑造和控制。"所有音乐与任何声音的编制都是创造或强化一个团体、一个集体的工具，将一个权力中心与其附属物联结起来。"③ 阿达利清晰地看到了听觉对象在获得机械复制技

---

① 〔法〕贾克·阿达利：《噪音：音乐的政治经济学》，宋素凤、翁桂堂译，第136页。
② 〔法〕贾克·阿达利：《噪音：音乐的政治经济学》，宋素凤、翁桂堂译，第17页。
③ 〔法〕贾克·阿达利：《噪音：音乐的政治经济学》，宋素凤、翁桂堂译，第18页。

术加持后所焕发的能量,之所以选择音乐为权力工具的典型代表,除了其古已有之的仪式感和宗教性功能,更重要的是它是工业时代以来最受机械复制技术所青睐、改造最为频繁的声音艺术形式。听觉空间对人潜移默化的影响有利于营造出具有某种风格却又不易被察觉的氛围,在不知不觉间引导人的行为,这让听觉对象成为权力社会与消费社会的双重宠儿。最典型的应用例子发生在餐厅里:在肯德基、麦当劳等快餐店,总是充斥着分贝不低的流行音乐,明显的鼓点与振奋的节奏仿佛在一拍不差地催促着食客们加快用餐,好为下一拨客人"腾地方";而在西式高级餐厅里,又往往播放着节奏自由慵懒、旋律舒缓的爵士乐,这样的音乐弱化了人对于时间流动的敏感性,透明质感的钢琴音色与精致的水晶酒杯、烦琐的用餐流程交相辉映,好让客人多花费些时间细细品味食物、欣赏环境,最终觉得这价格不菲的一餐物有所值。

  除了已经被研究甚多的听觉公共空间之外,随着当代技术的发展,听觉对象不再因为即时即地性而大多发生在公共空间里,富有距离感的客观对象一样可以在聆听中实现。1937年,德国科学家尤根·拜尔(Eugen Beyer)发明了世界上第一副耳机"Beyerdynamic DT48",这让聆听从传统的社会性、群体性行为变成了可以完全个人化和私密化——你就站在我面前,却无法获知我正在听的是什么。相较于被动泛化的公共空间,个人的听觉空间更富有精准的思辨性,它鼓励个人放大自己的情感体验与独立思考过程,过去声音发出者和听众之间"一对多"的陈旧关系被取消。听众不再处于相对低微的被动地位,而是萌发了一种主体性的冲动,以平等的姿态为听觉对象提供反馈,甚至以个人的听觉空间对公共听觉空间产生影响。例如2017年,国内某款音乐软件就曾将数千条用户乐评印满地铁:"那'世间万物皆平等'的意识增强到了这般地步,以致它甚至用复制方法从独一无二的物体中去提取这种感觉。这种现实与大众、大众与现实互相对应的过程,不仅对思想来说,而且对感觉来说也是无限展开的。"① 以唱片等形式所承载的声音录制作品,将听众从集体现场聆听的社会性体验中剥离出来,投进了孤独的感知里。声音不再像过去漫长的岁月里那样与即时即地性紧紧相连,以音乐为例,随着互联网及电子技术的发达,体积越来越轻便、容量越来越庞大的随身听等电子音乐设备不断更新量产,聆听的个

---

① 〔德〕瓦尔特·本雅明:《机械复制时代的艺术作品》,王才勇译,第82页。

人体验性越来越纯粹，个人听觉空间没有了地点和距离等客观限制，"声音只在双耳间"。"随身听甚至比取样器和调谐器更能体现我们时代的音乐技术，因为它如此完美地体现了音乐存在的反讽性倒置。音乐曾经是一种必要的社会活动，它通过同等重要的行动和体验来把个性化的东西加以推广和扩大，而如今却成为人类伙伴借以把自己维持在小天地里的手段。"[1] 虽然这种机械复制的声音作品在本雅明、阿达利等人看来因缺乏本真性、膜拜价值而失却了"灵韵"，但在如今信息高速交互的时代，其所具有的现实活力却不容忽视。声音录制作品的复制速度越来越快、传播范围也依托于互联网而直接覆盖全球，这样的快捷便利也无疑是高速发展的当代社会的必需品。

这些听觉层面的翻天覆地的技术革新不过在短短两百年内发生，却为听觉文化的主体性受到关注提供了不可或缺的契机与基础，视觉的霸权地位面临着巨大的挑战。"在漫长的历史长河中，人类的感性认识方式是随着人类群体的整个生活方式的改变而改变的。人类感性认识的组织方式——这一认识赖以完成的手段——不仅受制于自然条件，而且也受制于历史条件。"[2] 社会历史条件成就了人们感性认识方式的倾向性，而人类所选择的感知模式又反作用于其所创造的外部世界。所以谈论声音技术背景对于听觉文化的影响力，从来就不是将问题的发生归结为技术决定论，技术的发展为听觉对象的复制传播提供了土壤，而现代人内在需求的转变也是我们需要研究的内部缘由。

三 信息爆炸下的自我清理：理性认知与感性认识

20世纪以来，科学技术的发展突飞猛进，但与此同时带来的诸多社会弊病也是之前的时代所无法想象的。互联网的出现让交流方式实现了零距离、零时差，反而引发了越来越多的人对"从前慢"的追忆与怀念：时代发展速度加快，人被爆炸性的视觉信息充斥着，很难专注于某一件事。这种急功近利式的理念与生活方式，其实与视觉感官所传达的价值取向暗中呼应。视觉带给人的影响绝不仅仅是感官层面那么简单。保持一定距离的

---

[1] 〔英〕伊凡·休伊特：《修补裂痕：音乐的现代性危机及后现代状况》，孙红杰译，华东师范大学出版社，2006，第194页。
[2] 〔德〕瓦尔特·本雅明：《机械复制时代的艺术作品》，王才勇译，第89页。

自上而下的打量、不动声色地持续凝视,这些观看的方式渗透进了我们处理信息、感受世界的方式中。如果听觉依循这种模式走上了主导性感官的地位,它对我们潜移默化的影响可能会侵入得更深、更广,也会更不易令人察觉。"我们感官的重要性,总是超出它们自身的狭窄领域。如果说传统是视觉形象的一统天下,那么,这并不意味着来自视觉的信息是一切事物的定夺标准。不如说这是视觉的类型学被刻写进了我们的认知、我们的行为形式,我们的整个科学技术文明。"① 视觉信息的爆炸性覆盖让人不得不在一片纷乱之中匆匆甄选有效信息,人们更愿意读梗概性的文字,只关注于事件发展的最终结果,而不再在意事物发展流变的过程,更放弃了主动思考,并认为这是在浪费时间。我们栖居的这片大地越来越舒适,内心却因诗意的缺失而越来越荒芜。追求快节奏的消费社会让人物化,无法认清真实的自己,缺乏勇气建构自己的主体性。这一切都与在一定距离之外审视的冷静性不无关联。听觉文化强调对于过程的关注,追求对于世界的审美感受,这对人的主体性的回归十分有利。

启蒙运动以来,人类已经习惯了用具有距离感的理性来审视和思考社会进程。而听觉文化对于感性认识的强调,有利于改善当代对于理性的过度推崇。过去被看作不够可靠和有用的感性认识方式,恰恰是冷漠的钢铁社会所急需的。在这样的背景下,20世纪末,关注听觉文化、声学生态等问题的学者、专著成批出现。这一研究趋势的奠基者之一是雷蒙德·默里·谢弗(Raymond Murray Schafer),他从20世纪六七十年代开始着手研究"声音景观"(Soundscape)、"声学生态"(Acoustic Ecology)的理论及实践,他的特点在于他的关注点几乎不集中在音乐上,而是泛化到整个声音结构与声音文化上,兼及听觉空间所涉及的工业、生态、生产、审美等多个方面。谢弗声景理论的核心词"声音景观"意味着声音、听觉、空间、生态的多重结合,这个词最初是由美国城市规划师、加利福尼亚大学环境规划学教授迈克尔·索斯沃斯提出的,该词指称的是城市中使人与空间建立起联系的声学环境,如他曾以波士顿地区的盲人为例,研究这一群体如何通过声音来为不同的人建立"声学身份"(Sonic Identity),以分辨不同人群及个人。而谢弗则对"声景"一词进行了更为正式、系统化的阐释,并补充说明了当代社会噪声污染的严重性及当代人对所处的声学环境缺乏有

---

① 〔德〕沃尔夫冈·韦尔施:《重构美学》,陆扬、张岩冰译,第212页。

效认识等问题。谢弗的"声音景观"主要是围绕着自然世界建立起来的，其在著作中借鉴了大量前人对于自然界动物发出的不同音调的图文资料，并援引了列维－施特劳斯所著《神话学》中的观点，以补充自己对于宗教声景的看法；在阐述工业革命对声音带来的异化作用时，还引用了斯宾格勒等人的观点，佐证了机械技术发展对于人类的声学环境及历史命运产生的影响。"声音景观"及"声学生态"概念的提出，一方面，关注声音的空间感，指出当代社会的工业噪声、交通噪声等让人所在的听觉空间充斥着意义不明而低沉的嗡嗡声，不同空间的界限被模糊，由多种噪声所交织铸造起的"声墙"（Sound Wall）又让人与人、人与世界彼此疏离；另一方面，关注听觉与人的主体性，强调环境美学与生态保护。因此，在方法论层面，谢弗也创造性地提出了"洗耳练习"（Ear Cleaning）的概念，认为人可以主动地净化听觉接受的进程，排除噪声。这一方法论有利于促进人们对声学生态、听觉感知问题的关心，但在具体操作上存在着主观化和理想化等诸多弊病。

韦尔施在《重构美学》最后一章中为听觉转向所提供的方法论建议与谢弗不谋而合，即为了反对好走极端、高度刺激、信息爆炸充斥的视觉时代，应当化解视觉刺激，在图像轰炸之间创造"安静的间歇地带"："面对来势汹汹的视觉审美化，不应当强求一种一统的听觉风格来作为补充，或视为平等的证据。听觉的改进必须考虑听觉对于保护的需要。化解刺激、创造一些自身不发声、外来声响亦微乎其微的区域，实有必要。在感官蒙受的轰炸之中，我们需要一些间歇地带，需要有明确的停顿和安宁。"[1] 具体做法包括减小公共空间内声音的差异性，即化解不必要的公共噪声、杜绝听觉污染、有意识地改善可避免的噪声等。谢弗和韦尔施的听觉理念在实用科学领域得到了广泛的实践，例如众多的建筑设计，以降噪与追求安静为目的，试图创造更为"纯净"的听觉空间。从这些方法论中可以看出一个总体的倾向：学者们都注意到了视觉主导时代的种种弊端，并有意识地让听觉避免重蹈覆辙。视觉使人将外部世界当作潜意识里的对立面，试图处理、改造、征服世界，让其适应自我。而听觉注重对于内在自我和外部世界的过程性的接纳，使人以一种平等的姿态融入世界之中，是个人与世界的和解。这种感知方式避免了"视觉霸权"之后新一轮的"声音帝国

---

[1] 〔德〕沃尔夫冈·韦尔施：《重构美学》，陆扬、张岩冰译，第229页。

主义",也突出一个更为宏大的愿景,即数万年的人类文明长河之中,人的感知方式、思辨方式、审美方式都已经内在地依托于观看之上,如今要将听觉纳入并赋予其主体性地位,就必须考虑到更为长远和深层次的认知方式,以期用听觉调整现有的文化结构。

谢弗在其声景理论中,将自然界的声景视为"原初声景"(First Soundscape),并认为工业革命和电气革命使原初声景异化,工业噪声成为当代听觉空间最大的噩梦,而杜绝噪声污染的最佳途径就是"返璞归真",通过空间设置和个人的"洗耳练习"隔绝噪声,同时在心灵上尊崇自然与朴实,以期无限接近原初的"自然声景"。这样的观点固然有积极意义,但其对于自然声景的绝对推崇、对工业社会的过分排斥,及解决噪声问题的单一模式,也存在着片面化、极端化等问题。噪声因其无序性而一直被隔离于问题域之外,虽然其与规范悦耳的乐音相比相形见绌,然而较之以往,工业社会的噪声有了多层次的深刻含义。与谢弗同时期的美国先锋艺术家约翰·凯奇(John Cage)等人就注意到了噪声这种声音形式在当代社会的独特意义。

四 电子合成与噪音处理:从被动接受到主动参与

人类有眼睑却没有"耳睑",可以主动选择看向何处,却常常无意识地接收着声音信息,这些天然的生理特性让听觉充满了被动性特征。而运用听觉感官的方式正从完全被动地接受向主动地参与和选择不断前进,这一趋势在人们对于声音的处理态度上体现得最为鲜明。这样的新景象仍与近百年来声音处理技术的发展有关。同样的声源,在不同的时间、空间里录制得到的音色、音质常常大相径庭。从可以录制和重放的留声机,到如今可以制作、合成人声及乐器声并反复使用甚至组成新的声音作品的电子设备,声音产生的随机性被取消,音色变得恒定和可控,并不再容易被外部环境影响。在先进的声音技术支持之下,听觉本身固有的"浸入式"特征被推向极致,"氛围音乐"(Ambient Music)等音乐形式大为兴盛,为听众提供了绝佳的身临其境的体验。在影视剧作品中,背景声音的运用也愈加频繁和娴熟,听觉这一"结盟的感官"所具有的强烈的情感唤起功能在影视剧中得到了最大化利用。

工业社会所独有的副产品——噪声,也引发了人们对于听觉空间打造的主动关注。一方面,噪声对人类所处的听觉空间造成了前所未有的困扰,人们开始在日常生活、工业设计、建筑规划等方面绞尽脑汁地思索如何"降噪"：耳机的出现，工业设计中建筑空间内吸音棉的采用，以及最新的主动降噪耳机——采用相对的声波以抵消实时监测到的噪声声波，达到接近于绝对降噪的效果。无论是入耳式还是头戴式耳机，从被动降噪到主动降噪，样式的不断更新与变换，在功能上的追求都是一致的：在提高声音品质的同时尽可能降低噪声。另一方面，噪声作为一种特殊的听觉对象形式，也在近百年内被首次纳入声音艺术作品之中。约翰·凯奇于20世纪60年代创作的一系列声音事件剧，强调听众的倾听与参与也是声音艺术作品的组成部分，并努力挖掘作为一种声响类型的噪声所蕴含的独特的美学意义。凯奇反对启蒙理性传统将音乐以外的声音与艺术严格区分开的理念，提倡将噪声纳入音乐、音乐融入日常生活。随后兴起的激浪派（Fluxus）也受此影响拓宽了音响范畴，承袭了达达主义的反叛精神与约翰·凯奇等人的音乐实验成果，在声音艺术中广泛融入传统艺术中极少出现的噪声，将日常生活中人们惯常忽视的事物搬上艺术舞台，促进了艺术门类的融合，也引发了人们对于噪声与声音艺术的关系、声音与听觉的主体性地位等问题的思考。这一理念让众多音乐流派真正注意到了其自身与技术、噪声的不断结合，例如具体音乐就借助20世纪50年代蓬勃发展的电子技术，对录制的声音进行大幅度的合成、变形等技术处理，重组为新的音乐作品，其核心思想在于将音乐的概念扩大到一切声响，不再局限于传统艺术定义的音乐概念，而是将生活中的一切声音纳入其中，为唤起我们对艺术的思考、打破僵化的美学观念提供了具有批判性与创造性的价值取向。后摇滚音乐中"噪声墙"的创造性使用，将乐器、人声进行扭曲变形，结合噪声采样共同合成为新的音乐作品，对于传统音乐理念的审美范式进行强烈批判，形象直接地凸显了现代人缺乏交流的冷漠疏离感，明确指认了工业社会人类的异化，为噪声赋予了思想性指征。美学理论家里也有人为噪声发声，例如贾克·阿达利，他认为噪声在某种程度上就是对音乐暗藏的统治功能的反抗，质疑了以大众氛围音乐为代表的音乐的纯粹性："这种音乐可不单纯。它不只用来淹没工作场所中令人厌烦的噪声。它可能预示了人们在商品景观之前所普遍陷入的无声，预示了人们除了做必要的标准化的评论之外，不再发言。"[①] 阿达利的立场是，音乐作为文化商品，在生产、消费、

---

① 〔法〕贾克·阿达利：《噪音：音乐的政治经济学》，宋素凤、翁桂堂译，第243页。

分配的向度上已经完全沦为政治经济行为，而噪声是预言性的，是对秩序的质疑和颠覆，因为它们不稳定而且恒变，其无序性本身就是对权力的反抗。

噪声所折射出的现代人的冷漠、社会边界的模糊都极富思想意义，但噪声本身的美学价值需要进一步讨论。从生理学上来说，噪音本身并不是令人愉悦的，对于噪声的各种向度的讨论也常常因为理论本身的反叛意图而显得过犹不及。但从整体上看，近百年来有关噪声的学术讨论和理论实践，反映了人开始主动地处理外部听觉环境的构造、主动选择自己的聆听方式，这对人的主体性的建构具有积极作用。

目前，对听觉文化转向的探讨越来越多。通过不断的感受与分析，我们可以发现听觉所具有的特质，从而弥补视觉的缺陷。同时，也要避免视觉跟听觉的二元对立。视觉已被刻写进了我们的认知、我们的行为方式、我们的整个文明。我们不可能立即创建一个理想的听觉世界。在处理听觉问题上，我们需要规避"视觉陷阱"，避免像被视觉监视一样又投身于听觉的监狱之中："高扬听觉并不意味未来人们只消使用耳朵。相反它是指世界在微观物理上早已是由振荡组成，指某种隐藏的声学被刻写进我们的思想和逻辑之中，指我们对他人和世界的行为在总体上更应当专心致志，兼收并蓄。"① 人的感官彼此分离而又共同作用，形成了我们对这个世界的综合感知。在视觉与听觉之外，嗅觉、触觉等感官一样值得关注，而视听并置的理念对这些感官持一种欢迎和接纳的态度。但在此之前，我们需要仔细勘定一些边界，不以任何感官作为认识和谈论问题的唯一角度，也要避免将视觉文化的已有框架照搬进听觉文化的研究中。结合具体问题来看，在听觉文化问题讨论伊始，我们需要做很多细节性工作，包括对听觉领域相关概念的仔细斟酌与界定（对相关学术词汇的译介，目前还相当混乱），细致地处理这一讨论过程，将是有益的做法。

---

① 〔德〕沃尔夫冈·韦尔施：《重构美学》，陆扬、张岩冰译，第212页。

上海的声景:现代作家的都市听觉实践

路 杨[*]

摘要 相对于视觉而言,听觉为居住空间之内的感官主体提供了某种另类的都市体验。当视觉中心主义的宰制被打破,现代作家笔下关于"市声"的记述得以成为一份特殊的城市史料,将一个多元声景之中的上海保存下来。在视景之外,声景中的上海暴露出其都市现代性的不均衡与不稳定,并在不同作家那里显影出社会区隔、空间政治以及战时日常生活的心理地貌。鲁迅、张爱玲等作家对都市声音有意识的聆听与书写,构成了一种具有能动性和批判性的听觉实践。

关键词 上海 声景 听觉体验 都市现代性 批判性聆听

Abstract Compared with vision, auditory offers more direct and real urban experience to the people in residential space. The modern writers' writing on the "sound of Shanghai city" in their city expressions offers a social historical-material, breaking the domination of vision, and keeping a multifold soundscape of Shanghai, which presents the imbalance and instability of urban modernity, spatial politics and the mentality of daily life in the Second World War. The listening and writing of some writers such as Lu xun and Eileen Chang can be regarded as a kind of active and critical auditory practice.

Key Words Shanghai Soundscape Auditory Experience Urban Modernity Critical Listening

---

[*] 路杨,北京大学中文系博士后。

20世纪上半叶的中国,很多文学创作者都有过寓居上海的经历。在上海的亭子间、弄堂房子、石库门房子或公寓房间里,上海的都市声音曾以种种不同的形式在这些作家的都市想象和文学表达中留有痕迹,并在不同作家的聆听与捕捉之中构建出独特的声音景观。那些众声喧哗的弄堂,叫卖声声的大街,跳舞厅和无线电里的音乐,在作家的听觉体验中呈现出一个更加鲜活生动也更为含混驳杂的上海。与此同时,城市空间与城市声音的聆听者之间也生成了一种相互形塑、相互建构的关系。从"听见什么"到"听出什么"再到"如何听",既构成了作家聆听、理解与想象现代都市的不同层次,也蕴含了某种具有批判性的听觉实践的可能。

一 "市声":听觉体验与城市声景

无论是如波德莱尔的游荡者一般在拱廊街上闲逛,还是像霍夫曼的表弟一样在街角窗户后面审视人群,视觉似乎都是作家把握都市时头等重要的感官方式。林荫大道、拱廊街、人群、擦肩而过的妇女……那些只能发生在城市里的邂逅与瞬间似乎一旦被人们的视觉感官所捕捉,便无一例外地泄露着都市的秘密。在都市体验的感官等级系统之中,视觉仿佛一直占据着首要的位置。张爱玲就曾颇有兴致地提起一位朋友的母亲:"闲下来的时候常常戴上了眼镜,立在窗前看街。英文《大美晚报》从前有一栏叫做'生命的橱窗',零零碎碎的见闻,很有趣,很能代表都市的空气的,像这位老太太就可以每天写上一段。"[①] 就连张爱玲自己也喜欢在高楼上据守着一方于这城市可进可退,可介入而又可疏离的阳台,眺望着下面敝旧而惨淡的上海。正如齐美尔所言,相对于其他感官,只有视觉具有占据和拥有的绝对权力。[②] "视觉使人们不仅拥有他人,还拥有不同环境。它使我们可以远距离地控制世界,将分离与掌握结合起来。通过寻求距离得到从熙熙攘攘的日常城市生活中抽象出来的合适的视野。"[③] 看什么、如何看、在哪里看,使视觉具备了某种选择性和控制感,"看"对于城市景观拥有一种选

---

① 《张爱玲集·流言》,北京十月文艺出版社,2006,第222页。
② 齐美尔:《社会是如何可能的:齐美尔社会学文选》,林荣远编译,广西师范大学出版社,2002,第329页。
③ 约翰·厄里:《城市生活与感官》,载汪民安等编《城市文化读本》,北京大学出版社,2008,第157页。

择性接受的特权甚至"所有权"。

然而听觉则不同。依齐美尔所言,"耳朵是个非常利己主义的器官,它只索取,但不给予",同时"它为这种利己主义付出代价:它不能像眼睛那样避开或者合眼,而是因为它只索取,所以凡是来到它附近的东西,它注定要统统都得接受"①。与嗅觉一样,听觉不能被打开或关闭,因而声音也便和气味一样因其无形的存在和四处弥漫的状态而难以被自由地选择或绝对地管制。与具有选择与控制特权的视觉相比,听觉与都市环境之间的关系变得更为直接和具体,都市的声音作为一种破碎的、易于捕获但又因其转瞬即逝而无法被长久占有的体验形式,则为感官主体与都市之间提供了一种缺乏规划与预谋的相遇。听觉感官的直接性与具体性取消了"凝视"在采集城市景观的过程中所生成的一种感官对于刺激的宰制关系:一方面,"听是超个体主义的"②,声音弥散式的传播打通了不同空间之间的区隔,在某种程度上取消了感官主体进行主观选择的可能,同时也为感官环境内种种隐秘的信息提供了流通的媒质;另一方面,听觉又"传授着单一个人的丰富多彩的种种不同的情绪,传授着思想和冲动的长河和瞬间的极度高涨,传授着主观生活和客观生活的整个对立性"③,"包含着难以计数的听众身体做出有形反应的可能性"④。也正是由此,听觉得以将内含着观测距离的景观社会还原为一个亲近的可触性城市,因而与视觉体验相比,都市的声音也许更能激发感官主体对城市的直接感觉和真实体验。

或许正是在这个意义上,那个热衷于阳台俯瞰的张爱玲同样喜欢守在房间里听"市声",她在《公寓生活记趣》那个著名的段落中说:"我喜欢听'市声'。比我较有诗意的人在枕上听松涛,听海啸,我是非得听见电车响才睡得着觉的。在香港山上,只有在冬季里,北风彻夜吹着常青树,还有一点电车的韵味。长年住在闹市里的人大约非得出了城之后才知道他离不了一些什么。城里人的思想,背景是条纹布的幔子,淡淡的白条子便是行驶着的电车——平行的,匀净的,声响的河流,汩汩流入下意识里去。"⑤ ——单把这样单调安稳的声响从一个鼎沸的上海里拣选出来放在枕

---

① 齐美尔:《社会是如何可能的:齐美尔社会学文选》,林荣远编译,第 328~329 页。
② 齐美尔:《社会是如何可能的:齐美尔社会学文选》,林荣远编译,第 329 页。
③ 齐美尔:《社会是如何可能的:齐美尔社会学文选》,林荣远编译,第 331 页。
④ 齐美尔:《社会是如何可能的:齐美尔社会学文选》,林荣远编译,第 330 页。
⑤ 《张爱玲集·流言》,第 21 页。

边当眠歌，连思想的背景也呈现为电车声的轨迹，可见现代都市人的心理形式甚至也是由现代都市的声音参与形塑的。更饶有意味的是，相比于松涛、海啸这种书写"幽人应未眠"时的传统意象，张爱玲则在电车声中开掘出一种属于现代都市的诗意形式。在《红玫瑰与白玫瑰》中，王娇蕊在公寓里等佟振保回来，听着电梯的声响：

> 每天我坐在这里等你回来，听着电梯工东工东慢慢开上来，开过我们这层楼，一直开上去了，我就像把一颗心提了上去，放不下来。有时候，还没开到这层楼就停住了，我又像是半中间断了气。

在这里，电梯的声音几乎是对其引发的心理体验直接予以赋形，声音成了判断自我与他人、与外部空间的关联并结成自我想象的一种方式。这与古代思妇听着嗒嗒的马蹄错把过客当作归人的心理体验之间虽存在着某种同构，但在电梯声取代马蹄声的同时，人的情感形式也被赋予了机械的形式与节奏。正是电梯上上下下机械运动的声响为这一古老的情境增添了更为细腻复杂的现代诗意体验。

在这些时刻，声音为感官主体接触现代都市提供了更为亲近的契机。而比之于街道或广场，居住空间相对更为固定和封闭，因而与大街上的漫游者相比，处于居住空间之内的感官主体则更少受到视觉优越性与支配性的制约，声音反而成了诱发视觉感官的先在体验。我们不止一次看到这样的场景：深夜写作的鲁迅"忽然听得路上有人低声的在叫谁"，不由地起身"推开楼窗去看"[①]，不料却撞见女仆与姘头的幽会；张爱玲听见"外面有人响亮地吹起口哨"，也"突然起身，充满喜悦与同情，奔到窗口去"[②]。居住空间在一定程度上取消了将视觉放在头等位置上的感官等级关系，使听觉和嗅觉更为自觉和自治，成为一种更加鲜明、直接的感官形式。因而对于居室之内的都市人而言，声音便理所当然地成为其把握都市体验的直观媒介。而另一方面，现代都市也改变了人们能够听到的声音内容，甚至是人们聆听的方式。电车声、电梯声、电话声、留声机、无线电……现代技术不仅生产出新的声音，也为声音的传播与感知提供了新的形式与空间。正

---

① 《鲁迅全集》第六卷，人民文学出版社，2005，第 206 页。
② 《张爱玲集·流言》，第 27 页。

是在这个意义上,艾米丽·汤普森在其听觉文化研究中提出了"声景"(soundscape)的概念。她将"声景"定义为一种听觉的景观(acoustical or autal landscape),它既是物质环境又是感知这一环境的方式,不仅包括声音本身,同时还包括在听者感知声音的环境中由声音所创造或毁灭的物质对象。因而声景既包含了有关聆听的科学与美学方式,也包含了聆听者与环境的关系及其社会境遇。在一个更广义的范畴内,所谓"现代性的声景",正是在声音与都市空间的相互生产之中产生的。[①]

在现代作家的都市书写中,城市声景的构建既是物质性的,也是想象性的。相比于直接的声音对象或声音技术,文学文本提供的是现代作家关于都市声音的体验、感受、想象或记忆。因此,文学想象中的"声音景观"其实是对作为建筑学或生态学范畴的"声景"概念的某种借用和引申——它既在不同的聆听者和记录者那里呈现出多元化的样态,又是一个总体性的概念;它既是城市声音与空间对于聆听者的自我意识的形塑,又是聆听者对于生产声音的城市空间的阐释性重构;它既是私人的,也是公共的,既带有情感性与想象性,又可能触发理性的思辨或批判性的实践。

二 "大上海的呼声":现代性经验的声音形式

自20世纪20年代起,很多出身内陆的文学青年都曾在上海有过或长或短的居住经验。许杰、王以仁、丁玲、叶灵凤、周全平、白薇、周立波、谢冰莹、艾芜、徐懋庸、萧军、萧红等众多作家都由于其外来者的边缘地位和经济状况的困窘先后屈居于上海的亭子间,而周围弄堂的嘈杂声响也为很多作家津津乐道。胡也频就曾在小说《往何处去》中写到一个潦倒的青年所饱受的烦扰:

> 亭子间的底下是厨房。一到了早上、中午和傍晚,而其实即在普通安静的下午也是常有的,锅声就杂乱的响着,又夹着许多怪腔的男女的谑笑,这种种声音都非常分明的奔到这亭子间里面来,而且还带来了臭熏熏的茶油在炸的气味。像坐牢一般的无异君,也正因为是孤

[①] Emily Thompson, *The Soundscape of Modernity: Architectural Acoustics and the Culture of Listening in America, 1900–1933*, Cambridge, Massachusetts: MIT Press, 2002, pp. 1–4.

伶伶的，真不能用一种耐心去习惯这些。所以，只要听见了那声音和嗅见了那气味，无异君就会陡然觉得沉沉地压在心上的，差不多是苦恼和厌恶混合的情绪。①

亭子间是在上海特有的民居建筑石库门房子内部临时搭建起来的居住空间，上有供人洗晒、休闲的晒台，下有炒菜做饭的灶披间，北向临街，冬冷夏热，"周年照不到阳光和受不到东南风"②，空间逼仄阴暗，毫无隔音可言，多用来堆放杂物或居住佣人，因其简陋、低廉而成为外来文学青年租住的首选。在这里，吵闹嘈杂的声音与恶臭污浊的气味所构成的完全是一个摩登都市之外的底层世界，而"无异君"的烦扰体验所呈现的也正是一个城市边缘人观照中的上海。这些初到大都市闯荡的知识青年多少还抱着些理想主义的幻梦，而弄堂里弥漫着卑俗的小市民气息的喧嚣所带来的巨大冲击无疑将加剧其迷惘与孤独的现实体验。在这些声音中，清晨弄堂里伴着臭气倒马桶的声响向来是上海底层市民的"起床号"：

> 到第二天早晨醒过来，那您就觉得到了另一个世界了。如跑马的奔驰声音，如廊里的木鱼声动，又如在日本东京清早的乐器，接接连连地合奏着。那足足持续到一个钟头两个钟头的光景。不细细去思索，真不晓得是一些什么器乐。您起来，您可以听见有一些山歌般地"咿语哀哑"的调子喊叫起来了。这时，开始了弄堂中的交响乐，您就越发要觉得神秘了。……从后门望去，家家都有一个或两个红油漆的马桶，在后门陈列着。那种罗列成行的样子，又令人想起像是一种大阅兵式，方才的马桶合奏乐，又令人怀疑到是野战的演习了。卖青菜的挑子，在弄堂巡游着。家家的主妇或女佣，在后门外，同卖菜者争讲着，调情的样子，吵闹着，到处水渍，腥气，那令您不得已要在嘴里含一枝香烟。也许您会因之就坠入沉思，想象着上海的马桶和汽车的文化来了。③

穆木天对这扰人的声响不乏戏谑式的调侃，其《弄堂》通篇也是以一种向旅人介绍上海弄堂的口吻所写，然而字里行间仍流露出一种"外来者"

---

① 《胡也频代表作》，黄河文艺出版社，1987，第28~29页。
② 斯英：《亭子间的生活》，《上海生活》1937年第1卷第1期。
③ 穆木天：《弄堂》，《良友》画报1935年第110期。

的不解、无奈与自嘲,俨然是对其亲身遭际的叙写。语气中虽带有一种猎奇式的谐趣,但亦不乏对混杂着"马桶和汽车的文化"这样一个新旧雅俗杂糅的上海略带排斥的微讽。在"马桶合奏乐"之后,接着上演的则是穷人们"种种生的挣扎的叫喊声":

> 当晨间被倒马桶的声音吵醒以后,再没有方法睡下去了;继续着有种种的声音在窗前叫喊着:"……申报……新闻报……民国日报……时报"。这种的叫喊,至少有四五次;接着又有叫卖"……乳腐……乳腐……"的;有叫卖"甜酒酿……"的;有叫卖"菠菜……青菜……黄芽菜……"的……①

在《上海之春》中,周乐山用这些声音的碎片勾勒出了一副属于穷人们的"龌龊弄堂"的底层都市图景。而叶圣陶则从深夜的叫卖声中听出了在都市底层谋生的辛酸与苦楚以及穷人们劳碌而疲惫、人命如蚁又不堪重负的卑微形象:

> 这些叫卖声大都是沙哑的;在这样的境界里传送过来,颤颤地,寂寂地,更显出这境界的凄凉与空虚。从这些声音又可以想见发声者的形貌,枯瘦的身躯,耸起的鼻子与颧骨,失神的眼睛,全没有血色的皮肤;他们提着篮子或者挑着担子,举起一步似乎提起一块石头,背脊更显得像弓了。总之,听了这声音就会联想到《黑籍冤魂》里的登场人物。②

事实上,在这些关于底层都市的经验和想象之外,与背负着恶名的气味一样③,声音的分殊关联着的实则是现代城市空间格局的分化与生活秩序

---

① 周乐山:《上海之春》,《良友》画报 1935 年第 56 期。
② 叶圣陶:《深夜的食品》,《文学》1924 年第 137 期。
③ 齐美尔曾指出,嗅觉所引起的"主体的快意或不快"将发展为"对客体的认识",而"前者的发展会大大压倒后者",即引起主体对客体的厌恶而多过吸引,"犹太人和日耳曼人相互之间经常的令人不快的相互厌恶"也常常被人们归咎于此(《社会是如何可能的:齐美尔社会学文选》,第 332 页)。约翰·厄里也谈道:"气味的恶名一直是阶层形成的基础","现代社会明显贬低了嗅觉",并"明显地厌恶强烈的气味"。(汪民安等编《城市文化读本》,第 161~162 页)

的社会区隔。因此,在杂乱喧闹的闸北弄堂"再不会瞅见其他任何的自然,大都市的激动的神经强烈的刺激,也更到不了您那里来"①。在眼光敏锐的鲁迅那里,声音恰恰是区分都市空间等级的某种标志:

> 天气热得要命,窗门都打开了,装着无线电播音机的人家,便都把音波放到街头,"与民同乐"。咿咿唉唉,唱呀唱呀。外国我不知道,中国的播音,竟是从早到夜,都有戏唱的,它一会儿尖,一会儿沙,只要你愿意,简直能够使你耳根没有一刻清净。同时开了风扇,吃着冰淇淋,不但和"水位大涨""旱象已成"之处毫不相干,就是和窗外流着油汗,整天在挣扎过活的人们的地方,也完全是两个世界。②

"咿咿唉唉的曼声高唱"和穷人们的"挣扎过活"所形成的鲜明对照将听觉体验中所内含的空间政治加以显影。而对于那些经济上颇为困窘又处于社会边缘的青年作家而言,那些隔绝于摩登都市和上层社会的嘈杂声响和烦扰体验无疑将加剧其窘迫、寂寞、艰辛而又百无聊赖的都市生存体验。更重要的是,"市声"如同一道屏障,以其标识着社会区隔的等级感和鲜明的地方性将这些外来者与边缘人挡在了现代都市秩序的另一边。

但即便是对于一些拥有较高社会地位和稳定收入而不用僦居于亭子间的作家而言,这些烦扰的声响也无法称得上一种愉快的体验。于 1927 年春从南京抵达上海的梁实秋时任《时事新报》副刊《青光》的编辑,月收入 100 元,租住在爱文义路众福里一幢月租 25 元的一楼一底房子中③,然而其君子式的恬淡追求显然已在这嘈杂声里化为泡影:

> "君子远庖厨",住一楼一底的人,简直没有方法可以上跻于君子之伦。厨房里杀鸡,我无论躲在那一个墙角,都可以听得见鸡叫(当然这是极不常有的事),厨房里烹鱼,我可以嗅到鱼腥,厨房里升火,我可以看见一朵一朵乌云似的柴烟在我眼前飞过。自家的庖厨既没法可以远,而隔着半垛墙的人家的庖厨,离我还是差不多的近。人家今天炒什么菜,我先嗅着油味,人家今天淘米,我先听见水声。……亭

---

① 穆木天:《弄堂》,《良友》画报 1935 年第 110 期。
② 《鲁迅全集》第五卷,第 539 页。
③ 《梁实秋散文》,浙江文艺出版社,2000,第 285 页。

子间上面又有所谓晒台者,名义上是做为晾晒衣服之用,但是实际上是人们乘凉的地方,打牌的地方,开演留声机的地方……

这些喧闹的声音甚至到深夜也无休止,叶圣陶就曾记述过弄堂市民玩骨牌的恶趣味给一位失眠的朋友带来的困扰:"来了!就在楼底下送来倒出一盒骨牌的声音,接着就是抹牌的声音,碰牌的声音,人的说笑,惊喜,埋怨,随口骂詈,种种的声音。……楼下的人兴致不衰,一圈一圈打下去,直到炮车似的粪车动地震耳地推进弄里来了,他们方才歇手","但他们必然料不到楼上的伯祥也陪着他们一夜不曾合眼"。① 而由这五花八门的市声混杂起来的吵嚷的街市有时则甚至给人以惊惧的心理冲击:"小贩们的叫喊声,孩子们的哭声,穷人们的叹声,汽车、电车、黄包车的轮盘声,还有,未厘马啦地吹着,那些新开门的商店里的喇叭声,每天,林医生坐在高高的阁楼上,听着这些'大上海的呼声',他必颤着。"②

市井之声虽嘈杂烦扰,但也不乏作家"苦中作乐"而从中听出些趣味或幻想。在穆木天那里便日日上演着由"馄饨担子,骗小孩子的买玩具的小车,卖油炸豆腐的卖酒酿的,一切的叫卖,一切的喧声"构成的"弄堂交响乐"和"各种不同的滑稽小戏的表演":"东家的主妇,西家的女仆,在那里制造弄堂里的新闻,鼓吹弄堂的舆论。如果您能够懂他们的哝啊哝的话语的话,就可以听到好多的珍闻轶事。"③ 而其背后则是一个弄堂"他者"侧耳倾听却不甚了然的好奇心与盎然的兴致。同样来自外乡的苏青对于"楼上开着无线电,唱京戏,有人跟着哼;楼下孩子哭声,妇人责骂声;而外面弄堂里,喊卖声,呼唤声,争吵声,皮鞋足声,铁轮车推过的声音"这"各式各样,玻璃隔不住,窗帘遮不住的嘈杂声音"似乎也并无懊恼:"但是那也没有什么,我只把它们当作田里的群蛙阁阁,帐外的蚊子嗡嗡,事不干己,决不烦躁。有时候高兴起来,还带着几分好奇心侧耳静听,听他们所哼的腔调如何,所写的语句怎样,喊卖什么,呼唤那个,争吵何事,皮鞋足声是否太重,铁轮车推过时有否碾伤地上的水门汀等等,一切都可以供给我幻想的资料。"④ 若真如女性主义者所言,听觉传统在都市女性生

---

① 叶圣陶:《骨牌声》,《文学》1924 年第 135 期。
② 黄震遐:《大上海的毁灭》,上海书店出版社,1989,第 26 页。
③ 穆木天:《弄堂》,《良友》画报 1935 年第 110 期。
④ 苏青著,于青、晓蓝、一心编《苏青文集》,上海书店出版社,1994,第 274~275 页。

活中具有某种重要意义①,或许我们便可对此做出一个合理的解释。实际上,从烦乱多样的市声里发掘声音的故事性,或从中采集地方文化的标本,的确构成了相当一部分作家想象都市、理解上海的文学进路。

而那些始终难以在"大上海的呼声"中泰然处之的作家,则善于从都市声景中辨认、拣选出某些熟悉而亲切的声音形式。里弄中卖白果的声音就极易勾起叶圣陶妙趣横生的童年记忆:叫卖者"开了镬子的盖子,用一片蚌壳在镬子里拨动,同时不很协调地唱起来了:'新鲜热白果,要买就来数。'发音很高,又含有急促的意味。这一唱影响可不小,左弄右弄里的小孩陆续奔出来了,他们已经神往于镬子里的小颗粒,大人在后面喊着慢点跑的声音,对于他们只是微茫的喃喃了"。但叶圣陶还是会不自觉地将其与纯净安谧的乡土记忆进行比照:"这里上海的卖白果的叫卖声所以不及我故乡的,声调不怎么好自然是主因,而里中欠静寂,没有给它衬托,也有关系。全里的零零碎碎的杂声,里外马路上的汽车声,工厂里的机器声,搅和在一起,就无所谓静寂了。即使是神妙的音乐家,在这境界中演奏他生平的绝艺,也要打个很大的折扣,何况是不足道的卖白果的叫声呢。"尽管如此,叶圣陶仍然承认:"但是它能引起我片刻的幻想的快感,总是可以感谢而且值得称道的。"②由此可见,这样的听觉体验正像普鲁斯特笔下的玛德兰小点心一般,点燃了城市聆听者的非意愿记忆,也为在过剩的感官刺激中倍感烦扰的聆听者提供了某种追忆性的空间,以及一个相对安适的心理缓冲带。

对于这些寓居上海的作家而言,都市喧嚣纷乱的感官刺激除了制造噪音、干扰写作之外,大多没有带来多少诗意的体验。概而论之,这些作家虽然在社会地位与经济状况上有所差异,但在其寓居上海之前,基本上都来自农村或曾生活在北京、哈尔滨、南京、武汉等内地城市,即便是来自江浙或广州,其都市化程度也远不及上海。而时已成为国际化大都会的上海人口高度密集,各色人等混杂的都市化面貌和浓重的商业氛围与小市民习气则无疑给予这些作家巨大的冲击。对他们而言,与上海的感官环境形成潜在对比的大概是平和雍容的帝都或开阔平静的乡村,都市空间混乱喧嚷的声音给予作家的是一种前所未有的震惊体验。作家们或将其纳入底层

---

① 参见约翰·厄里《城市生活与感官》,载汪民安等编《城市文化读本》,第159页。
② 叶圣陶:《卖白果》,《文学周报》(第一辑)1921年第136期。

生活经验的书写，或将其作为国民性批判的入口，或是与乡土生活的宁静幻梦形成对照，甚或引以自嘲，皆是以其各自不同的方式建立起一种心理"挡板"式的防御机制。在半殖民地半封建的上海，现代性经验在微观层面上几乎是在一个"被迫"的生成过程中创造着新的日常生活、经验方式和文化认同，而都市的声音作为一种瞬间的、破碎的、易于捕捉又转瞬即逝的存在，既在日常生活经验的层面作为都会经验的补充，又在形式上与这个纷繁杂糅的、碎片化的、在短时间内都难以获得某种统一的历史图景的现代都市本身形成同构。在这个意义上，对于都市听觉体验的书写或许正是对于一种"此时此地"状态的捕捉，或可视为一种为近现代上海"立此存照"的努力。

三 鲁迅：批判性的聆听姿态

文人对于"噪声"的嫌恶，大抵天然地内含着一种书斋世界与市民世界的对垒，但上海的"市声"则不尽如此。街头弄堂的嘈杂之声，既是上海匆忙步入现代性时的紧张感与不确定性的表征，对于现代知识分子关于资产阶级优雅、私密、安静的居室世界的想象而言，又构成了某种拖泥带水、名不副实的打扰与反讽。不同于其他作家止步于描述和抱怨，或逃遁于乡土记忆的幻景，鲁迅对于上海的声音抱有一种现象学式的兴趣。自1927年抵沪，鲁迅先后租住在东横浜路景云里的石库门房子与北四川路的拉摩斯公寓，因嫌前两处弄堂太吵，最后迁入山阴路的大陆新村9号一处红砖红瓦的三层建筑。除却为之所苦①，鲁迅对于声音并主要是"噪声"的捕捉和研究，也使得"上海"在鲁迅的杂文中开始获得某种具体而微的日常形象。

鲁迅惊讶于闸北弄堂里叫卖零食的"那些口号也真漂亮，不知道他是从'晚明文选'或'晚明小品'里找过词汇的呢，还是怎么的，实在使我

---

① 许广平在1962年的回忆文章《景云深处是吾家》中便写道："住在景云里二弄末尾二十三号时，隔邻大兴坊，北面直通宝山路，竟夜行人，有唱京戏的，有吵架的，声喧嘈闹，颇以为苦。加之隔邻住户，平时搓麻将的声音，每每于兴发时，把牌重重敲在红木桌面上。静夜深思，被这意外的惊堂木式的敲击声和高声狂笑所纷扰，辄使鲁迅掷笔长叹，无可奈何。尤其可厌的是夏天，这些高邻要乘凉，而牌兴又大发，于是径直把桌子搬到石库门内，迫使鲁迅竟夜听他们的拍拍之声，真是苦不堪言的了。"见1962年11月21日《文汇报》。

似的初到上海的乡下人,一听到就有馋涎欲滴之概,'薏米杏仁'而又'莲心粥',这是新鲜到连先前的梦里也没有想到的",但也表示"对于靠笔墨为生的人们,却有一点害处,假使你还没有练到'心如古井',就可以被闹得整天整夜写不出什么东西来"①。他拒斥弄堂这个"苍蝇成群的在飞,孩子成队的在闹,有剧烈的捣乱,有发达的骂詈"的"乱烘烘的小世界"②,并从中看出小市民习气的可憎:"嚷嚷呢,自然仍旧是嚷嚷的,只要上海市民存在一日,嚷嚷是大约决不会停止的。"③ 在这些听觉体验中,鲁迅最终指向的还是文化剖析与国民性批判的老话题:如精致的叫卖声与那素有"养生之宜"与消费性的小品文之间隐秘的文化伦理链条,由弄堂里的孩子顽劣的哭闹声所引发的儿童教育与社会改革的命题;等等。但这些老问题在上海这个华洋杂处、新旧交糅的新环境中却以新的经验形式给予鲁迅更为复杂的冲击。在弄堂叫卖声的变迁里,他发现"独唱,对唱,大布置,苦肉计,在上海都已经赚不到大钱"④,对声音一向敏感,拒绝"无声"誓破"恶声"的鲁迅又一次在声音里破译了这个以商业、市场、实力为核心的十里洋场人心浇薄的隐秘信息。

搬到虹口区大陆新村的新式里弄之后,弄堂里强悍、泼辣而又庸俗的娘姨阿金则成了鲁迅的"大敌"。在写于1934年底的这篇被鲁迅称作"毫无深意"的"随笔"《阿金》中,"阿金"形象最大的特点莫过于其"扰动":

> "她有许多女朋友,天一晚,就陆续到她窗下来,'阿金,阿金!'的大声的叫,这样的一直到半夜。她又好像颇有几个姘头;她曾在后门口宣布她的主张:弗轧姘头,到上海来做啥呢?……"
>
> "不幸的是她的主人家的后门,斜对着我的前门,所以'阿金,阿金!'的叫起来,我总受些影响,有时是文章做不下去了,有时竟会在稿子上写一个'金'字。"
>
> "但在阿金,却似乎毫不受什么影响,因为她仍然嘻嘻哈哈。……这时我很感激阿金的大度,但同时又讨厌了她的大声会议,嘻嘻哈

---

① 《鲁迅全集》第六卷,第318页。
② 《鲁迅全集》第五卷,第580页。
③ 《鲁迅全集》第六卷,第319页。
④ 《鲁迅全集》第六卷,第319页。

哈了。"

"自有阿金以来，四围的空气也变得扰动了，她就有这么大的力量。"

"此后是照常的嚷嚷；而且扰动又廓张了开去，……她的声音原是响亮的，这回就更加响亮，我觉得一定可以使二十间门面以外的人们听见。"①

由此可见，阿金的形象并不在于其他，相貌也"平凡"得"很难记住"——"阿金"是一个活在声音形式里的形象。同往常一样，这种吵嚷引起了鲁迅极大的苦恼，但这声音的扰动中包含的某种指向混乱、恶俗、功利的"都市之熵"的巨大能量却已不再是简单地诉诸国民性便可解决或承当的。可以说，叫卖、哭闹、吵嚷、无线电的乐声以及阿金那具有神秘"伟力"的声音形象，构成了鲁迅笔下上海都市的"声景"世界：这些混乱、无序、杂陈的声音既昭示着熙熙攘攘的上海特有的生气，又集散着这城市中隐藏着的所有秘密，其中既有现代性经验的破碎和断裂，也有文化旧质的阴险和顽固。在鲁迅这里，这些"虽烦挠，但也别有生气"②，使人"心也静不下"③的听觉体验已从最直观的生活经验层面生成一种都市文化经验的隐喻。正如张旭东所言，"鲁迅一直是上海日常生活复杂性和过量的夸张的敏锐观察者。这使他超然于北京与上海文人小圈子的敌对，避开已经形成的叙述形式（如茅盾所尝试的那样）中上海的整体图像。他的杂文是对扭曲而繁荣的日常世界的勾勒，而不是彻底的知识的概括"。④ 在对于这些声音形式的捕捉中，鲁迅杂文中的上海显露出一种具有批判性的诗学形象。

与那些只是单纯记录下自己的私人聆听经验的写作者不同，鲁迅的意义在于对城市声音有意识的聆听、书写与剖析，这使得聆听变成了一种主动而独立的实践行为，是听觉主体重建声音对象与自我之关联的自反性努力。在鲁迅那里，我们可以发现一种批判性的聆听姿态：既指向声音对象

---

① 《鲁迅全集》第六卷，第 206 页。
② 《鲁迅全集》第十一卷，第 302 页。
③ 《鲁迅全集》第十二卷，第 104 页。
④ 张旭东：《上海的意象：城市偶像批判、非主流写作及一个现代中国神话的消解》，载陈子善、罗岗主编《丽娃河畔论文学》，华东师范大学出版社，2006，第 241 页。

与城市空间，同时也反身指向聆听者自身的听觉体验；不仅指向声音自身所表征的空间政治、文化等级以及各种价值体系与思想资源，同时还要反思自身的听觉习惯中隐含的权力秩序与想象性认知。在《阿金》一文的结尾鲁迅写道，他讨厌阿金的"扰动"，根本上是因为"不消几日，她就动摇了我三十年来的信念和主张"，从而显出了"阿金的伟力，和我的满不行"；尽管"我不想将我的文章的退步，归罪于阿金的嚷嚷，而且以上的一通议论，也很近于迁怒，但是，近几时我最讨厌阿金，仿佛她塞住了我的一条路，却是的确的"①。正如有研究者所洞悉的那样："这信念和主张是什么呢？大约就是鲁迅对于奴役结构的认知。而被塞住的路呢？大约就是通往新兴无产者的未来的路。"② 如果说，鲁迅曾将对于"无声的中国"的打破寄希望于某种"有声的中国"的建立，那么极具声音性的"阿金"却反过来构成了对于如何"有声"以及谁来"发声"的质疑和否定。鲁迅曾经设想过的那种"大胆地说话，勇敢地进行，忘掉了一切利害"的"真的声音"③，与阿金这样"急不可待地宣告他的自身利益"④ 的"嚷嚷"之间，显然存在着深刻的隔阂。在这里，鲁迅表现出一种朝向自身的反讽与质询，他对于阿金及其所象征的弄堂世界乃至近现代上海的聆听，就不仅是一种将"市声"高度对象化的文明批评与社会批评，并且深刻地指向现代知识分子面对真实的底层世界与极端功利化的都市现代性时所暴露出的孱弱、空洞与无所适从。在这个意义上，"聆听"成了一种批判性的实践，进一步打开了外部世界与听觉主体之间富于紧张感的、交互的文化政治空间。

四 张爱玲：战时都市的听觉漫游

与那些寓居上海的作家相比，张爱玲拥有的是几乎从小便在上海长大的生活经历和中产阶级的经济条件与社会地位。她的城市生活经验更为熟络长久，但其实也更为单纯，并没有多少真正的弄堂生活经验，更从来与亭子间无缘。但即便是住在那"站在窗前换衣服也不妨事"的公寓中，这

---

① 《鲁迅全集》第六卷，第 208~209 页。
② 李国华：《生产者的诗学——鲁迅杂文一解》，《中国现代文学研究丛刊》2015 年第 1 期。
③ 《鲁迅全集》第四卷，第 15 页。
④ 本雅明：《发达资本主义时代的抒情诗人》，张旭东、魏文生译，生活·读书·新知三联书店，2007，第 59 页。

"最合理想的逃世的地方"①也逃不过都市声音的流动与弥漫。声音自由地打破着公寓内的空间区隔，泄露着每个房间里家常又可爱的秘密："清晨躺在床上，听见隔壁房里嗤嗤嗤拉窗帘的声音；后门口，不知哪一家的男佣人在同我们阿妈说话，只听见嗡嗡的高声，不知说些什么"②；楼上的新夫妇在下雨的夜里"訇訇响"地吵闹着，"女人带着哭声唎唎啰啰讲话"③；夜深人静时"厨房里还有哗啦啦放水洗碗的声音"，不知是谁家千金"做寿的余波"④；屋顶花园上的孩子从早到晚地溜冰，"在我们头上咕滋咕滋锉过来又锉过去，像瓷器的摩擦，又像睡熟的人在那里磨牙，听得我们一粒粒牙齿在牙仁里发酸如同青石榴的子，剔一剔便会掉下来"⑤，异国绅士那颇具戏剧效果的"干涉未果"，带着几分暧昧可爱的幽默气氛。张爱玲用富有创造性的象声词、比喻和通感记录着这些从公寓内部传来的各种声响，而在一场"声音的狂欢"中，张爱玲则调动听觉与嗅觉完成了一次近于在街道上的漫游与巡览：

  然而一年一度，日常生活的秘密总得公布一下。夏天家家户户都大敞着门，搬一把藤椅坐在风口里。这边的人在打电话，对过一家的仆欧一面熨衣裳，一面便将电话上的对白译成德文说给他的小主人听。楼底下有个俄国人在那里响亮地教日文。二楼的那位女太太和贝多芬有着不共戴天的仇恨，一捶十八敲，咬牙切齿打了他一上午；钢琴上倚着一辆脚踏车。不知道哪一家在煨牛肉汤，又有哪一家泡了焦三仙。⑥

这情景多少使人想起在《道路以目》和《中国的日夜》中，我们曾看到一个女性都市漫游者在人行道上的小风炉那"香而暖"的呛人烟雾中走过，肉店老板娘向一个乡下亲戚大声宣讲小姑的劣迹，邻店的无线电娓娓地唱着昆曲，封锁时发生了一场不甚传奇的追捕，买菜归来女佣篮里露出

---

① 《张爱玲集·流言》，第25页。
② 《张爱玲集·流言》，第250页。
③ 《张爱玲集·倾城之恋》，北京十月文艺出版社，2006，第123页。
④ 《张爱玲集·流言》，第374页。
⑤ 《张爱玲集·流言》，第25页。
⑥ 《张爱玲集·流言》，第25页。

银白的粉丝,煮着南瓜的小饭铺里热腾腾的瓜气和"暖老温贫"的炉火,西洋茶食店里有烘焙糕点的焦香,橱窗里的木制模特旋身向里,"香又香来糯又糯"的炒白果的歌——伴随着行走的过程,大街调动了作家的视觉、听觉、嗅觉、温觉几乎全部的感官去捕捉和认知着这样一种市井空间体验。与之相类似的是,公寓中这些家常的声音和气味也将原本彼此区隔的空间打开,作家把从不同楼层听到的声音内容并置在一起,反而将声音和气味传达出的各个空间中的生活场景组合成了一幅公寓纵剖面式的视觉画面,又以场景的线性罗列虚拟出一个"行走"的过程或镜头的摇动,就如同打开了一条供人巡游"观览"的街道,营造出的也是这样一种嘈杂、琐屑、家常而热闹、丰富而杂陈的市井生活风致。但更富意味的是,这种听觉的"漫游"与"窥探"所打开的并不是一个传统的、同质化的都市生活场景。张爱玲听到的每一个声音,都混杂着来自不同种族、不同语言乃至不同文化传统与生活方式之间的转换、翻译与交集。只需稍加辨认一下这些声音的质地、肤色与位置,一种突兀感便会从这种看似家常的市井气息中渐渐浮现出来,某种略带荒诞的喜剧感也随之产生。于是,德文翻译着上海话,俄国人讲着日本语,钢琴曲掺杂着中药香——大都会的匿名性、洋场租界的族群政治、异质文化的高度混杂,乃至新旧文化的交叠扭曲,都在"飞地"上海这一所独有的内在声景中透露出来。

然而与居住空间内部的声音相比,外部的那个摩登都会便多少显得有些疏离。在高层公寓里听都市的声音,即便是闹市,也总显得有些虚浮而飘忽。张爱玲记述自己"对于声色犬马最初的一个印象,是小时候有一次,在姑姑家里借宿,她晚上有宴会,出去了,剩我一个人在公寓里,对门的逸园跑狗场,红灯绿灯。数不尽的一点一点,黑夜里,狗的吠声似沸,听得人心里乱乱地。街上过去一辆汽车,雪亮的车灯照到楼窗里来,黑房里家具的影子满房跳舞,直飞到房顶上",直到多年后一次空袭,在停电的黑房里,她还是会记起这"红绿灯的繁华,云里雾里的狗的狂吠"①。那个纸醉金迷的上海在张爱玲的笔下似乎只剩下这一点点关于光影与声音的感觉,那被听觉记住的繁华也不过只有寂寞的缭乱和云雾里的虚无——"新感觉派"作家热衷于讲述的那个消费性的"魔都"上海在张爱玲的听觉里即使不是被选择性地"过滤"掉了,也往往失去了它的热闹和鼎沸,反而呈现

---

① 《张爱玲集·流言》,第248~249页。

一种旷野式的荒凉。

张爱玲不止一次地"听"到这样的上海：清晨后阳台"下面浮起许多声音，各样的车，拍拍打地毯，学校噹噹摇铃，工匠捶着锯着，马达嗡嗡响，但都恍惚得很，似乎都不在上帝心上，只是耳旁风"，黄昏时"车灯，脚踏车的铃声，都收敛了，异常轻微，仿佛上海也是个紫禁城"①，"远远近近有许多汽车喇叭仓皇地叫着"②，入夜时分的城市"沉淀在底下，黑漆漆，亮闪闪，烟烘烘，闹嚷嚷的一片——那就是上海"③。它的确是繁华而喧嚣的，然而在张爱玲的听觉里，却总显示出几分张皇、渺远与空旷。处于半高空中的感官位置使听者与都市始终隔着这样一段空间距离，喧闹的车声市声被拉远、被搁置，在听觉中或浮上来或沉下去，都显得不那么踏实切近了。都市空间里那些混杂在一起的、本来就难以像视觉影像一样被具体分辨出来的声音，在类似于俯瞰一般的观察点上又更易显出恍惚旷远之感。在这种疏离的听觉体验之中，作家似乎更愿意将都市视为一个外在于自我的，遥远虚浮的背景，而不是那个贴身的、随时可以感知、可以把握、触手可及的生活本身。从这样的声音里，她听到的是一种"不在上帝心上"的不真实与不确切，是远远近近的零落和"紫禁城"式的神秘与辽远，而喧嚣热闹的夜上海对于观察者而言，只是一个不断下沉的、被同质化的所在。在"那就是上海"的口吻中，观察者表现出的是一副遗世独立、置身其外的姿态。

但"市声"毕竟是听者与都市之间一种始终不可能被切断的联结，只是张爱玲更乐于从中辨识出一些日常贴身的细节或踏实亲切的意味。作家曾记述她在一个深夜听到的歌声：

> 有一天深夜，远处飘来跳舞厅的音乐，女人尖细的喉咙唱着："蔷薇蔷薇处处开！"偌大的上海，没有几家人家点着灯，更显得夜的空旷。我房间里倒还没熄灯，一长排窗户，拉上了暗蓝的旧丝绒帘子，像文艺滥调里的"沉沉夜幕"。丝绒败了色的边缘被灯光喷上了灰扑扑的淡金色。帘子在大风里蓬飘，街上急急驶过一辆奇异的车，不知是不是捉强盗，"哗！哗！哗！"，像轮船的汽笛，凄长地，"哗！哗！哗！

---

① 《张爱玲集·倾城之恋》，第103页。
② 《张爱玲集·流言》，第268页。
③ 《张爱玲集·倾城之恋》，第361页。

哗！"大海就在窗外，海船上的别离，命运性的决裂，冷到人心里去。"哗！哗！"渐渐远了。在这样凶残的、大而破的夜晚，给它到处开起蔷薇花来，是不能想象的事，然而这女人还是细声细气很乐观地说是开着的。即使不过是绸绢的蔷薇，缀在帐顶，灯罩，帽檐，袖口，鞋尖，阳伞上，那幼小的圆满也有它的可爱可亲。①

作者用海难的比喻将警笛划破夜空的听觉体验构成一种阔大而恐怖的情景：偌大黑暗的都市的夜晚有着大海一般不可知的狂躁与凶险，警笛尖利而凶残的呼啸则成了这海上一出生死离别的戏剧；而听者却在"蔷薇蔷薇处处开"的歌声里找到了一种近乎不可信的亲近与依靠。上海在沦陷时空中给人的那种未知的、毁灭性的预感与在乱世里"急于攀住一点踏实的东西"②的渴求正在这两种极不协调的听觉体验所构成的心理张力之中得以恰切地呈现。

在现代作家中，像张爱玲这样听觉发达敏锐，而又极喜欢描写乃至分析声音的作家大概也很少见。她对于描绘声音有着丰富而罕见的能力。在文明批评的意义上，张爱玲听到的或许并不比鲁迅少。上文引述的那段夜半歌声，正来自张爱玲1944年的一篇题为《谈音乐》的散文，从西方的交响乐到中国的锣鼓，从苏格兰民歌到弹词申曲，她听的不是技巧、旋律或主题，而恰恰是那些属于人的声音的质地与形式，是声音中的内在景观。《蔷薇处处开》是女明星龚秋霞1942年在其主演的同名影片中演唱的主题曲。这首歌由陈歌辛作词曲，在电影上映后很快传唱于上海的大街小巷，脍炙人口。周璇在一次访谈中被问及最喜欢的歌曲时，也称秋姐的《蔷薇处处开》"是很好的，我最喜欢听"③。与以周璇为代表的"黎派小调"④中那种细扁、拔尖的音色不同，龚秋霞的嗓音则以"圆润甜美"著称⑤。张爱

---

① 《张爱玲集·流言》，第186页。
② 《张爱玲集·流言》，第39页。
③ 《歌唱影星座谈会》，《上海影坛》1944年1月。
④ 《周璇歌唱会纪实》，《上海影坛》1945年5月。该乐评认为周璇的嗓音固然"清越"，"但音调不高这是她最大的缺点；以致她不能唱高音的古典乐曲，而转向非正统的'黎派小调'这条路上发展，使她成为'黎派'的第一个红人"。其中"黎派小调"指的是黎锦晖三四十年代创作的一系列儿童歌舞曲和成人时代曲，其1927年创作的《毛毛雨》成为中国流行歌曲的滥觞。
⑤ 参见《首席歌星龚秋霞》，《明星画报》1942年第1期；《龚秋霞歌声甜润》，《华影周刊》1943第8期。

玲在《谈音乐》里不留情面地批评由黎锦晖作曲、严华与周璇对唱的《桃花江》，一方面固然是不喜欢国人"'小妹妹'狂"的恶俗趣味对于周璇式的嗓音的欲求与塑造；另一方面则是反感带有杂音、混音和信号干扰的无线电这样的现代声音技术对人的自然声音的挤压、变形与嘈杂化："无线电扩音机里的《桃花江》听上去只是'价啊价，叽价价叽家啊价……'外国人常常骇异地问中国女人的声音怎么是这样的。"① 在新感觉派小说的都市空间中，留声机与无线电里的流行歌几乎是永恒的背景，而张爱玲却尖锐地指出："中国的流行歌到底还是没有底子，仿佛是决定了新时代应当有新的歌，硬给凑了出来的。"② 鲁迅形容上海"高跟鞋的摩登女郎在马路边的电光灯下，阁阁的走得很起劲，但鼻尖也闪烁着一点油汗，在证明她是初学的时髦，假如长在明晃晃的照耀中，将使她碰着'没落'的命运"③。读之有异曲同工之妙。这种吃力的"初学的时髦"，以及"硬凑"出来的现代感，恰恰道破了上海的都市现代性不均衡、不稳定的本质，及其对于人的日常经验的干扰与异化。上海流行歌那单薄的、"尖而扁"的、"没有底子"的质感，正是城市自身的声音镜像。

与周璇、姚莉的流行歌相比，张爱玲更爱"蔷薇蔷薇处处开"这样平易温厚的"悦耳的调子"，就如同与"吠声似沸"的声色犬马相比，那些世俗日常的市井之声反而更能引起她心理上的亲近，使她自己也"常常觉得不可解"④。在电车进场的嘈杂声中，张爱玲听到的是"一辆衔接一辆，像排了队的小孩，嘈杂，叫嚣，愉快地打着哑嗓子的铃：'克林，克赖，克赖，克赖！'吵闹之中又带着一点由疲乏而生的驯服，是快上床的孩子，等着母亲来刷洗他们"⑤。这样"情感洋溢"的场面，背后则是作者被这声音逗引到阳台上去张望"电车回家"，并被遗弃在街心的那一辆电车神秘的姿态所吸引的自我形象。夜营的喇叭声只有"几个简单的音阶，缓缓的上去又下来"，张爱玲所珍惜的是"在这鼎沸的大城市里难得有这样的简单的心"，然而声音的低回与断续却使人"于凄凉之外还感到恐惧"，幸而"这时候，外面有人响亮地吹起口哨，信手拾起了喇叭的调子"，使听者"突然

---

① 《张爱玲集·流言》，第186页。
② 《张爱玲集·流言》，第186页。
③ 鲁迅：《夜颂》，《申报·自由谈》1933年6月10日。
④ 《张爱玲集·流言》，第21页。
⑤ 《张爱玲集·流言》，第21~22页。

站起身，充满喜悦与同情，奔到窗口去，但也并不想知道那是谁，是公寓楼上或是楼下的住客，还是街上过路的"①——口哨声里有俏皮的生的欢畅与使人依赖的安稳。公寓外街道上小贩卖吃食的吆喝也是其兴致所在，"卖饼的歌喉嘹亮，'马'字拖得极长，下一个字拔高，末了'炉饼'二字清脆迸跳，然后突然噎住。是一个年轻健壮的声音，与卖臭豆腐干的苍老沙哑的喉咙遥遥相对，都是好嗓子。卖馄饨的就一声不出，只敲梆子"②，而"无论如何，听见门口卖臭豆腐干的过来了，便抓起一只碗来，蹬蹬奔下六层楼梯，跟踪前往，在远远的一条街上访到了臭豆腐干担子的下落，买到了之后，再乘电梯上来，似乎总有点可笑"③。面对这样的声音，听者仿佛不再是那个置身其外不甚信任的观察者，而总是被吸引着迈出公寓，走上大街。从这样的叫卖声中，张爱玲听到的甚至不仅是家常的、琐碎的快乐和"此中有人，呼之欲出"的"人的成分"④，还有一种悠长的忧伤和旷远的诗意："街上有人慢悠悠叫卖食物，四个字一句，不知道卖点什么，只听得出极长极长的忧伤"⑤，"古代的夜里有更鼓，现在有卖馄饨的梆子，千年来无数人的梦的拍板：'托，托，托，托'——可爱又可哀的年月呵！"⑥高楼上的感官位置给单调的声音形式增添了一种空间中的回荡与距离上的飘忽，在这样的听觉体验中，流逝的时间丧失了矢量性，回溯性的时间总量被浓缩、凝滞在一种恒常而切近的节奏之中，听者从中获得的是一种有根底有来历，可信任可把握的完满的过去，是内在于自身的生命容量。相比之下，"一群酒醉的男女唱着外国歌，一路滑跌，嘻嘻哈哈走过去了；沉沉的夜的重压下，他们的歌是一种顶撞，轻薄，薄弱的，一下子就没有了。小贩的歌，却唱彻了一条街，一世界的烦忧都挑在他担子上"⑦。在沦陷时空"惘惘的威胁"的重压之下，那些"硬凑"出来的现代感不过是无意义的碎片，市井之声却以时间形式的绵延与恒久容纳着无限的空间，获得有如地老天荒、断瓦颓垣一般的时空容量。张爱玲说："至少就我而言，这是那时代的'上海之音'，周璇、姚莉的流行歌只是邻家无线电的嘈音，背景

---

① 《张爱玲集·流言》，第27页。
② 《张爱玲散文全编》，杭州文艺出版社，1992，第477页。
③ 《张爱玲集·流言》，第22页。
④ 《张爱玲集·流言》，第55页。
⑤ 《张爱玲集·倾城之恋》，第124页。
⑥ 《张爱玲集·流言》，第141页。
⑦ 《张爱玲集·倾城之恋》，第125页。

音乐，不是主题歌。"①

在外部世界随时都可能摧毁的战争氛围之中，日常生活反而加深了个人对于都市现代性的感知——这便是沦陷时期的上海在张爱玲的听觉中展开的内在声景。张爱玲听到的每一个声音，都在她的笔下获得了一种具象化的、富于时空上的延展性以及丰沛的生命质感的情境。张爱玲对于都市大街的观照，除了她惯有的阳台俯瞰和《道路以目》《中国的日夜》中那少有的漫游姿态，大概正是一种在居住空间内以听觉捕捉声音的方式进行的听觉漫游（auditory walking）②，即通过对于城市声音有意识的拣选、对比和情境化，重新建立起个体、城市和历史之间的有效关联。由这样的听觉实践营造的感官环境和想象性的情境，架空了摩登上海的繁华声色，放大了沦陷时期由种种或寂静或凄厉的声音形式触发的个体心理危机，却强化了市井之声的亲切感与烟火气里的尊严感，同时又为那些日常而又古老的声音赋予了一种辽阔旷远的空间形式。在这里，不同形式的都市听觉体验与听者的心理空间与时空意识中的不同区域相遇合，相撞击，将表现为各种声音形态的都市空间投射在听者的心理空间之上，以种种别致的声音隐喻绘就出张爱玲在上海沦陷时期复杂的心理地貌。

结　语

约翰·厄里曾引述罗德威"感官地理"的概念指出，"每种感官都在对人们进行空间定位、感受他们与空间的关系，以及鉴赏他们对特定微观和宏观环境的性质等方面起到一定作用"③。如前所述，在众多现代作家面貌各异的都市想象中，听觉确实承担着这样的重任。在日常生活经验的幽微细节里，听觉直接而真实地触摸着都市的纷繁与变动，丈量着个体与时代

---

① 《张爱玲散文全编》，第480页。
② "听觉漫游"（auditory walking）这一概念是对于张安定的"声音漫步"（sound walking）概念的借用和引申。"声音漫游"强调的是使聆听成为批判性工具，"重绘私人声响地图，重续声音—文化—族群—城市的藕断丝连"，一方面"尊重和理解城市现有的声响环境"，另一方面致力于对"听觉上的美学意识形态霸权的破除"。（张安定：《城市声响的政治学聆听》，见颜峻、〔英〕路易斯·格蕾编《都市发声：城市·声音环境》，上海人民出版社，2007，第30页）以"听觉"（auditory）置换这一概念中的"声音"（sound），主要是希望在声音的物理存在之外，强调人作为听觉主体的感官接受与想象性参与。
③ 约翰·厄里：《城市生活与感官》，汪民安等编《城市文化读本》，第155页。

之间宏阔又切近的距离。在 20 世纪上半叶的上海，那些斑斓而驳杂的"市声"既昭示着这个"地狱上的天堂"里两极分化的社会区隔与空间政治，又呈现着现代性经验生成时的淋漓与破碎，甚至还承载着沦陷时空中的个体心理危机与历史重负。因此，在探讨现代作家的都市经验时引入"声景"（soundscape）的概念，不仅是为了打破视觉中心主义的宰制，更在于"声音"这一瞬息之物所凝结的听觉文化与都市现代性之间的天然联结。随着声音复制技术的发展以及复原工作的展开，越来越多近于湮没的声音制品得以重见天日，然而"市声"却因其低微、琐碎、日常而难以被收录和保存。因此，现代作家笔下关于"市声"的记述，便得以成为一份特殊的城市史料，将一个多元声景之中的上海保存下来。以鲁迅和张爱玲为代表，现代作家的都市听觉实践则以一种具有想象性和批判性的聆听方式展开，重构了现代主体与都市、战争之间的关联方式。在视景之外，听觉就像无数只隐秘而敏感的触角，抚摸着这个神秘莫测的城市，使我们得以在"市声"中辨认着想象的入口与自身的位置，即所谓"我们活在这样的地方，我们活在这样的时代"①。

---

① 《鲁迅全集》第六卷，第 221 页。

广播与想象的共同体

〔美〕米歇尔·希尔穆斯 著 王 敦 程禹嘉 编译[*]

摘要 广播有从文化上、语言上团结民族的力量。20世纪20年代，广播这一表现形式的诞生与发展，是基于特定的文化规范和价值观的认可的。这套文化规范和价值观的影响远超过节目播出这一行为本身。听众们通过广播创造共享的共时性经验，对于本尼迪克特·安德森所建构的具有现代国家意识的"想象的共同体"至关重要。广播用共同的语言通过半官方、半私人的形式面向整个国家播音，谈论事关整个国家的事情。这呼应着日后本尼迪克特·安德森的论断。

关键词 广播 空间 文化 想象的共同体

Abstract Radio has power to facilitate a nation's cultural and linguistic unification, which would be one of broadcasting's main effects. Listeners' shared simultaneity of experience is crucial to Benedict Anderson's concept of the modern "imagined community" of nationhood. This paper traces the creation and development of a particular set of representational mechanism of the radio, illustrating it under the concept of "imagined community". The simultaneity of experience created by radio therefore demonstrates a spectrum of far-reaching effects such as the construction of modern nationhood, cultural norms, and values. Corresponding to Anderson's argument, this paper states

---

[*] 米歇尔·希尔穆斯（Michelle Hilmes），美国威斯康星大学麦迪逊校区教授；王敦，中国人民大学文学院副教授；程禹嘉，中国人民大学文学院硕士研究生。本文原见于Michelle Hilmes (1997), *Radio Voices: America Broadcasting 1922–1952*, Minneapolis: University of Minnesota Press, pp. 11–23, 有删节。

that radio spoke to and about a nation, in a common language and through national semipublic institutions, both physically and culturally.

Key Words　Radio　Space　Culture　Imagined Community

有人认为，广播公司播放什么样的节目听命于用户的喜好。他们认为，在私人领域，人们选择什么样的广播节目来娱乐休闲，是一件小事。但他们忽视了一个事实，即到目前为止，广播的公共影响力，既不是由制作方的原本意图说了算，也不是靠迎合观众喜好做到的。当 1929 年 Pepsodent 公司开始赞助广播剧 *Amos 'n' Andy* 时，它的目的大概只是靠这种赞助来卖掉牙膏而已。人们去收听节目，大概也只是为了在漫长的一天结束后笑一笑，放松一下。当初的 WMAQ（芝加哥一个广播电台）和 NBC（美国国家广播公司）大概只是想把广告和娱乐这两种目的合二为一。然而，在 20 世纪 20 年代的种族和民族背景下，广播这一套特定的表现形式的诞生，是基于特定的文化规范和价值观的认可的。这套文化规范和价值观的影响远超过节目播出这一行为本身。

至少，听众们在同一时间调到某个时段播出的某一节目，创造了共享的共时性经验。这一共享的共时性经验概念，对于本尼迪克特·安德森（Benedict Anderson）所建构的具有现代国家意识的"想象的共同体"至关重要。他对现代受印刷品影响的市民即报纸读者的论述，启发我们去考虑广播听众这一问题：

> （报纸读者）清楚地知道，他所奉行的这个阅读"仪式"，同时有成千上万（或数百万）的其他人在重复。他确信那些人存在，但是他对他们的身份一无所知。而且，这个仪式一直都以每天或半天的间隔不断重复。想象关于世俗的、依历史来计时的、想象的共同体的时候，我们还可以想到什么比这个更生动的形象呢？同时，报纸读者看到他看的这份报纸在地铁、理发店、邻里社区被消费，再次认可了想象的世界显然扎根于日常生活。①

---

① Benedict Anderson, *Imagined Communities: Reflections on the Origin and Spread of Nationalism*, London: Verso, 1983, p. 35.

20世纪20年代，广播电台系统正在美国崛起，不仅积极发挥着凝聚"共时性"体验的力量，而且沟通、生成着这一经验的意义。广播不仅对其时代的主要社会张力做出回应，而且通过在音乐、喜剧和叙事剧中直接对观众的情况发言，使得这些张力成为其所建构的话语世界的内容。

我们知道，安德森将国家和现代民族意识的萌发归因于受利润驱动而发展的印刷媒介——"印刷资本主义"（print capitalism）。它让越来越多的人以全新的方式思考自身，并将自己与其他人联系起来。印刷术的发展使大众的阅读推翻了官方语言（如拉丁文、宗主国语言等）的限制性门槛，使欧洲和其他地域历史里面的"白话"（the vernacular）和民族语言能够在更广泛的受众中传播，最终推翻传统权威，建立起公民与国家、公民与公民之间的新型关系。这种想象的关系，不是建立在像具体的地理边界、共同的民族遗产或语言同化这种真实有形的东西之上，而是建立在设想、想象、感觉、意识之上。在这种关系中，不仅是传播的技术手段，还有核心叙事、表现形式、代代流传的"记忆"和选择性遗忘，把民族团结在一起。"所有意识上的深刻变化天生就带着独特的失忆症。在某些特定历史情况下，从这样的遗忘中诞生了故事。"①

被安德森视为关键的那些东西，在广播发展过程中，也以新的媒介形式发挥了作用。彼时，人们对"无线电广播"这种新媒体有着普遍的期待。广播联结了一个分布在辽阔土地上的美利坚民族，被认为有利于文化统一。然而广播的历史又是充满张力的历史。

广播这种新媒体通过将公共空间带入隐秘的私人空间，把偏远地区与文化中心联系起来，用无形的以太波把国家捆绑在一起。20世纪二三十年代，人们用各种赞美之词来庆祝这个预期中的美丽的广播新世界：

> 无论是山中独屋里的采矿工人、海上的水手、冰天雪地里的极地探险家等完全与世隔绝的人们，还是待在家中的市民，都可以享受最好的音乐，收听著名政治家和行业翘楚的演讲，收听新闻报道和世界上最伟大的传教士的布道，无论他们在哪里。所有这些形式的信息或娱乐隔空来到他面前，太不可思议了，他总是惊叹于这些从大自然抢

---

① Benedict Anderson, *Imagined Communities: Reflections on the Origin and Spread of Nationalism*, p. 204.

来的超能力。①

如下是一名采矿工程师写下的感受。他驻扎在加拿大偏远的塔玛戈米（Temagami）森林保护区。这刊登在1920年4月的《矿工》（*Colliers*）上：

> 我现在加拿大北部的一个小棚屋里……有三个贴心朋友在棚屋里陪着我——斧头、狗和无线电收音机。这些都是我必不可少的财产。如果没了斧子，木柴烧尽后我就会被冻死……如果没了无线电设备，那么我会再次与曾经接触的外世隔绝。
>
> 我摸到开关，拨动它，来自纽约纽瓦克的管弦乐队演奏的音乐就填充了整个屋子……轻轻地转动那个神奇的旋钮，我就到了宾夕法尼亚州匹兹堡，听一个人向全美成千上万的小听众讲故事。有了这个神奇旋钮，我可以命令十几个广播电台发送出音乐节目和新闻报道。我随性自娱自乐，了解繁忙的外部世界的细节故事……
>
> 只有昨天，待在这里就是与世隔绝。但现在不是了。无线电话改变了一切。记住我在哪里，然后你会感觉，听到一个妈妈一般的声音认真介绍怎么让馅饼派的外壳更脆，是多么"像在家一样"。不，我可能是在"穷乡僻壤"，但是整个世界都直接走到了我手边这个小小的铜质开关的旁边。②

然而，消除距离和区隔，不仅承诺了希望，也带来了威胁，威胁到原先的自然与社会空间的分隔状况，例如种族、阶级、性别、城乡之间的相对隔离。无线电的"无形"让它得以越界："种族"音乐侵入白人中产阶级家中，轻歌舞剧在客厅里和歌剧竞争，低俗的城市娱乐让农村人大为吃惊，销售员和演员的声音在家庭内部找到一席之地。布鲁斯·布利文在其1924年的文章《利贞一家人与广播》中简述了这里面的风险：

> 十岁的伊丽莎白是个更严重的问题。无论何时，只要她可以，她就控制收音机，移动标度盘直到（一般不是件难事）找到一个爵士乐队

---

① Frank Leroy Blanchard, "Experiences of a National Advertiser with Broadcasting," April 15, 1930, station files—KDKA, BPL.

② M. J. Caveney, "New Voices in the Wilderness," *Colliers*, April 1920, p. 18.

正表演的电台。然后她以完全满足的状态沉浸其中,跟着音乐节奏点头。她的眼睛远远看着,稍显早熟的晕红渐渐浮现在她脸颊上……母亲利贞女士厌恶爵士乐。①

早期的广播作为"地方性"(local)媒介,在市内或社区内拥有和运营着电台,都保留着某种形式的社会隔离特征。这些隔离性的存在,很多是有助于维持地方性的社会秩序的。小伊丽莎白永远不会得到允许去当地的爵士俱乐部,但收音机可以把当地爵士俱乐部里面的音乐带到她的客厅。因此,广播放置家中,虽然可能带来新奇的影响,但也可以减少接触外部世界产生的危险。《利贞一家人与广播》一文也承认了这一作用:

> 比尔和玛丽在家待的时间是从前的五倍;母亲利贞女士为此感到很高兴,尤其是为比尔。他和一群相当放荡的人混在一起,他们把汽车、随身酒瓶和路边客栈舞蹈乐队作为主要的娱乐手段。[现在]比较大的孩子不仅待在家里,而且经常把朋友带来伴着广播跳舞。②

因此,广播穿越空间进入家庭,既带来希望也产生问题。显然,摆在客厅里的广播播什么内容就成为一个不容忽视的问题:是惹人讨厌的爵士乐,把孩子们带到新奇、危险的文化空间里去,还是通过共同的、得到认可的文化经验来加强家庭的团结?

不管怎样,从技术上来说,广播有从文化上团结民族的力量。1926年11月,NBC宣布成立,通过一大批新闻报道对广播的"内容质量"作了承诺,称广播的社会角色应该是提升和改善文化。这在很大程度上响应了当时英国广播公司发表的类似说辞,尽管具有不尽相同的结果。

在美国的广播发展过程中,商业主义及其接触大众的方式一直处于核心。从很早开始,商业广告的推送就普遍存在,无论是给那些为录制广播而提供唱片的音乐商店做宣传,还是播放已经印刷在报纸上的儿童睡前故事,又或是报纸媒体或百货公司直截了当对电台的买断。虽然这些广播公

---

① Bruce Bliven, "The Legion Family and the Radio: What We Hear when We Tune In," *Century Magazine*, October 1924, p. 813.
② Bruce Bliven, "The Legion Family and the Radio: What We Hear when We Tune In," *Century Magazine*, October 1924, p. 818.

司经常留意"公共服务"的责任，但是也有充足的理由迎合大众的口味和欲望，以图最有利于吸引业务。正如在其他大众娱乐方式中一样，它更多是从企业巨头的角度而不是从官方机构的角度来考虑公共形象问题。商业主义在早期广播里创造出了对大众的巨大"吸引"，正如在便士新闻时代、轻歌舞剧时代、流行音乐时代、电影时代一样。广大女性观众基本构成了广播和电视观众的主要群体。她们的购买力是与广播业相关的经济所不可或缺的，也间接地塑造了广播文化。

毋庸置疑，语言的统一，是广播起到的主要作用之一。在20世纪20年代种族、地区多样化的局面下，在全国许多地区的移民甚至第二代和第三代移民都仍然在家里、教堂里使用原国家的母语。借助广播这个新媒体，标准的美国英语成功地成为国家语言的规范，打造了民族形象，取得了明显的同化效果。这种标准的"播音员"英语腔也导致那些操着口音和方言的人们觉得低人一等了。很快，即使是曾经受到广泛认可的口音，比如南部精英的口音，也在国家级的广播网络中变得不可接受了。说一口语法"正确"的英语成为新一代中产阶级的入场券。广播有效地强化了地方性课堂教育所无法达成的文化统一效果。有一位播音员，后来成了NBC西海岸节目制作的负责人，在一次以旧金山警察为对象的演讲中，他不仅明确将广播的语言、文化以及物质功能与美国化联系起来，还将它们与社会秩序的重建联系起来：

> 奇怪的是，在"美国人"这个词囊括下的种族混合产生的问题几乎不怎么被提到……除非从幼年时期开始，所有人都被教着说同样的语言、适应同样的风俗、遵守同样的法律，否则，在美国不存在所谓的同化，也不可能实现。现在，多亏广播的发展，全国各地都能听到演讲大师字正腔圆的英语。美国的历史、美国的法律、美国的社会习俗，都是无数广播播音员口中的话题，他们的声音能直达我们数百万的百姓，塑造他们对美国原则和美式生活标准的共同理解……大规模的广播，还有严格的移民政策，都能成功将全体美国人民团结成为一个共同体，在迄今为止的发展史中，比任何方式都成功。①

---

① Don E. Gilman, quoted in Arthur Garbette, "Interview with Don E. Gilman," *San Francisco Police and Peace Officers' Journal*, February 1929, pp. 28–29.

另一篇文章预测道:"对那些仍然死守异国母语的人来说,他们收听广播越多,就越会受到英语的影响;最终,广播成了一个虽然无意识但却非常重要的美国化工具。"①

然而,事情也有另一面。地方性的声音也借助广播得到了放大。区域性的播音员、主持人把个性化的地方风味带到了麦克风前。很多听众也直言不讳,强烈抗议把标准化的"小甜甜英语"当作官方口音:

> 如果一个朋友竟然用一种播音员式的生硬、不自然的口音,拿腔捏调地和你说话,告诉你去哪里买肥皂,你会拿起手边的蛋糕朝他砸过去,让他闭嘴。对听众来说,这有一种自以为是、完全不真诚和卑屈的高高在上的感觉,这对美国公众来说让人发狂,没人可以忍受在家里或商店里有这样的说话声。②

NBC 在 1925 年就得到了教训。当时,美国纽约广播电台(WEAF)管理层要求著名主持人罗克西(Roxy)调整主持风格,从随意、乡土的形式,改为更"体面""正式"的风格,和电台形象保持一致。粉丝们的信件像雪片一样飞来,反对他突然变得呆板,呼吁他们的老朋友的声音回归原样。全国几百家报纸转载了这个故事,即使有些报纸远得根本收不到 WEAF 的信号。早期的广播大多数偏爱播送高雅的文化节目(甚至到了要求看不见的播音员穿着正装的地步),而很多观众偏爱非正式的、流行趋势,二者之间的冲突在广播业发展的过程中不断重复。

广播对社会等级秩序具有威胁性的力量:它具有超越视觉的能力。这就有可能掀起发生在现实社会的能指暴动。这也是广播最迷人的属性之一。成年人扮演儿童和动物的角色,两百磅的女人可以用声音来装扮成浪漫青春少女,九十磅的男人扮演超级英雄,白人经常假扮黑人。在广播里,我们怎么能确定一个人属于他所宣称的那个种族或民族呢?如果没有通常的视觉线索提供的情境,阶级差异该如何维持呢?

而广播这样回应:它通过大量演练这些差异,在节目里面无休止地流通和表演种族、民族、性别和其他社会文化规范里面的差异,以铸就通俗

---

① Charles M. Adams, "Radio and Our Spoken Language: Local Differences Are Negligible, But Radio Shows Up Personalities," *Radio News*, September 1927, p. 208.

② "Pussy Willow English," *Saturday Review of Literature*, June 16, 1934, p. 752.

易懂的刻板印象。这些都是通过语言、方言和精心挑选的听觉语境来实现的。早期的广播似乎充满了"新奇不同"、异国情调的描写,从《凯歌香槟俱乐部的爱斯基摩人》(Cliquot Club Eskimoes)、《A&P吉卜赛人》到 Amos 'n' Andy 和《戈德堡》的故事。这经常通过使用清楚明白的、刻板的方言和口音来完成,从轻歌舞剧的范畴到黑人说唱秀,不一而足。早期广播业中这些说唱表演的套路、角色和方言的流行经常被历史忽视,并且它们的播送直指美国文化中紧张的核心问题。这些文化上不受欢迎的内容,被辨识为对文化上被贬低的少数群体刻板印象的投射。

各种各样的广播节目精心炮制了各种框架,以将"其他"特点融入他们经常重复的节目的核心。弗雷德·艾伦(Fred Allen)的《阿伦的胡同》(Allen's Alley)这一节目是一个范例。它由努斯鲍姆(Nussbaum)夫人、艾杰克斯·卡西迪(Ajax Cassidy)、博勒加德·克拉格霍恩(Beauregard Claghorn)参议员和泰特斯·穆迪(Titus Moody)等人出演。这正是诸如《维克和纱黛》(Vic and Sade)、《一个人的家庭》(One Man's Family)和《奥德里奇家庭》(The Aldrich Family)等电视家庭情景喜剧的前身。不同于传统的阶级属性,广播创造了自己的名流等级,类似于好莱坞明星的可视化熟悉度排名。这个问题对广播网的功能来说越来越重要,成为广播文化工业体制里面的重要组成部分。

人们很快就意识到,文化机制上的统一必须建立,才能让广播文化里面的秩序性倾向压倒其无序性倾向。20世纪20年代末到30年代初,广播业的结构稳定下来之后,芝加哥作为广播创新的中心这一重要地位,凸显出了广播网络在文化上的同化力量。大多数的广播形式甚至是节目本身,迅速在NBC和CBS走红。这些节目通常不是由位于纽约的专业广播公司的官方电台原创,而是在芝加哥喧闹的商业环境中,一些报纸或百货商场拥有的广播电台播出过的。这些节目一旦通过广播网获得了全国性的赞助商和听众,就会适应"更高"、更严格的广播网标准。一旦这种标准范式出现,对它的模仿及其"衍生品"就会逐渐巩固,并推广开去。然而,商业上的张力也在抵制广播网的控制。例如,在节目制作中,广告商迅速加强的控制地位贯穿了整个广播发展史,尤其是在日间连续剧的制作过程中。

1926年的NBC和两年后的CBS的机制,有效地促进了技术、经济和文化的统一,即安德森在《想象的共同体》里面所描述的那种图景。但同时,导致广播的教育和公共控制作用受挫的决定性因素,并不是发生在1934年的《通信法》(Communications Act)大辩论之后，而是早在1922年到1926年间就出现了。当时，有线互联的电台逐渐破坏了广播的地方根基，并使广播不得不获取广告支持。到1934年，一位活跃的从业人员承认，商业竞争中"根深蒂固的个人主义"使私人支配的体系引发广播业的质变："在这类事情中，个人主义的真正意义，是毫无计划却不断推进的匆忙慌乱的实践，一直到搞出想象不到的某种境地，而且各种既得利益都已经无法摈除。然后只能在面对无数技术、法律障碍时，事后诸葛亮式地妥协出能凑合下去的方式之后，再尝试实施。"① 这就是1934年的商业广播网的既成事实：一个事实上白手起家并无官方认可的工业、文化标准，真正站稳了脚跟。在十来年的早期发展中，广播试图将美国文化经历、身份予以集中化和统一化。这是其他媒体从未尝试过的。广播从技术、文化上，用共同的语言，通过半官方半私人的形式，面向整个国家播音，谈论事关整个国家的事情。这呼应着日后本尼迪克特·安德森的论断。一位作家在1924年就清晰地设想了"广播的社会命运"：

> 看看美国的地图，看看加拿大的地图，看看任何一个国家的地图，并试图构想出这样一幅画面：广播对这几百个小镇来说究竟意味着什么。这些小镇太小了，以至于在地图上几乎找不出来。它们看起来毫无关联！然后再想象千家万户，城里的、山谷里的、河边的，这些家在地图上根本看不到。这些在广袤国土上的小镇、没有标记的房子看起来毫无联系。将它们维系在一起的，仅仅是一个观念——一个这样的观念：它们组成了一个叫作"我们的祖国"的领土。如果不是因为有国籍的维系，就马萨诸塞州的一个家庭而言，在芝加哥的另一个家庭可能跟在桑给巴尔一样。如果这些小镇和村庄彼此相距遥远，在国籍上相互联系，但实际上非常不相关，它们可以获得一种亲近感，就如同可以直接接触一样！……这正是广播带来的。②

---

① Levering Tyson and Judith Waller, *The Future of Radio and Educational Broadcasting*, Chicago: University of Chicago Press, 1934, p. 18.
② Waldemar Kaempffert, "The Social Destiny of Radio," *Forum* 71, June 1924, p.771.

专题二

亚文化研究

主持人语

胡疆锋*

迄今为止，在英美亚文化研究领域里，成就最为突出的是文化研究的策源地——伯明翰学派。亚文化是伯明翰学派在文化研究鼎盛时期最为关注的对象。不同于传统马克思主义者，伯明翰学派不再从政治和经济角度试图改造资本主义，而是更多地关注文化问题，从文化和美学领域对资本主义进行了尖锐的批判。受到了英国文化马克思主义和新左派运动的深刻影响，伯明翰学派的亚文化理论体现出鲜明的政治性、阶级文化特色和强烈的社会批判性。在伯明翰学派那里，被媒体和支配文化冠以"越轨""民间恶魔"的亚文化最大限度地得以正名，其研究成果已成为青年亚文化理论最重要的风向标。伯明翰学派的亚文化研究获得了很大成就，被誉为"英国青年研究皇冠上的宝石"。[②]

不过，自20世纪80年代初以来，一些理论家对伯明翰学派时期的亚文化理论提出了批评，比如：伯明翰学派过分强调阶级以及亚文化的抵抗；主要研究都市工人阶级中的白人男性青少年，缺乏对女性经验的关注；分析青年亚文化的风格和边界时有一种本质主义的僵化倾向，没有认识到媒体和市场在亚文化和亚文化身份方面的创造作用，等等。[③] 甚至有人认为其

---

* 胡疆锋，首都师范大学文学院教授。本组译文是首都师范大学美育研究中心课题"亚文化语境下的美育途径研究"的阶段性成果。

② Roberts, K, *The Sociology of Youth: Problems, Priorities and Methods*, Paper presented at the British Sociological Association Youth Research Group Conference, 2000, p. 10.

③ 关于这方面的批评，详见《亚文化之后：对于当代青年文化的批判研究》（*After Subculture: Critical Studies in Contemporary Youth Culture*, 2004），这本书源于英国社会学协会青年研究小组于1999年9月在英国萨里大学召开的一次为期一天的研讨会。中译本参见〔英〕安迪·班尼特、基思·哈恩-哈里斯编《亚文化之后：对于当代青年文化的批判研究》，中国青年政治学院青年文化译介小组译，孟登迎校，中国青年出版社，2012。

亚文化理论现在正变得"多余","不再有重大意义",① 并不能提供"对年轻人的社会世界或他们的经验有用的描述"。② 究其原因，大概有两点：一方面，伯明翰学派的亚文化理论确实存在着一些薄弱之处或不完善的地方；另一方面，随着新的亚文化形态和风格的出现，亚文化经验也发生了一些重要变化，需要从新的视角进行阐释。

鉴于以上批评和原因，一些学者认为，无论伯明翰学派以及亚文化概念是否曾经恰切地描述了青年人在阶级、代际、性别、种族和性特征等方面的文化差异，随着当下情境的变化，青年文化特征的诸多特定发展已经使得原来的亚文化理论失去了阐释力，有必要使用新的研究术语，如"后亚文化"（post-subculture）等。

"后亚文化"术语最早是由澳大利亚学者史蒂夫·雷德黑德（Steve Redhead）在1990年提出的。雷德黑德认为，人们以前划分的各种青少年亚文化已经失效，已经不能恰当地解释20世纪80年代末和90年代初出现的亚文化（如舞曲文化），应该用"后亚文化"来解释当下的现象。③ 后来，戴维·马格尔顿（David Muggleton）在2000年出版的《亚文化透视：风格的后现代意义》（*Inside Subculture: The Postmodern Meaning of Style*）一书中，对这个术语进行了完善和发挥。和雷德黑德一样，马格尔顿也认为20世纪80年代和90年代是亚文化到后亚文化的过渡期，他将这一时期描述为"亚文化分裂和快速发展的数十年，伴随着大量的（亚文化）复兴、杂合和转换，以及无数风格在任何一个时间点上的并存"。④

虽然后亚文化研究不是一个统一的研究整体，不过，后亚文化理论依然呈现出一些共性，它们的中心目标是远离伯明翰当代文化研究中心以阶级为基础的亚文化理论。比如，在空间意识上，伯明翰当代文化研究中心以及前辈学者将亚文化的可视性看成一种可以确认的、可以被"看见"和分析的空间，而各种后亚文化学者却认为青年文化的流动性和碎片化特征

---

① Chaney, D, "Fragmented Culture and Subcultures," in A. Bennett & K. Kahn-Harris, eds., *After Subculture*, Palgrave, London, 2004, p. 36.

② Karvonen, S., West, P., Sweeting, H., Rahkonen, O. & Young, R. "Lifestyle, Social Class and Health-related Behaviour: A Cross-Cultural Comparison of 15 Year Olds in Glasgow and Helsinki," *Journal of Youth Studies*, 2001, Vol. 4, p. 393.

③ Redhead, S., *The End-of-the-Century Party: Youth and Pop towards 2000*, Manchester: Manchester University Press, 1990.

④ Muggleton, D, *Inside Subculture: The Postmodern Meaning of Style*, Oxford: Berg, 2000, p. 47.

非常明显，以致它们只有勉强可以辨认的、短暂的、模糊的空间，只能用"新部族""场景"等术语才能描述出一种相宜的、不透明的和含混的空间反应。在亚文化群体的统一性上，伯明翰当代文化研究中心认为战后亚文化群体具有统一性、团结特征和内聚力，而后亚文化学者认为当代青年文化主要是围绕着个人生活方式和消费选择而呈现出来的，是碎片化的、流动的。正如英国学者安迪·贝内特（Andy Bennett，也译为安迪·班尼特）所概括的那样："由于风格、音乐趣味同身份之间的联系已经日益变得很不牢固，并且这种联系更具流动性，因此各种亚文化的区分已经失效了。"① 班尼特将上述理论趋势概括为"后亚文化转向"。②

后亚文化理论家们提出了各种新的概念，试图更加周密地分析和阐释当下的不同类型的青年文化。不过，他们在批评亚文化理论的同时，也遭到了一些学者的批评，正如霍兰（Hollands, 2002）所质疑的那样，"那些后现代的榜样，真的就比少数派的亚文化群体在青年中更具有代表性、更具有显示力吗？后现代理论家似乎没有发现不平等的或等级化的青年文化群体，很大程度上是因为他们根本就没想去探究它们"。③ 这一批评不无道理。同时，更有许多学者发现，虽然时过境迁，但他们面对的问题和伯明翰学派仍然是相似的，伯明翰学派所研究的亚文化与种族、阶级、社会分化和权力的关系等问题，仍然是当代理解青年群体的风格和文化选择的核心，先前的亚文化研究仍然保持着很强的阐释力。

总之，从事后亚文化研究的学者逐渐认识到：亚文化理论和后亚文化理论都是为了更准确地阐释亚文化而提出的，只要能够解决那些困扰着青年亚文化理论家的复杂的文化现象和理论难题，使用哪一种理论并不重要。正如卡林顿等人所说的那样：在亚文化理论内部争论究竟是不是应该使用"亚文化"这一术语，已经越来越没有意义。求助于新术语来超越"亚文化"的要求，有时是在牺牲了这些新概念所提供的真正新颖的分析洞见的情况下才得以进行的。然而，我们之所以需要继续仔细考虑所有这些研究洞见（不管它

---

① 〔英〕安迪·班尼特、基思·哈恩－哈里斯编《亚文化之后：对于当代青年文化的批判研究》，第14页。
② Andy Bennett, "The Post-Subcultural Turn: Some Reflections 10 Years on," *Journal of Youth Studies*, August 2011, Vol. 14, No. 5.
③ Hollands, R. "Divisions in the Dark: Youth Cultures, Transitions and Segmented Consumption Spaces in the Night-Time Economy," *Journal of Youth Studies*, 2002, 5 (2).

是新伯明翰中心的［neo-CCCS］，后伯明翰中心的［post-CCCS］，还是反伯明翰中心的［anti-CCCS］），就在于那些核心的分析议题依然没有改变。① 这就提醒我们：只要亚文化面对的核心议题保持不变，只要亚文化研究者所看重的社会结构、社会问题、阶级、性别和种族等因素依然弥漫在当代青年文化的场景之中，也许综合使用亚文化与后亚文化研究的理论才是最可取的道路。

这里我们选译的四篇论文，在时间上都属于后亚文化研究。其中贝内特的《后亚文化转向：十年后的一些反思》是一篇系统性的回顾论文。文章把后亚文化的主要特征概括为碎片化、流动性、混杂性、多样性、个人主义，并且对后亚文化研究的新的理论术语如场景、新部落、有品质的生活方式等概念进行了介绍，同时也对人们对后亚文化理论的质疑进行了梳理。肯·麦克洛克等人的《"我们只是一起闲逛"：青年文化与社会阶级》是对后亚文化理论的一次反驳，作者通过对爱丁堡和纽卡斯尔两地青年的研究，认为亚文化群体中青年身份的界定与其说取决于他们自由浮动的生活方式，不如说很大程度上取决于他们所处的社会阶级。这一观点显然是对伯明翰学派的回归，这两篇论文可以相互参照阅读。俄国学者拉缇谢娃的《青年亚文化现象的本质与类型》是一篇对俄罗斯当代青年亚文化的类型学分析，将我们很少接触到的俄罗斯青年亚文化呈现在我们眼前。作者采取的手法基本是伯明翰学派所惯用的手法，比如研究亚文化类型与性别导向关系，亚文化的不同派别的具体特点、名称、风格、符号、音乐流派、社交设施等。有意思的是，本文发表于2010年，但它所揭示的俄罗斯青年亚文化类型和20世纪七八十年代欧美流行的那些种类基本重合，这种滞后性是否也和俄罗斯的文化、政治语境有着密切的关系？另外，在伯明翰学派和后伯明翰时期的亚文化研究中，学者们的研究多集中在社会语境、音乐表达和亚文化的符号学意义方面，对当代小说中的亚文化表现形式的研究还相对较少。为此，我们选译了尼克·宾利的《"新伊丽莎白时代的人们"：二十世纪中期英国小说中青年亚文化的再现》，这篇论文梳理了20世纪50年代以来小说家们的作品，深入研究了小说中"无赖青年"这种亚文化的表现方式，以及它们与当时主流媒体和其他文本书写中所呈现的"无赖青年"之间的不同，以期填补亚文化研究在文学作品阐释领域中的薄弱和不足。

---

① 〔英〕本·卡林顿、布赖恩·威尔逊：《舞蹈的国度：青年亚文化理论再思考》，〔英〕安迪·班尼特、基思·哈恩－哈里斯编《亚文化之后：对于当代青年文化的批判研究》，第92页。

后亚文化转向：十年后的一些反思

安迪·贝内特（Andy Bennett）著

胡疆锋 译* 陈 曦 校

摘要 后亚文化转向让人们了解到青年文化研究者在过去十年中进行的讨论和辩论。虽然后亚文化转向带来了新的分析工具和概念方法，也为一些著作选集提供了依据，但它同样引起了一系列引人关注的批评，这类批评否认后亚文化理论是一种可行的青年研究方法。对于后亚文化理论，可能存在一种重要批评，认为关于文化产业在建构青年的认同和有品质的生活方式上发挥的作用，它采取了幼稚的、本质上来说是赞扬的立场。同样，一直有人认为，尽管后亚文化理论主张新的个性化、反思性的青年认同已经出现，但人们并不需要努力去寻找证据，来证明结构性不平等在决定青年人生机遇和文化归属方面持续发挥的作用。

关键词 后亚文化 亚文化 青年 认同

Abstract This article investigates and evaluates the key tenets of the post-subcultural turn as this has informed discussion and debate among youth culture researchers during the last 10 years. While the post-subcultural turn has produced a wealth of new analytical tools and conceptual approaches, as well as providing a basis forseveral anthologies, it has also given rise to a series of critical concerns regarding the viability of post-subculture as an alter-

---

* 安迪·贝内特（Andy Bennett），澳大利亚黄金海岸格里菲斯大学人文学院教师；胡疆锋，首都师范大学文学院教授。本文译自 Andy Bennett："The Post-Subcultural Turn: Some Reflections 10 Years on," *Journal of Youth Studies*, Vol. 14, No. 5, August 2011, 493–506。

native approach to the study of youth. A key, and perhaps predictable, criticism of post-subcultural theory is that it adopts a naive, and essentially celebratory, stance regarding the role of the cultural industries in shaping the identities and lifestyles of youth. Similarly, it has been argued that, despite the claims of post-subcultural theory regarding the emergence of new, individualised and reflexive youth identities, one does not need to look very far to see evidence of the on-going role played by structural inequalities in shaping the life chances, and cultural affiliations, of youth.

Key Words　Post-Subculture　Subculture　Youth　Identity

20世纪90年代至21世纪初的大量研究认为,"亚文化"概念在过去25年中一直被用来研究基于风格的青年文化,这个术语已经变成鸡肋。虽然理论家对于这种看法产生的原因还存在着诸多争议,但他们普遍认为:青年认同——其实本质上是社会认同——由于文化商品、图像和文字的日益增多而变得更具反思性、流动性、更碎片化了。更具个性化标识的项目和自我的概念也借以风行并被模仿（Muggleton, 2000）。青年文化研究中的这种"后亚文化转向"成了许多研究和汇编论文集的重点领域（参见 Muggleton and Wienzierl, 2003; Bennett and Kahn-Harris, 2004）,由此,作为具有可行性的理论和分析框架,亚文化在青年文化研究中是否仍然有效,理论家围绕着这个问题展开了持续的批判性对话（参见 Bennett, 2005; Blackman, 2005; Hesmondhalgh, 2005; Shildrick and MacDonald, 2006）。

后亚文化理论对青年文化研究已经产生了重要影响。事实上,正如本文揭示的那样:后亚文化理论为我们理解文化动态做出了很多贡献,让我们了解到青年每天接触或使用的音乐、风格及其相关物品、形象和文本。虽然后亚文化理论在某个层面上为青年文化研究的新范式奠定了基础,但后亚文化理论并没有取代亚文化理论成为青年研究的基础。针对后亚文化转向,亚文化理论的倡导者也的确提出了一系列引人注意的批评。对后亚文化理论的一种普遍批评是,它作为一种方法在理论上不够严谨,不能为青年文化研究提供一整套可选择的、分析性的、实证性的概念。对后亚文化理论的另一种批评是,对文化产业在建构青年认同和有品质的生活方式上发挥的作用,它采取了幼稚的、本质上来说是赞扬的立场。因此,有人认为,尽管后亚文化理论提出否认基于阶级的青年认同的主张,但人们并不需要努力去寻找证据来证明结构性不平等在决定青年人生机遇（life chances）和文化归属方面持续发挥的作用。另外一些倾向于批判的观察家认为，后亚文化理论在强调反思性的个人主义是形成当代青年认同的原动力时，实际上去除了青年文化的政治色彩。对后亚文化理论的最后一个批评是，它认为青年的各种风格归属（stylistic affiliations）是流动的盛宴（a moveable feast），这种看法忽略了形成历史更久的青年文化风格的典范，而这些典范似乎违背了后亚文化理论家观察到的具有流动性和暂时性的这一风格的新规律。

在很大程度上，亚文化与后亚文化理论之间的紧张关系和冲突仍未得到解决。不管后亚文化研究遭到何种批评，它确实有助于揭示亚文化理论的一些明显不足之处。鉴于此，后亚文化转向在理论和方法上可以得出哪些重要见解呢？本文的目的就是回顾后亚文化转向的重要原则，研究针对它的一些重要批评，并尝试解决与后亚文化理论及后亚文化转向相关的一些疑难问题。在研究并确定了后亚文化理论的优点和一些潜在不足之后，在今后的青年文化形式和行为的研究中，如何将亚文化与后亚文化这两种理论最重要的原则结合起来，本文最后一节会提出一些建议。

后亚文化理论中的关键概念

"后亚文化"这个术语的提出要归功于史蒂夫·雷德黑德（Steve Redhead，1990），他用这个术语来揭示从前的青年亚文化体系的不完善，特别是它们无法恰当解释20世纪80年代末和90年代初出现的舞曲文化。后来戴维·马格尔顿（David Muggleton，2000）在其著作《亚文化透视：风格的后现代意义》（*Inside Subculture: The Postmodern Meaning of Style*）中对这一术语进行了重要补充，并将其发展为成熟的概念方法。和雷德黑德一样，马格尔顿认为，在20世纪80年代和90年代，亚文化青年已经转变为后亚文化青年，他将这一时期描述为"亚文化分裂和快速发展的数十年，伴随着大量的（亚文化）复兴、杂合和转换，无数风格在任何一个时间点上并存"（2000，第47页）。马格尔顿同时使用了韦伯式的分析和后现代分析，他认为，风格的选择和混合（the pick and mix）是由于青年风格日益多样化和复古市场的突出地位，以及对新的后现代风格的敏感性，从他研究中的那些受访者身上可以明显看到这种处理风格的方法。在新的风格中，个人主义超越了对集体性的强调，成为社会行为人（social actors）的一种手段，为他们自己寻求理想的视觉形象进而形成自己社会文化特性。后亚文化理论在随后的发展中使用了一系列的概念框架，最突出的是"新部落"（neo-tribe）、"有品质的生活方式"（lifestyle）和"场景"（scene）。

新部落

"新部落"概念最初由法国社会学家迈克尔·马费索利（Michael Maffesoli, 1996）提出，用来研究与后现代主义的出现相联系的社交新模式。根据马费索利的解释，新部落"没有我们所熟悉的刻板的组织形式，它更多是指一种特定的氛围、一种心境，通过那些注重外观和形态的生活方式可以更好地得到体现"（1996，第98页）。新部落理论随后被用于安迪·贝内特（Andy Bennett, 1999a）和本·马尔本（Ben Malbon, 1999）对当代舞蹈音乐进行的两项实证研究中。这两项研究提出了这样的中心论点：舞蹈俱乐部会员的流动性表明了由青年风格的碎片化和舞蹈音乐零碎的文字所引发的新部落式的敏感性，其中舞蹈音乐本身就是音乐节目主持人们（DJ）使用数字采样、混音及糅合技术生产出来的产品（比如可以参见 Langlois, 1992）。在青年文化研究中，新部落方法的核心就是它允许对青年聚在一起形成集体的方式及原因做出新的理解。和亚文化理论不同，新部落理论允许品味、审美感受和情感成为青年参加集体文化活动的主要驱动因素，而亚文化理论认为个体如果不是"被迫的"，也是因为阶级、社区、种族或性别这些事实而"被掌控"（Held）在一起，形成亚文化群（Bennett, 1999 a）。

有品质的生活方式

"有品质的生活方式"的概念最早出现在马克斯·韦伯（Max Weber）的研究中，随后被美国社会学家托斯丹·凡勃伦（Thorstien Veblen）作为一种工具，来研究19世纪末20世纪初新兴的休闲阶层的财富和地位问题（Chaney, 1996）。20世纪90年代学术界再次出现了对这一理论的兴趣，引领这种趋势的是文化转向和对文化消费的日益重视，因为在吉登斯（Giddens, 1991）称之为反思性现代性的背景下，文化消费是建构身份和有品质的生活方式的基础。这一理论得以再次兴起的一个重要人物是英国社会学家戴维·钱尼（David Chaney），他对有品质的生活方式（lifestyles）和生活方式（ways of life）做了重要区分。他认为，有品质的生活方式是"创意项目"，依赖于"消费能力的显示"，而"生活方式"是"通常和比较稳定的社区相关联的（并）通过共同规范、礼仪、社会秩序的模式和可能是一种独特的方言得以体现"（1996，第92页和第97页）。这种区分依次出现在当代青年理论家，如瑞典社会学家博里默（Bo Reimer，1995）和英国社会学家史蒂芬·迈尔斯（Steven Miles，1995，2000）对有品质的生活方式理论的应用中。在研究当代青年的文化消费模式时，迈尔斯（Miles）认为，晚期现代性（late modernity）见证了这样一种转变："务实、统一的亚文化身份，转变为风格的变动不居的拼接和并列"（1995，第36页）。

场景

在早期研究音乐品味和集体性的论文中，加拿大文化理论家威尔·斯特劳（Will Straw）把场景作为概念框架集中分析了它的价值。斯特劳认为，"当各种人群和社会群体围绕特定的音乐风格联盟聚集在一起时"，场景往往超越了特定的地方性，"反映和实现了这些群体的特定关系状态"（1991，第379页）。场景的这种概念化在后亚文化理论家中一直极具影响力。音乐场景被赋予了许多特点：作为个体聚集场所的功用——这些个体聚集在一起是因为音乐品味和相关的审美感受，而不是因为阶级或社区，不断演变和经常表现出的短暂性——与被谈及的后亚文化转向的本质相一致。音乐场景的这些性质被理论家们视为关键特性，理论家们认为场景是比亚文化更适用于探索集体性和凝聚力等问题的理论框架，因为这些人是围绕流行音乐聚集起来的；与此相反的是，他们认为亚文化太过于坚持有关阶级和社区固定性的本质主义假设（例如，Kahn-Harris，2004；Stahl，2004）。

后亚文化：一种碎片化的话语？

如前所述，后亚文化转向在青年文化理论家之间引发了许多批判性的辩论。后亚文化理论经常遭受的一种批评是：它在本质上不是一个连贯的理论，而是把来自不同传统的众多理论拼凑在一起的大杂烩。但是，对于亚文化理论，我们也能做出大致相似的评论。即使是在亚文化被美国社会学家当作一种方法来研究越轨社会行为的初期，在芝加哥学派这一涵盖性术语之下就已经形成了许多不同的亚文化模式（例如可以参见 Merton，1957；Matza and Sykes，1961；Becker，1963）。亚文化理论通过伯明翰大学当代文化研究中心（CCCS）进入英国时，从文化马克思主义一直到法国文化理论家罗兰·巴特（Roland Barthes）和克劳德·列维－斯特劳斯（Claude Levi-Strauss）使用的符号学方法，它们经历了进一步的整体改造。

CCCS重建了亚文化理论。在"亚文化"成为青年文化的国际研究中使用的一个词语后，很多内涵都被丢弃了，越来越成为一个"徒有虚名"（name only）的标签。基于北美洲进行的研究，如蒂娜·温斯坦（Deena Weinstein, 1991）的著作《重金属：音乐及其文化》证实了这一点。CCCS把基于风格的青年文化解释为它们是阶级背景和经验的表征，温斯坦很明显认同这一观点，把美国的重金属作为"工人阶级"（或者更确切地说是"蓝领"）亚文化进行了阐释。不过，除此之外，温斯坦对CCCS的亚文化解读模式的使用是很有限的。CCCS制定出的工人阶级亚文化抵抗的基本原则（参见Hall and Jefferson, 1976）并没有在温斯坦的研究中被重新系统使用，也没有受到质疑，或者进行调整，以便为美国提供本土化的解读模式。将亚文化理论解读为碎片化的、变得越来越不连贯的理论，这是贝内特1999年发表的研究论文的中心论点，他在文章中指出：

> ……这些就是亚文化现在被当作理论基础的各种分析角度，"亚文化"就这样变成了一个"万能"词，可以容纳年轻人、风格和音乐等社会生活的方方面面。（Bennett, 1999 a，第599页）[①]

然而，即使是在1999年，关于亚文化不够严谨的评论也绝不是前所未有的。美国社会学家约翰·欧文（John Irwin, 1970）在30年前就指出，亚文化在社会理论中的应用方式日益多元化；在欧文看来，由于反文化（counter-culture）及其衍生的"子系统和生活方式"的出现，这种情况更加恶化了。同样，迈克尔·克拉克（Michael Clarke）于1974年在英国《社会学期刊》（*British Journal of Sociology*）上发表的一篇论文中指出：

> 多年来，"亚文化"这个术语就是社会学的一部分，像"角色"、"阶级"和"魅力"等词一样，无论它是否在社会学兴起之前就已经被广泛使用，毫无疑问，它现在已经是日常语言了。因此，对它进行批判性思考是非常困难的，但是如果今天把它作为社会学的一个新概念加以介绍，我想它将会被认为毫无价值而予以摒弃。（1974，第428页）

---

① 由于有了10年后的后见之明，对此可以进行补充，比如可以纳入青少年对互联网通信技术的投入或是对极限运动及类似的冒险行为的参与。

有人认为"后亚文化"本身不是什么严谨的术语,不过也有合理的理由认为,亚文化其实也没有多严谨,因为它在社会学和文化理论研究方面已经被用得太烂了。实际上,亚文化与后亚文化这两种方法都来自范围广泛的一套理论传统,各自体现了青年文化研究的一系列不同的分析角度。事实上,这些都是从亚文化和后亚文化的视角对青年文化现象进行研究的各种各样的方法。所以,既然亚文化研究方法适用于一套具体的研究和分析工具,可以质疑的就是,它在理论和方法上的整体性(cohesiveness)是否可以实现,或者是否是可取的?

作为文化民粹主义的后亚文化

另一种针对后亚文化转向的批评,与吉姆·麦圭根(Jim McGuigan,1992)等文化理论家确定的文化民粹主义话语有关。这种观点认为,通过强调消费是年轻人中的一种重要文化行为,后亚文化理论本质上是沉溺于泰德·波尔希默斯(Ted Polhemus,1997)所谓的"风格超市"(supermarket of style)中的年轻人所采取的支持的赞扬式立场。但是,一旦重新评估这一点,就能得出公平的结论:作为青年消费模式的描述符号,"风格超市"这个概念尽管在其表面上具有吸引力,但如果用它来确定后亚文化理论的局限性却产生了决定性的负面影响。"风格超市"这个术语来自雷德黑德等人(Redhead et al.,1997)主编的《亚文化读本》(*The Subcultures Reader*)中一篇简短的、基本上是描述性的文章,该术语将后亚文化青年贬为卡利尼科斯(Callinicos,1989)所谓的后现代纨绔主义(postmodern dandyism)的实例。从本质上说,"风格超市"的概念把青年对风格的敏感简化为"选择与混合"(pick and mix)的游戏,把青年本身描述成只会进行商业街消费(high street consumption)的年轻人。所以,"风格超市"这个概念严重破坏了马格尔顿(Muggleton,2000)和迈尔斯(Miles,2000)等理论家的大量研究成果。这些理论家试图证明的是:文化消费和商品的日益泛滥,事实上不会消除青年在风格和相关文化商品上留下的任何形式的有意义的印记。事实上,马格尔顿和迈尔斯都在尽力指出风格政治(a politics of style)的可持续意义,因为这是通过后亚文化青年的消费行为明确表达出来的。所以,迈尔斯指出:

……在社会、文化和结构发生快速改变的背景下……消费的必要性……已经成为维系年轻人稳定生活的根本手段。这种稳定并不表现为千篇一律，而是灵活、可变和多样化的认同感。(2000，第158页)

有人认为后亚文化理论强调个人主义、流动性和碎片化。后亚文化理论对这些方面的强调引发出另一种批评，这种批评主要围绕后亚文化理论方法的局限性展开，认为它在解释看似较为固定和连贯的早期青年文化风格形式上仍然存在着局限性。所以有的学者，如霍金森（Hodkinson，2004）认为：虽然后亚文化理论对风格的解读——即风格更多是源自个体、由消费驱动的、本质上是流动的后现代项目——可能对当代青年文化行为的一些方面（例如关于舞蹈文化）具有意义，但是其他青年文化群体，例如"歌特"文化（goth），也表现出了集体性和风格固定性这些和传统的亚文化解读联系更为紧密的特点。

然而，可以说，即使在这一点上，亚文化和后亚文化理论之间的界限也没有像霍金森（Hodkinson）所说的那样明显。赫伯迪格（Hebdige，1979）在对朋克摇滚风格进行的著名分析中认为，朋克风格和先前的"亚文化"形式的一个不同之处是：它将此前遭反对的亚文化形象进行切分，然后重新放在身体表面上。赫伯迪格的这一分析，在很多方面被认为是他对后现代进行宏大诠释的著作《藏于灯下》（*Hiding in the Light*）（1988）一书的雏形。赫伯迪格是在英国社会面临不断严重的社会经济动荡之时进行分析的，他将朋克碎片化的零散风格定位于英国社会面临的更广泛的危机之中。虽然和后亚文化转向出现的时间相隔超过30年，但是赫伯迪格对朋克的描述看起来与后亚文化青年是一致的，后亚文化青年也是重新使用了先前的风格趋势并将其混合在一起。在这方面，有一个引人注意的有趣现象是：马格尔顿（2000）的一些"后亚文化"受访者将自己认定为朋克青年。同样，哥特对朋克、华丽摇滚（glam）、重金属和在某种程度上是浪漫主义新意象的重新定位，也可以被视为类似"切分和重新定位"的方法，这在本质上是后亚文化风格而非亚文化风格。遵循这种论证思路及其符合逻辑的结论，就可以在CCCS研究的那些众多"经典的"战后青年亚文化中识别出"后亚文化"的特点。这样，摩登族（Mods）、无赖青年（Teddy boys）和光头仔（Skinheads）也是借用了先前的时尚和潮流中的风格元素并对它们进行了重新定位。

后亚文化与政治

布莱克曼（Blackman，2005）指出，后亚文化理论把青年风格当作了关注重点，但忽视了当代青年文化较为政治化的一些方面，例如，锐舞文化（rave culture）和舞会场景中表现出的那些元素。事实上，布莱克曼认为，鉴于舞蹈生成了集中连贯的反霸权的话语，舞蹈的政治特点更明显地与"亚文化"的敏感性是一致的。根据布莱克曼的观点，这些话语起到的作用是操控阶级的不同概念。但是人们不禁要问，把阶级作为青年政治意识和行动的推动力，这种强调从过去到现在是否一直被夸大了呢？虽然CCCS 的亚文化理论将工人阶级的青年亚文化安置于阶级斗争的场景中（Hall and Jefferson，1976），但正如沃特斯（Waters，1981）所说的那样，在 CCCS 的青年研究中出现的这种政治行动，是一种没有完全成型的、难以言喻的激进主义。这方面的例子包括对学校环境的破坏（Willis，1977）、属地主义（Jefferson，1976）和"无所事事"（Corrigan，1976）。正如霍尔和杰斐逊编的《通过仪式抵抗》（*Resistance through Rituals*，1976）所表明的，更明显的政治冒犯（这只是在朋克出现之前的几年中发生的）不是来自亚文化，而是来自嬉皮士的反文化（counter-culture）。不过，即使在这一点上，也有人曾尝试用本质上是葛兰西学派的术语（Gramscian terms）来描述反文化。因此，克拉克等人（Clarke et al.）认为：如果工人阶层的亚文化从外部对中产阶级的权力构成了威胁，那么"中产阶级"的反文化则是从内部构成了类似的威胁：

> ……领导了针对他们自己的、占主导地位的"父辈"文化的反抗。他们的反叛主要是思想和文化上的反叛。他们的攻击主要针对的是那些重现了主流文化意识形态关系的各种制度，即家庭、教育、媒体、婚姻和劳动的性别分工。（1976，第 62 页）

但是，正如非 CCCS（当代文化研究中心）的倡导者当时所认为的那样，将反文化主体限定为白人中产阶级学生其实就是一种本质主义（essentialism）。所以，根据克莱卡克的观点，"反文化"从其整体看更像是一个涵盖性的术语，用来指代一系列多样化的跨阶级、多种族的活跃分子的行为。

克莱卡克表示，这一系列广泛分布的社会群体的共同目标是"为他们对社会和精神的不满及希望找到象征性的形式"（1983，第18页），反文化在政治上为他们提供了手段。

克莱卡克的观点再次表明，青年文化也许始终在抵制亚文化理论，实际上是反文化理论所设定的还原论（reductionism）的各种形式——作为各种形式文化行为的青年文化的形成和发展，包括他们的政治动机和意图，都准确地限定在超越结构性类别（structural categories）及接纳跨地方性的影响、观点和成员身份的这种能力范围之内。最近的实证研究表明：克莱卡克的这个观点可以在当代青年文化形式（如朋克、舞蹈和嘻哈文化等）中找到例证（Bennett，2000，2006）。此外，正如麦凯（McKay，1996，1998）等人的研究所表明的那样，最近以青年为主的各种自己动手做（DIY）行动主义和各种抗议，如反道抗议（Anti-Road Protest）和收复街道运动（Reclaim the Streets）等也包含了来自不同阶层和教育背景的各种各样的参与者。

后亚文化和对阶级的否定

针对后亚文化理论的另一种批评是：后亚文化理论假定不论青年身处什么阶级，收入多寡，生活在何处，他们都有同等的消费能力（参见 Roberts et al.，2009）。有人认为：在年轻人对文化商品的获取、他们在自己的认同形成过程中对那些文化商品的最终使用方面，结构化的不平等显示出了持续的重要性，后亚文化理论对此完全没有认识到。这种形式的不平等在许多邻里和地区中持续发挥着重要作用，影响了年轻人对休闲资源的使用，并有力地显示了他们对自己的感觉和对同伴（peer group）的忠诚（Shildrick and MacDonald，2006）。对于这一点，指出文化消费确实是多方面的现象是非常重要的——这显然也是消费理论家常常忽视的——它不仅仅意味着购买商品和服务以及相应的经济资本的必要水平（Bennett，2005）。相反，文化消费定义了一系列广泛的活动，个体通过这些活动获取了文化物品、文本和形象，并在文化上盗用了它们。就青年文化而言，这不可避免地会扩展到物品、文本和形象的盗用和创新上，它们已经在特定地区流传，逐渐在互联网上流传（Bennett，2004）。事实上，正如以往的青年文化研究所显示的那样，在一些发达国家中最贫困的社区已经出现了一些最显著、最长久的青年文化创新，最著名的例子就是嘻哈文化（hip hop）。嘻哈文化发源于纽约的南布朗克斯区（参见 Lipsitz，1994；Rose，1994），迅速成了全球性的青年文化现象。但有趣的是，它在学术著作中很少被称为"亚文化"（参见 Mitchell，1996；Bennett，2000）。虽然民粹主义理论会认为嘻哈文化能在全球传播，很大程度上是因为其特定元素说唱（rap）的商业化和商品化，但这种解释过于片面了。比如有研究表明，说唱于 20 世纪 80 年代中期才快速商业化，而在此之前，当非裔美国士兵驻扎于德国等欧陆国家时，他们在当地酒吧的即兴表演说唱，就使得说唱越过大西洋传播到了欧洲（参见 Bennett，1999 b，2000）。同样，福格蒂（Fogarty，2006）关于街舞文化（b-boy culture）（或是霹雳舞，因为它在 20 世纪 80 年代中期最流行期间才变得较为有名）的研究，显示了自拍录像这种 DIY 行业的活力，渴望向彼此学习新舞蹈动作和技巧的街舞爱好者制作了自拍录像，并通过它们在全球的网络进行传播。

同样需要注意的是，嘻哈文化以这种方式传遍全球，也经历了相当程度的本土化。有些城市和区域已经形成了嘻哈文化的场景，其中常常含有多民族、跨阶级形式的派别（Mitchell，1996；Bennett，2000）。嘻哈文化的这种转变表明，基于特定区域和社区进行的孤立的个案研究，得出关于青年文化行为社会文化意义的通用结论，这是很危险的。加里·克拉克（Gary Clarke）在 20 世纪 80 年代初认为，当时亚文化理论的一个重要问题就是主要采取研究大都市的视角。克拉克援引了赫伯迪格的著作《亚文化：风格的意义》（Subculture：The Meaning of Style）（1979）后指出：赫伯迪格对朋克的理解是"开始于牛津街的一股热浪，结束于国王路的精品店"（1981，第 86 页）。克拉克认为，各地方对朋克文化的共鸣，在赫伯迪格的解释中从来都没有占据过重要位置；然而赫伯迪格的研究却声称提供了对朋克风格的社会文化诠释。可以说，同样的问题可能会出现在特定的地方性青年文化研究中，其中日常参与的活动，例如小丑舞（krumping）、涂鸦（graffing）和说唱（mcing）等基本上被诠释为以结构为基础的日常体验的有限表达；在阶级、教育背景、职业地位等人口统计数据多样化的其他地区，对当地与上述活动相似的风格行为进行研究，可能会发现，在说明当地完全不同的一组日常体验时，也会用到上述的有限表达（例如 Bennett，2000）。

对此可以补充的一点是区域问题，区域性的经济增长和社会流动将结构性因素对流行文化和休闲的影响进一步复杂化了。例如，对澳大利亚黄金海岸地区的青年文化形态的持续研究表明，传统基于阶级的亚文化模式应用存在着严重问题，因为整个社会各个阶层都处于相对富裕水平，生活品质也较高。因此，明确概括出黄金海岸地区青年、阶级、风格和相关的文化及休闲行为之间的关系，就变成了极具难度的任务（Robards and Bennett 即将出版的著作）。以冲浪这项在该地区流行的青年活动为例，虽然当地有很多参与该活动的群体和团伙，尤其是棕榈军（the Palmy Army）（来自黄金海岸棕榈滩附近的一个由工人阶级青年结成的团伙），但不能说冲浪本身是一项某个阶层专享的活动——当地的冲浪文化的确是"实际上涵盖了包含阶级（性别、种族）、地方以及风格、技术和其他形式的知识和专长这些方面的一系列不同的敏感性"（Baker 等人即将出版的著作）。

那么，由亚文化/后亚文化辩论引发的当代青年研究中的关键问题不是将社会结构作为分析的参照框架纳入研究，而是如何将它作为研究对象进行定位，可以这样说吗？当然，先是以结构问题作为既定前提，接着以此为起点开始进行的反向研究不太可能回答这个问题。正如钱尼（Chaney）认为的那样，从结构上进行说明的当代文化形式的研究方法所存在的一个关键问题是：

> 这些方法试图关闭意义产生的过程。这些理论不允许讽刺和反思在关于文化的对话里自由发挥……最简单的表述就是，这些理论假设社会实体，例如阶级，（人们或许会说）存在于真实的世界中，然后将它们作为文化问题对它们进行探讨、描述和体验。接着就是前者（社会实体）的动态关系可以用来解释后者（文化问题）的特点。（1994，第 48 页和第 49 页）

正如钱尼的评论所暗示的那样，关于青年文化研究中的阶级这个问题，更富有成效的方法是：对于通过创造性使用文化资源、以反思性方式对其实施管理的结构性体验本身给予更多的重视。这在本质上意味着要制定一个分析框架，该框架会考虑到这个事实，即当代青年的认同是围绕当地经验（如家庭、学校、工作、朋友、对等群体、语言和方言等）和来自跨地区青年文化行为（如音乐、服装、文学、电视、电影、互联网、舞蹈、运动和体育锻炼等）的文化资源的反思性相互作用而形成的。迄今为止，尝试创建这样一个分析"融合区"（an analytical "fusion-zone"）并在其中进行研究的努力一直不尽如人意。这里有一个相关的例子是威利斯（Willis, 1990）对青年、消费和文化行为进行的研究，他在研究中使用"现实美学"（grounded aesthetics）这个概念来描绘人们对文化物品和资源的日常使用。然而，现实美学实际上在很多方面都被理解为威利斯（1978）先前使用的概念性框架"同构"（homology）的改版。这两种方法都试图在一系列有关思想和审美的语言中找到日常的文化行为，这些语言来自有关阶级、性别和种族等根本的、本质上是固定的一系列结构性基础。

结论：（后）亚文化的未来

最终，在青年文化研究中，要结合后亚文化和亚文化理论的元素，以便更有效地描绘当代青年文化世界，形成一种精确有效的理论，似乎还任重道远。因为在当代青年文化世界中，青年的认同不仅会受到全球文化的影响，也会被地方文化所影响，成为一个日益复杂的合成品。这方面的研究迄今为止进展甚微，总体而言，亚文化和后亚文化[①]研究仍然被描述为青年文化研究的两个独立领域（例如，Shildrick and MacDonald, 2006）。确实可以说，这两种方法之间的差距在不断扩大，因为亚文化的观点和针对有关青年的实质性社会经济问题进行的研究日趋一致，问题有越轨行为（Presdee, 2000）、风险（Morrissey, 2008）和转变（Hollands, 2002），而那些研究对于后亚文化理论在理论和方法上的干预，尤其是涉及文化消费的重要意义时，基本上仍然持否定态度。可以说，在这一领域中，明确认可文化消费是年轻人生活特点的研究，并对此进行分析是相当有限的；这些研究的特点倾向于仅仅对文化消费模式加以分类和量化，而不是深入分析结构性体验和文化消费在地方青年文化行为实践形成中的互动（例如，Roberts et al., 2009）。与此相反，采取后亚文化视角的研究，如贝内特（1999a, 2000）、迈尔斯（2000）和马格尔顿（2000）等人的研究，虽然显示了青年认同和文化消费之间较为复杂的反思性的互动，但因为要依靠小的定性数据库，不可避免地遭到了质疑（Hesmondhalgh, 2005）。为了更充分地确定年轻人的地方体验与消费、休闲和生活方式的全球性流动之间的互动性质和程度，大规模的定性及定量数据库是必需的。

---

① 原文为"post-cultural"，疑是 post-subcultural 的笔误。——译者注

因此，只有在掌握了融合多重方式、能开展大规模研究的方法之后，亚文化和后亚文化理论家才能实现有意义的合作。合作项目将旨在通过使用显然比先前的后亚文化研究更多的、更具多样性的样本量，来提供针对后亚文化研究的主要原则的严谨的实证性评价。可以说，这样的测试也将提供更清晰的、更细微的、更具当地敏感性的方式，来分析消费、休闲和生活方式的模式在哪里、以何种方式呼应阶级、性别和种族等结构性经验。

要达到这一目标需要解决一系列关键问题。最重要的是，这种性质的研究将需要确定的是：在青年文化特性的形成中，阶级、种族和性别等这些被赋予的特点，会以何种程度及何种具体方式来继续发挥作用？如前所述，许多使用亚文化理论的研究或受其影响的研究的严重不足，就是倾向于先假定一些特性确实在很大程度上建构了青年的身份，然后从此观点出发进行反向研究（例如，Böse, 2003; Blackman, 2005; Shildrick, 2006）。所以，研究工作在一开始先承认来自地方和全球的一系列影响中那些特性的存在，然后评估它们整体对青年身份建构的影响，这样的研究本身就是一种重大创新。

在这种研究模式下，该合作项目将需要解决的第二个问题是：消费品、不同形式的媒体、新媒体在年轻人的身份建构中的角色和影响，准确地说是什么呢？在撰写本文时，关于该主题的研究继续在一系列国家中推进。特别是青年和新媒体，它们正在迅速成为新的关注领域，尤其是在线社交网络和年轻人之间借助互联网实现的其他形式的交流方面（例如，Harris, 2008; Olson, 2008; Robards and Bennett 即将出版的著作）。然而问题是，这一研究仍然局限于小规模的项目和研究生的研究论文。此外，到目前为止，这项研究的成果还远不能完整描述以下问题：在当地及跨地区范围内，数字通信媒体影响青年的认同概念及青年人和同伴间文化联系的多种高度复杂的方式。

融汇了亚文化与后亚文化视角的项目，将会完美地处理好后亚文化转向话语中的三个关键"假设"，即"流动性"、"多样性"和"暂时性"。

在很大程度上，后亚文化话语中有一个理所当然的观点：年轻人的品味、兴趣和文化归属是流动的、可以互换的。然而，除了上述讨论的极少数发表的研究成果外，在更大的社会文化层面上，提出这些主张的可信赖的数据非常少。关于各种形式的本地体验如何模仿那些在青年文化版图中被确认的后亚文化的变迁，也没有清晰的认识。同样，需要进行更深入更严格的测试,来确定年轻人的认同在何种程度上表现出了"多样化",因为要在众多同时形成的兴趣和团体之间对他们的认同进行划分。

最后,鉴于上面已经列出的其他研究领域,关于青年认同在何种程度上借鉴了可识别的群体或是被这些群体所建构,显然需要更多的相关数据。在采用新的更具流动性和互换性维度方面,关于青年的共同文化归属是如何、为什么可以被视为是不断变化的,虽然后亚文化理论提出了可信的论据,但是,经过集体认可的审美、文化和其他生活方式方面的言行,可以显示出这些共同文化归属的数据是非常少的。

本文研究的目的是审慎评价后亚文化转向的重要原则。本文首先回顾了后亚文化理论家所提出的一些主要理论干预措施(theoretical interventions),它们与青年文化研究中亚文化传统的主要研究有着密切联系,然后论述了从20世纪90年代末亚文化理论形成以来遭受的一系列主要批评。

不论后亚文化理论在多大程度上为青年研究提供了准确、可靠的概念和实证的框架,毫无疑问,在围绕阶级、性别、种族和民族在青年个体和集体文化认同建构中的重要性进行探讨时,该理论开辟了新的领域。在这方面,后亚文化理论引出了新的问题,这些问题针对的是文化消费在年轻人生活中的重要性,以及当代青年的文化行为和来自本地、全球的影响的关系(Bennett, 2000)。然而,一系列有关青年文化性质的重要问题仍然悬而未决,这些问题本身就表明:青年文化研究中所使用的后亚文化和亚文化这两种方法都有局限性。鉴于这种情况,针对后亚文化和亚文化研究人员如何弥补不足之处,开展富有成效的项目合作,以及提供更全面的有关当代社会背景下青年文化行为的数据,本文的最后一节提出了一些初步建议。

参考文献:

Baker, S., Bennett, A., and Wise, P., forthcoming. Living "the Strip": Negotiating Neighbourhood, Community and Identities on Australia's Gold Coast. In: H. kott-Myhre and C. Richardson, eds. *Habitus of the Hood*. London: Intellect Books.

Becker, H. S., 1963. *Outsiders: Studies in the Sociology of Deviance*. New York: Free Press.

Bennett, A., 1999a. Subcultures or Neo-tribes? Rethinking the Relationship between Youth, Style and Musical Taste. *Sociology*, 33 (3), 599 – 617.

Bennett, A., 1999b. Hip Hop am Main: the Localisation of Rap Music and Hip Hop Culture. Media, *Culture and Society*, 21 (1), 77 – 91.

Bennett, A., 2000. *Popular Music and Youth Culture: Music, Identity and Place*. London: Macmillan.

Bennett, A., 2004. Virtual Subculture? Youth, Identity and the Internet. In: A. Bennett and K. Kahn-Harris, eds. *After Subculture: Critical Studies in Contemporary Youth Culture*. Basingstoke: Palgrave, 162 – 178.

Bennett, A., 2005. In Defence of Neo-Tribes: A Response to Blackman and Hesmondhalgh. *Journal of Youth Studies*, 8 (2), 255 – 259.

Bennett, A., 2006. Punks Not Dead: The Significance of Punk Rock for an Older Generation of Fans. *Sociology*, 40 (1), 219 – 235.

Bennett, A. and Kahn-Harris, K., eds., 2004. *After Subculture: Critical Studies in Contemporary Youth Culture*. Basingstoke: Palgrave.

Blackman, S., 2005. Youth Subcultural Theory: A Critical Engagement with the Concept, Its Origins and Politics, from the Chicago School to Postmodernism. Journal of youth studies, 8 (1), 1 – 20.

Böse, M., 2003. "Race" and Class in the Post-Industrial Economy. In: D. Muggleton and R. Weinzierl, eds. *The Post-Subcultural Reader*. Berg: Oxford, 167 – 180.

Callinicos, A., 1989. *Against Postmodernism: A Marxist Critique*. London: Polity.

Chaney, D., 1994. *The Cultural Turn: Scene Setting Essays on Contemporary Cultural History*. London: Routledge.

Chaney, D., 1996. *Lifestyles*. London: Routledge.

Clarke, M., 1974. On the Concept of Sub-Culture. *British Journal of Sociology*, 15 (4), 428 – 441.

Clarke, G., 1981. Defending Ski-Jumpers: A Critique of Theories of Youth Subcultures. In: S. Frith and A. Goodwin, eds., 1990. *On Record: Rock, Pop and the Written Word*. London: Routledge, 68 – 80.

Clarke, J., et al., 1976. Subcultures, Cultures and Class: A theoretical Overview. In: S. Hall and T. Jefferson, eds. *Resistance through Rituals: Youth Sub-*

cultures in Post-war Britain. London: Hutchinson, 9 – 79.

Clecak, P., 1983. *America's Quest for the Ideal Self: Dissent and Fulfilment in the 60s and 70s*. Oxford: Oxford University Press.

Corrigan, P., 1976. Doing Nothing. In: S. Hall and T. Jefferson, eds. *Resistance Through Rituals: Youth Subcultures in Post-war Britain*. London: Hutchinson, 103 – 105.

Fogarty, M., 2006. "What Ever Happened to Breakdancing?" Transnational B-Boy/b-Girl Networks, Underground Video Magazines and Imagined Affinities. Unpublished M. A. thesis. Department of Communication, Popular Culture and Film, Brock University.

Giddens, A., 1991. *Modernity and Self Identity: Self and Society in the Late Modern Age*. Cambridge: Polity.

Hall, S. and Jefferson, T. eds., 1976. *Resistance through Rituals: Youth Subcultures in Post-war Britain*. London: Hutchinson.

Harris, A., 2008. *Young Women, Late Modern Politics, and the Participatory Possibilities of Online Cultures*. Journal of youth studies, 11 (5), 481 – 495.

Hebdige, D., 1979. *Subculture: The Meaning of Style*. London: Routledge.

Hebdige, D., 1988. *Hiding in the Light: On Images and Things*. London: Routledge.

Hesmondhalgh, D., 2005. Subcultures, Scenes or Tribes? None of the Above. *Journal of youth studies*, 8 (1), 21 – 40.

Hodkinson, P., 2004. The Goth Scene and (sub) Cultural Substance. In: A. Bennett and K. Kahn-Harris, eds. *After Subculture: Critical Studies in Contemporary Youth Culture*. Basingstoke: Palgrave, 135 – 147.

Hollands, R., 2002. Divisions in the dark: Youth Cultures, Transitions and Segmented Consumption Spaces in the Night-time Economy. *Journal of youth studies*, 5 (2), 153 – 171.

Irwin, J., 1970. Notes on the Present Status of Subculture. In: D. O. Arnold, ed. *The Sociology of Subcultures*. Berkeley, CA: The Glendessary Press, 164 – 171.

Jefferson, T., 1976. Cultural Responses of the Teds: The Defence of Space and Status. In: S. Hall and T. Jefferson, eds. *Resistance through Rituals: Youth Subcultures in Post-war Britain*. London: Hutchinson, 81 – 86.

Kahn-Harris, K., 2004. Unspectacular subculture? Transgression and Mundanity in the Global Extreme Metal Scene. In: A. Bennett and K. Kahn-Harris, eds. *After Subculture: Critical Studies in Contemporary Youth Culture*. Basingstoke: Palgrave, 107 – 118.

Langlois, T., 1992. Can You Feel it?: DJs and House Music Culture in the UK. Popular music, 11 (2), 229 – 238.

Lipsitz, G., 1994. *Dangerous Crossroads: Popular Music, Postmodernism and the Poetics of Place*. London: Verso.

Maffesoli, M., 1996. *The Time of the Tribes: The Decline of Individualism in Mass Society* (trans. D. Smith). London: Sage.

Malbon, B., 1999. *Clubbing: Dancing, Ecstasy and Vitality*. London: Routledge.

Matza, D. and Sykes, G. M., 1961. Juvenile Delinquency and Subterranean Values. *American Sociological Review*, 26 (5), 712 – 719.

McGuigan, J., 1992. *Cultural populism*. London: Routledge.

McKay, G., 1996. *Senseless Acts of Beauty: Cultures of Resistance since the Sixties*. London: Verso.

McKay, G., ed., 1998. *DiY Culture: Party & Protest in Nineties Britain*. London: Verso.

Merton, R. K., 1957. *Social Theory and Social Structure*. London: Collier-Macmillan.

Miles, S., 1995. Towards an Understanding of the Relationship between Youth Identities and Consumer Culture. *Youth and Policy*, 51, 35 – 45.

Miles, S., 2000. *Youth Lifestyles in A Changing World*. Buckingham: Open University Press.

Mitchell, T., 1996. *Popular Music and Local Identity: Rock, Pop and Rap in Europe and Oceania*. London: Leicester University Press.

Morrissey, S. A., 2008. Performing Risks: Catharsis, Carnival and Capital in the Risk Society. *Journal of Youth Studies*, 11 (4), 413 – 427.

Muggleton, D., 2000. *Inside Subculture: The Postmodern Meaning of Style*. Oxford: Berg.

Muggleton, D. and Weinzierl, R., eds., 2003. *The Post-Subcultures Reader*.

Oxford: Berg.

Olson, T., 2008. For Activists, for Potential Voters, for Consumers: Three Modes of Producing the Civic Web. *Journal of Youth Studies*, 11 (5), 497 – 512.

Polhemus, T., 1997. In the Supermarket of Style. In: S. Redhead, D. Wynne, and J. O'Connor, eds. *The Clubcultures Reader: Readings in Popular Cultural Studies*. Oxford: Blackwell, 130 – 133.

Presdee, M., 2000. *Cultural Criminology and the Carnival of Crime*. London: Routledge.

Redhead, S., 1990. *The End-of-the-Century Party: Youth and Pop towards 2000*. Manchester: Manchester University Press.

Redhead, S., Wynne, D., and O'Connor, J., eds., 1997. *The Clubcultures Reader: Readings in Popular Cultural Studies*. Oxford: Blackwell.

Reimer, B., 1995. Youth and Modern Lifestyles. In: J. Forna"s and G. Bolin, eds. *Youth Culture in Late Modernity*. London: Sage, 120 – 144.

Robards, B. and Bennett, A., 2011. My Tribe: Post Subcultural Manifestations of Belonging on Social Network Sites. *Sociology*, 45 (2): 303 – 317.

Roberts, K., et al., 2009. Youth Leisure Careers during Post-Communist Transitions in the South Caucasus. *Leisure Studies*, 28 (3), 261 – 277.

Rose, T., 1994. *Black Noise: Rap Music and Black Culture in Contemporary America*. London: Wesleyan University Press.

Shildrick, T., 2006. Youth Culture, Subculture and the Importance of Neighbourhood. *Young: The Nordic Journal of Youth Research*, 14 (1), 61 – 74.

Shildrick, T. and MacDonald, R., 2006. In Defence of Subculture: Young People, Leisure and Social Divisions. *Journal of Youth Studies*, 9 (2), 125 – 140.

Stahl, G., 2004. "It's like Canada reduced": Setting the Scene in Montreal. In: A. Bennett and K. Kahn-Harris, eds. *After Subculture: Critical Studies in Contemporary Youth Culture*. Basingstoke: Palgrave, 51 – 64.

Straw, W., 1991. Systems of Articulation, Logics of Change: Communities and Scenes in Popular Music. *Cultural Studies*, 5 (3), 368 – 388.

Waters, C., 1981. Badges of Half-Formed, Inarticulate Radicalism: A Critique of Recent Trends in the Study of Working Class Youth Culture. *International Labor and Working Class History*, 19, 23 – 37.

Weinstein, D., 1991. *Heavy Metal: A Cultural Sociology*. New York: Lexington.

Willis, P., 1977. *Learning to Labour: How Working Class Kids get Working Class Jobs*. Farnborough: Saxon House.

Willis, P., 1978. *Profane Culture*. London: Routledge and Kegan Paul.

Willis, P., 1990. *Common Culture: Symbolic Work at Play in the Everyday Cultures of the Young*. Milton Keynes: Open University Press.

"我们只是一起闲逛":青年文化与社会阶级

肯·麦克洛克、亚力克斯·斯图尔特、
尼克·洛夫格林 著　吴　霞 译*　王紫薇 校

摘要　在年轻人的生活中,不平等和社会阶级仍然是一个现实问题,社会阶级仍然是了解年轻人生活的关键因素,因而青年亚文化的风格和特性也与社会阶级有着紧密的联系,亚文化背景在很大程度上就是一种阶级身份的表现。在对爱丁堡和纽卡斯尔两地青年的采访中可以发现:每个亚文化群体中的青年都有着相似的阶级地位,他们的社会经济地位直接影响和限制了他们对亚文化群体的选择,亚文化群体中青年身份的界定不是取决于他们自由浮动的生活方式,而是在很大程度上取决于他们所处的社会阶级。

关键词　青年亚文化　社会阶级　群体认同

Abstract　In the life of young people, inequality and the social class are still real issues, and the social class is still a key factor in understanding the life of young people, so that young people's subcultural styles and identities are closely boundup with social class, it can be said that subcultural affiliation is in large part an expression of class identity. Through interviews with young people in Edinburgh and Newcastle, we found that young people within each subculture group tend to have similar class status, and their socio-eco-

---

* 吴霞,首都师范大学文学院硕士研究生。本文原刊于 Ken McCulloch, Alexis Stewart & Nick Lovegreen, "'We just hang out together': Youth Cultures and Social Class," *Journal of Youth Studies*, Vol. 9, No. 5, November 2006.

nomic positions directly affect and limit their subculture choice, so we can say that rather than being a free-floating lifestyle choice, young people's membership of subcultural groupings is largely determined by social class.

Key Words   Youth Subcultures   Social Class   Group Identities

引 言

从某些方面来说,这项研究致力于解决的问题和布莱克曼(Blackman, 2005)所关注的问题相似,他反对后现代亚文化理论所强调的个性化特征解读,而强调重新聚焦于社会。本文力图在同一领域中有所突破,但在方法上更侧重于以现场调查为导向,而非以理论为主。本文探究了一些尚有争议的问题,这些问题与近年来霍金森(Hodkinson, 2004)和赫斯蒙德霍(Hesmondhalgh, 2005)所考虑的问题相似,比如亚文化中某些特定方面(尤其是音乐)的相对重要性。然而本文更多关注的是对青年民族志研究的贡献,而非对流行文化的社会学研究的贡献,因而对年轻人的音乐兴趣及偏好的关注是相对次要的。

和青年工作者一样,我们也是以我们的实践兴趣为研究起点的,年轻人通过穿着、活动选择和聚会场地等方式来表达他们的个体认同和集体认同。青年工作者倾向于以弱势的或边缘化的群体为研究对象,而我们则与各种背景的青年一起工作,这让我们拥有了一个共同的信念——社会阶级仍然是了解年轻人生活的关键因素。我们通过青年公共聚会场所的特定位置确定了多个截然不同的青年群体,这些群体在穿着上都与众不同,有时他们活动的本质也是独特的,尤其是"滑板少年"(Skaters)①。这个课题的目的便是调查这些特殊群体的阶级维度。

该研究项目是作为一项面向实际的调查而开始的,它关注的是对这些不同群体的特征的全面理解,但同时在理论上也形成了一种更加充分的观点。无论是从学术角度来说,还是从实用角度来说,这些研究结果及围绕

---

① 滑板少年:又译板仔,指的是将滑板运动作为个人爱好的群体或个人,他们不同于专业滑手,却是城市公共空间中的主体滑板人群。他们普遍为青少年,拥有自己的群体,相互之间具有很强的认同感,他们激进、叛逆、追求自由与突破,始终保持自身文化体系与主流文化之间的差异。——译者注

这些结果所进行的理论探讨都是具有潜在意义和价值的。这篇由多位学者共同撰写的论文大量吸收了，或者可以说是脱胎于亚力克斯·斯图尔特在爱丁堡大学社会教育专业的优秀学士学位论文，我们非常感谢她愿意以这样的方式与我们合作。

对青年文化和亚文化的研究已有诸多成果，这些研究往往关注年轻人创造意义体系、表达模式和风格形式。

身份是根据我们周围的社会关系和意义的联结来构建的，而通过这一身份，我们学着看清我们自己，包括我们与主导文化的关系（Brake，1985：3）。

"定义青年"作为一个社会问题，往往通过强调和关注年轻人的异常行为来影响理论的发展（Epstein，1994）。本文则力图摆脱这种方法，以了解青年亚文化群对年轻人他们自己来说意味着什么。我们的研究表明，在年轻人的生活中，不平等和社会阶级仍然是一个现实的问题，并认为亚文化联系在很大程度上就是阶级身份的一种表现。

"青年"一词可以通过三个维度来解释：一是生物学范畴上的一种分类；二是一个特殊的社会群体；三是一种文化建构（Weinstein，1994）。青年成为一种文化建构是在战后时期完成的，特别是在资本主义社会这一背景之下（Dean，1997）。青年们通常在学校、家庭和工作这类机构之外去定义自己，正是这样的身份定位为理解青年和青年文化提供了可能。

关于青年亚文化的观点

亚文化研究可追溯到 20 世纪早期和中叶的芝加哥学派（Gelder & Thornton，1997）（布莱德曼，2005）。基于对城市青年的兴趣，芝加哥学派研究了被社会认为是"越轨的"青年群体，力图理解他们生活的意义。科恩（Cohen，1997）在对青少年犯罪团伙的研究中发现：通常而言，正是那些下层社会的青年形成了亚文化，而他们的反常行为也常常与他们在群体中的社会地位相关。贝克尔（Becker，1997）认为一旦一个群体被定为"越轨"，它的亚文化特殊地位便被强化了。

伯明翰大学当代文化研究中心（The Center for Contemporary Cultural Studies in Birminghan，CCCS）以马克思理论为基础对青年文化展开了研究。CCCS 认为，从理论上来说，社会阶级是理解年轻人参与青年亚文化的关键因素。然而，在这些研究中，几乎没有与阶级关系相关的系统数据来作为证明，这就使得对亚文化成员和社会阶层做跨越时间的有效比较变得很困难。CCCS 的研究工作强调了这样一个原则：在社会中，存在着一场持续的、关于文化权力分配的斗争。"文化权力"这一概念源于葛兰西的霸权理论，这一理论指出了统治阶级不仅能够强制从属阶级遵从他们的利益，而且对从属阶级施加了一种整体的社会权威（Clarke，1975），这并非一种公然取得的权威，而是通过获得和形成（大众的）许可而取得的，因而主导阶级的权力便以一种合法的、自然而然的方式呈现出来（Hebdige，1979：16）。

大众传媒日益增长的重要性已经对亚文化理论的发展产生了影响。致力于当代舞蹈文化研究的桑顿（Thornton，1995）指出，亚文化是完全非政治的、是纯粹的消费主义，她借鉴了布尔迪厄（Bourdieu）的观点，认为媒介和其他文化工业从一开始便存在于亚文化之中，并对其起着有效的作用，"它们对亚文化的形成进程极为重要，对我们用'言语组建群体'的方式是不可或缺的"（Bourdiev，1990；桑顿，1995，第117页）。作为最初从亚文化中分离出来的一种文化理论，这可以与理解工业文化的方式形成一种对照，同时也能够与 CCCS 所持的"亚文化是抵制资产阶级的场所"这一观点形成对照。

雷德黑德（Redhead，1993）认为今天的亚文化是在全球化的基础上、基于媒体和市场的定位而形成的，它们从本质上来说是松散的、崇尚快乐主义的（Redhead，1990）。近年来的许多研究都被称为"后亚文化理论"（Bennett & Kahn-Harris，2004），有人认为，在后现代和后亚文化理论中，缺少对社会分工或社会分层的关注（Hollands，2002；Hodkinson，2002），认为亚文化（如哥特文化）[①] 作为一种"跨区域"现象，其特征是通过共同的特性、身份、承诺和自治权来确定的。这表明了这样一个观点：至少有一种可辨识的亚文化能够承认社会结构维度是极为重要的。相比较而言，本内特（2000，p.63）则更加强调亚文化群体和实践活动的地域特征。

[①] 哥特族是一种与潮流、生活模式有关的文化群体，哥特族有着苍白的皮肤、留着染黑的长发、身裹紧身黑衣、脚蹬尖头皮靴、戴着大量复杂纹路的银饰，他们描上浓重黑眼圈的眼睛里总是透着悲伤和麻木，他们乔装打扮使自己看上去病态、阴沉、怪诞、神秘，让人们误以为他们充满暴力倾向，事实上真正的哥特族倾向于那种非暴力、被动的、宽忍的生活态度。痛苦地生活是哥特族们的艺术，在他们的世界里每个人都是独一无二的。——译者注

关于青年文化近期这些理论解释的主线，马格尔顿（Muggleton）和魏因齐尔（Weinzerl）（2003，ch.1）提供了一种有效的阐释，他们强调将种族和性别当作一种与阶级并存的元素，这有助于将文化置于社会结构和社会进程的大背景中进行解读。近来这些研究中，方法和侧重点都存在着许多不同，而后亚文化理论显然比以上所提及的研究更加轻视社会结构，这些不同点是真实而又极具意义的。CCCS采用的是传统的现代研究方法，将注意力集中在阶级上；后现代和后亚文化理论则将亚文化现象简单地视作自由漂浮的生活方式的选择，这两者之间并不是一种简单的等式关系。本内特（2005）提出了这样一个观点：在大规模资助性研究缺席的情况下，要证明这一领域中各种真理假说的正确性是很困难的。此处，我们的目的并非要明确地赞同这些理论中的一方，或是与其他几方保持一致，而是想要为这个看起来通常是以理论为重点的领域提供一种以经验为导向的贡献。

很显然，在19世纪60年代、70年代及80年代初所研究的青年生活轨迹与当下年轻人的生活是截然不同的。年轻人的生活阶段变得越来越长，并且现在的年轻人更难预料到他们会因为更大的个性化而变成什么样的成年人（Furlong & Cartmel，1997），经济条件和社会关系的变化速度意味着年轻人更加难以知道成年后他们在工作和职业中将扮演什么角色，这种变化的影响之一便是如今的年轻人通过休闲活动和消费行为来创造他们自己的身份定位（Willis，1990）。生活和生活方式中集体认同感的衰退和个人主义的增强（Furlong & Cartmel，1997）表明在青年亚文化中不再有明确的社会阶级差异（Roberts，1997）。目前绝大多数关于青年文化的文献都强调社会结构，如社会阶级的放松。在关于青年转型的文献中（Furlong & Cartmel，1997；MacDonald，1997；Wyn & White，1997），社会结构对年轻人生活体验的重要意义不断得到强调。最近迈尔斯（Miles，2000）提出了这样的观点：当代年轻人生活的复杂性，在青年转型时期和文化研究传统两方面都给研究青年工作的社会学家带来了特别的挑战。

我们需要进一步发现亚文化背景与更广泛的社会经济之间的关系。对所有人而言，各种类别之间、每种类别内部都存在着差异，年轻人也一样，这是由父母的收入、教育背景、居住环境和家庭情况这类因素造成的（Hollands，2002）。我们继续追问自己——社会结构因素是否仍然影响着年轻人生活的其他方面？它们是否会影响一个青年在某一特定亚文化群体中的身份定位？

研究方法

以往着眼于社会阶级的研究倾向于从外部解构亚文化的意义,主要是那些在主流文化中所确定的意义。该研究则通过调查群体身份及其关系,力图了解年轻人的身份建构方式,他们对社会阶级的理解和他们自己的阶级立场,以及他们所参与的亚文化群体中那些对他们来说极为重要的特征。关注青年亚文化对其成员的意义和重要性,需要一种非实证主义的态度;而对社交世界的理解必须来自那些生活在其间的行动者本身的观点,这就是西尔弗曼(Silverman,2000)所说的自然主义研究范式(naturalistic research approach)①。

半结构性访谈(Semi-structured interviews)② 为参与者提供了一个机会,让他们可以讨论对自己生活的世界的理解,并通过他们自己的观点去表达他们对环境的看法(Cohen et al.,2000:146)。这不仅使得研究兴趣的领域得以被调查,还使参与者的观点能够在后续分析中保持中心地位。这种方法能够为探讨社会阶级与青年文化身份之间关系的理论争鸣提供数据资料上的支持。

爱丁堡(Edinburgh)和纽卡斯尔(Newcastle)被选作研究者们的主要研究场地是一个概率性事件。我们与青年工作项目的联系和对这两个城市的了解,使得我们更容易建立与这两个地区的年轻人的联系。同时,专业目的对研究工作也有很重要的影响,最初的研究动机是为了提高对这两个城市的青年集体生活的实际理解。尽管纽卡斯尔也是本内特的研究场地之一,他主要进行的是以音乐为导向的亚文化民族志研究(本内特,2000),但是,该研究即便与目前的研究有重叠之处,也只是一点点,相较于集中

---

① 实证主义和自然主义研究范式是社会科学研究中两种重要研究范式。实证主义范式坚持先验论并围绕某些产生于所依理论的问题和预先就计划好的探究感兴趣,在实验室或准实验室中采用定性的、可操作的、非人工的手段作为工具来收集可量化的资料;而自然主义范式坚持利用研究者自己作为工具,采用定性与定量相结合的手段,在研究展开的过程中不断完善研究计划,并随着收集资料的增多及对其可能的意义理解的深入而提出扎根理论。——译者注

② 半结构性访谈指按照一个粗线条式的访谈提纲而进行的非正式的访谈。该方法对访谈对象的条件、所要询问的问题等只有一个粗略的基本要求,访谈者可以根据访谈时的实际情况灵活地做出必要的调整,至于提问的方式和顺序、访谈对象回答的方式、访谈记录的方式和访谈的时间、地点等没有具体的要求,由访谈者根据情况灵活处理。——译者注

研究以音乐、舞蹈活动为导向的夜间生活，我们主要聚焦于白天的户外聚会活动。

爱丁堡坐落于苏格兰的东海岸，是欧洲排名第四的经济中心，也是英国的顶级财富创造城市之一（Onecity，2000），它拥有约43万人口（Scrol，2001）。长期以来，爱丁堡的经济与行政、金融和服务产业紧密相关，如此，相较于英国其他大城市而言，它受重工业衰退的影响就相对较小（Onecity，2000）。尽管爱丁堡被看作一个富裕的城市，但它依然有着多样化的社会经济成分，和许多大城市一样，区域间明显的贫富差距受地理位置和环境的支配。2002年，爱丁堡的整体失业率为2.7%（City of Edinburgh Council，2002），然而，某些地区则面临着更为严重的职位匮乏，其失业数据几乎达到爱丁堡整体失业率的3倍（比如，穆里豪斯①的失业率高达12%），这一现象强化了爱丁堡的多样性。爱丁堡这种多样化的社会经济状况反映在了年轻人身上，大多数年轻人的社会经济状况与他们的父母相似。

坐落于英格兰东北部，拥有26.6万人口的泰恩河畔的纽卡斯尔，同样展现了其社会经济成分的多样性（Tyne & Wear Research，2005），2004年，南戈斯福地区的失业率为1.3%，西部城区同期的失业率则为14.7%；同年，相比于英国2.8%的整体失业率，纽卡斯尔的整体失业率为4.3%（Newcastle City Council，2005）。从1987年到1997年，东北地区失去了超过11万个第一产业和制造业的工作岗位，纽卡斯尔对造船业和其他传统产业的依赖同样导致了高失业率（Government Office for the NorthEast，2005）。尽管如此，制造业仍然是纽卡斯尔的一个重要特征，但同时它现在也是一个重要的零售、服务、商业和金融中心。

现场调查

通常，一个群体的外在形象决定了他们有资格参与到迄今为止的研究中来（Hall & Jefferson，1975），目前，研究的注意力集中在一个群体和他们的经历上，而很少有研究以一种开阔的视野来比较几个不同青年群体（Willis，1977；Redhead，1993；Hodkinson，2002），目前，尚有一些关于两

---

① 穆里豪斯（Muirhouse）是爱丁堡最破败的一处居民区，是海洛因和HIV的重灾区，有着突破天际的高失业率，瘾君子泛滥，著名电影《猜火车》便是以这一地区的青年生活为原型进行拍摄的。——译者注

个亚文化群体对比研究的例子,如威利斯关于嬉皮士(Hippies)和摩托族(Bikers)①(Willis,1978)的研究,但是在更为广泛的基础上,关注亚文化成员的研究还是较为罕见的。

该研究力求在爱丁堡和纽卡斯尔的年轻人中寻求一个典型样本。尽管由于我们对亚文化的一些先入为主的看法并没有将个体选作研究对象,但为了取得一个相对平衡的样本,我们有目的地选择了那些不同群体聚集的特定区域。从前的青年亚文化研究,尤其是CCCS的研究,主要聚焦于男性青年(Hall & Jefferson,1975;Willis,1977;Hebdige,1979),我们的研究则旨在处理这种不平衡,因为调查显示,在这两个城市中的许多青年群体都是混合性别的。在取样中,我们寻求一种男性与女性的平衡,但由于我们所采取的方法的随机性质,这也不可能得到严格的控制。

青年的年龄范围越来越广(Jones & Wallace,1992;Roberts,1997),我们希望抽取从14岁到26岁这个年龄阶段的年轻人做样本,以此来应对这种变化,但实际上已成样本的年龄范围是从14岁到21岁。本研究虽聚焦于社会阶级,但社会多样性也同样重要。我们并未因社会经济地位而存在偏见,从而有目的地选择某些年轻人作为研究对象;相反,我们是通过询问他们来判断他们的阶级地位以及他们父母的职业。

该研究总共进行了45场访谈。2004年春季,在这项研究的初始阶段,仅有22个青年在爱丁堡接受了采访,随后我们决定深入研究这一课题。在2004年秋季,又在爱丁堡开展了其他8个访谈,与此同时,进一步的小样本(15场访谈)也在纽卡斯尔开始进行。进行这些额外访谈的目的是发现原样本中那些明显的特征是特定于爱丁堡,还是可能有更广泛的适用性。

最初的现场调查是在2004年的3月到4月间进行的,为期6周。首要的行动是建立青年俱乐部与研究项目的联系,如此便可建立来自不同地区的年轻人之间的联系。我们选择的被采访者多为正规机构(如学校、工作)之外的青年,并且采访多在他们的"地盘"——俱乐部或是街头进行,这样访谈便能更多地为被访问者而非访问者所控制。这也是希望能够克服采访中可能存在的力量不均衡问题,尤其回答问题的人是年轻人。

由于该调查的随机性质,我们约见这些年轻人都是按照他们自己的方

---

① 摩托族,又译摩托车骑士,兴起于20世纪50年代的美国。这些年轻人的典型形象是:骑哈雷摩托,穿皮衣、牛仔,且利用诸多军队元素,给人一种不可屈服的倔强男人的印象。——译者注

式和场地，其进程也并非依照传统的采访模式，大多数青年都根据习惯癖好而成群结队，并喜欢在公共场合闲逛，因而要拥有一个固定的、安静且不受干扰的采访是不可能的（Bell，1987）。更重要的是，研究资料和数据必须准确，且必须是通过一种不引人注目的方式搜集起来的，而简单的手写记录显然对这两方面来说都是不够充分的，加之常有的恶劣天气，录音便成了一种更加恰当的方式。

这种半结构性访谈形式遵循的是马格尔顿（Muggleton，2000：172）所描述的一种相似模式，只是问题数量较少。在采访开始时，便告知参与者这项调查的目的、记录方式；并保证这是一项匿名调查，他们会受到保护，以此来使他们安心；同时也告诉他们，他们可以在任何时候退出这个访谈。访谈的第一个问题是确认参与者的一般特征，从而确定每一个被调查者的年龄、所处的过渡阶段和社会阶级标志；第二阶段的问题则涉及参与者可识别的青年群体，聚焦于他们对这些群体的看法和体验，采用这种方式是为了产生自发的、丰富的及具体的答案；在采访的最后阶段，我们会给予参与者提问的机会，并感谢他们的参与。绝大多数的采访都是单独进行的，某些情况下会进行组或对的采访。

爱丁堡的采访地点是在一个青年咖啡馆中，以及在城中心的布里斯托广场和猎人广场这两个地点内部或周边。布里斯托广场由于其规模、外观和基础设施的匮乏，为滑板运动提供了场地，因而这儿便成为一个年轻人聚集的中心。猎人广场是另一个为年轻人所用的场地，它邻近科伯恩街道，那儿有许多面向青年的商店。正如科恩等人（2000）所指出的，采访开始前有些问题便是可以预见的，包括避免中断和减少分心，这样的问题在实践过程中是不可避免的，但这并不会妨碍资料的搜集，并且在某些情况下它们使搜集资料成为可能。

对纽卡斯尔的研究则主要集中在两个地点——滑板公园（位于展览公园中）和绿色公园。这两个地点都位于城市中心，由于之前布伦瑞克青年项目（BYPP）所进行的推广和冷静客观的青年工作，这两个地区均以"青年群体的常规聚集地"而为人所知。滑板公园是位于市中心边缘的公共绿地中的一个新建场所，它被用作一个社会性场所，是我们初步研究的所在地，这里有一系列重要的青年群体，而不局限于滑板运动。

自1981年BYPP开始以来，绿色公园就是一个开展前哨工作的目标地，且在过去的24年中，已有许多不同的青年亚文化群体利用这片空间来聚会和开展社交活动,从朋克到当前的混合青年亚文化群体,都在这项研究中得到了证实。近来,这一地区受媒体支配,他们对"哥特族"和"粪青"(Chavas)① 之间所谓的冲突极感兴趣,尽管这与20世纪60年代(科恩,2002)的具有历史意义的摩登族与摇滚派(Rockers)的冲突②绝不是一个等级的,但它确实突出了这一地点是不同或者有冲突的青年群体的聚会场地这一事实。尽管在前几年里,这两个地点都会定期出现来自BYPP的青年工作者,但很难发现他们与这些年轻人有常规的联系,这或许是因为使用这一地点的大量年轻人都来自纽卡斯尔周边较为宽广的区域。

完整的采访被完完全全地转录,并利用阿特拉斯 TI 软件对其进行分析。转录所有采访内容这一点非常重要,它是一种确认主要类别和构想的方式,也是一种记录样本基本资料的方式。采访结束后,采访者便尽快转录采访内容,以确保内容的时效性,而且为了吸收并更深地理解这些资料的重要意义,转录本、笔记和原始记录都会被反复地回顾、审阅。

研究分析时所采用的分类既源于理论和采访模式,也源于被调查者的话语,这就有利于发现不同群体的青年确认自身和他人在方式上的异同,并且这也将社会阶级作为一个分析类别。这些采访的主要发现将在下文中得以陈述。

---

① 粪青(Chavas),也译作"小混混",通常指那些没有受过多少教育、没有文化并且有反社会或者不道德行为倾向的人。这个带有贬义色彩的词,经常被用来描述那些工人阶级出身的年轻人。典型的"小混混"身着名牌运动服、头戴棒球帽;身上戴满了金饰物;手机从不离手,且越新潮越好、越耀眼越好;音乐,男的必听 Rap,女的必选 R&B;开的车即使再旧也必然喷刷一新颜色抢眼,驾车时车窗必然摇下、传出震耳欲聋的流行音乐……他们往往表现出一副对生活满不在乎、对外界漠不关心的神情。许多人把"小混混"和一些社会问题联系起来,如酗酒、暴力、反社会倾向、青少年早孕、缺乏社会责任心、一味追求物质享受等。——译者注

② 摩登族于20世纪50年代末首次出现在伦教和伦敦周边,在战后英国的工人阶级青年亚文化中,摩登族是第一个对西印度群岛黑人亚文化的出现予以正面响应并试图效仿的亚文化,体现了工人阶级青年"向上爬"的愿望。摩登族是一种典型的下层级的花花公子,他们从事工资较少但相对较稳定的工作,强调工作之外的生活,他们非常讲行头,其经典的着装标志是头顶法式的覆耳发型,搭配一板一眼的衬衣和领带,意式和法式裁剪的窄身西服、尖头皮鞋,骑 Vespa 牌或 Lambertta 牌机车,或是穿着 Fred Perry 的 Polo 衫或是格子衬衫,搭配 levis 的牛仔裤。而摇滚派的形象则是典型的工人阶级,大多是非熟练工人,他们粗鲁蛮横,崇尚工人阶级传统的男子汉气概。摩登族认为摇滚派过于庸俗肮脏,而摇滚派则认为摩登族过于娘娘腔、女里女气。1964年8月,摩登族和摇滚派在英国海岸观光地发生了大规模冲突,经媒体大肆渲染和炒作引起了民众的道德恐慌,最后双方都有人被法庭判刑。——译者注

研究成果

最初，我们希望这项研究能够实现性别间的平衡，然而该研究方法的机会主义性质又意味着这种平衡是难以实现的，这些采访涉及了28个男性，17个女性。在现场调查期间，有一点变得非常清晰，即在他们的组成中，群体是被性别化了的——没有女性会出现在滑板少年聚会的场所；大多数被采访者将小混混/小流氓（Ned）①描述为一个以男性为主导的群体；哥特族则几乎是一个均匀的性别混合群体……此次被抽选的人员大多数在青春中期（15~17岁）。

通过年轻人的自我分类，以及他们对其他群体的描述，可以清楚地划分出四种主要的青年群体，分别为哥特族、滑板少年、小混混/粪青/小流氓和其他。这些标签并非适用于所有情况，因为有些群体并不将他们自己归类于任何一种类别，他们不给自己贴标签，而这些群体的名字都是其他青年取的。此外，我们所说的"其他"是指那些感到自己并不属于任何特定群体的个体，属于这类群体的个体也没有任何独有的风格特点能够将他们与某种亚文化群体清楚地联系在一起。小混混/小流氓和纽卡斯尔相当的粪青是独有的、或多或少可用"其他"标签来替换的群体，它们很少被用作一种自我确认的标签。这些词的词源也有些趣味，小流氓看起来是一个现代苏格兰词——《钱伯斯词典》将其描述为"年轻小流氓"的俚语，小混混/粪青则源于吉卜赛语，其最初有着"积极的小团体"这一隐含意义。

青年形象往往为媒体所强化，他们往往被妖魔化，尤其是小流氓/小混混（Martin，2004）。这也并非一定意味着小混混/小流氓就仅仅只是位于对立的接收端，他们通常也与滑板少年，尤其是与同样充满活力的哥特族相关，许多小混混被调查者都表达了哥特族"崇拜魔鬼"的信念，相比之下，滑板少年对于一些被其他人所有的也适用于自己的术语是感到高兴的。在我们的调查者中，哥特族看起来对那些标签是感到自在舒适的，尽管在描述他们自己或是他们的朋友时，一些人会表现出对"阿尔德罗"（Alterno）

---

① 小流氓为苏格兰俚语"Ned"，这里指与"小混混"相似的一种青年群体，通常指街头小流氓、粗鲁的、有轻微犯罪行为的、穿休闲宽松运动服的工人阶级年轻人。

这一词语的偏爱。

爱丁堡样本和纽卡斯尔样本之间的差别并没有太大的意义。通过观察，爱丁堡青年亚文化群体的成员很显然具有地域倾向，根据他们的亚文化背景，他们会偏爱一些特定的地区，群体之间的相互影响也是消极的。爱丁堡的阶级和地域差异比纽卡斯尔更为明显，但常规模式是相似的。在纽卡斯尔的抽样中，滑板少年很难被代表，而两个城市中的哥特族和小混混/粪青的群体特征却是相似的。因此，我们可以说，这些发现对于一个地区并不是独一无二的，却似乎是一种更为普遍的现象。

1. 群体认同

对于成为团体一分子意味着什么，三组成员都有着确定而又不同的想法，但其中最主要的感受就是加入某个群体便有一种归属感。

罗伯特（Robert）（小混混/小流氓）：就好像我的朋友们一样，我们只是一起闲逛，仿佛我们拥有一个属于自己的团队。

与之相关的一个概念便是安全感或保障：

凯若琳（Caroline）（哥特族）：当我独自一人回家时我便感到不安全……而如果与朋友一起……若他们是真正的朋友，他们便会保护你。

另一个常见的群体认同方式是将他们自己定义为"他们知道自己不是"的对立面，这充分显示了形象认同作为群体认同一个元素的重要意义，个体在群体之间的风格和穿着作为一个常量元素，是体现他们与这一群体的关系的一种符号象征。

马丁（Martin）（小混混）：如果有人开始穿一些奇怪的、像狗屎一样、看起来像个垃圾袋一样的衣服，或者是穿皮衣，或者是穿一些让她自己变成一个荡妇的衣服，她就很可能会被踢出去。

丹尼尔（Daniel）（哥特族）：绝不！像那些小混混/小流氓一样穿衣服，我看起来得多愚蠢啊，那样的话你一定再也不想和我一起出去了，当然，不用想，我永远不会成为一个小流氓。

群体成员所呈现的这些外在形象可能是他们最主要的风格特征。这些采访清楚地表明了一点：形象识别并不是群体形成的唯一因素，因为每一个群体还有属于他们这个群体的核心价值。

小混混/小流氓/粪青

这个群体的成员不会将他们自己与这个名字联系在一起，并且也不会觉得他们是由同一类人所组成的，他们群体的形成往往以他们所居住的地区为中心，他们的群体微小如"帮派"一般，这类较小的群体通常会被取名字。

克里斯（Chris）：我们群体更多的是关于"你来自哪里"的，就像所有不同地区的团体一样，像尼地里（Niddrie）、波特（Portie）、克雷格米勒（Craigmillar），他们都有自己的小圈子，所以我们也有我们的喜好，那便是我们的组名。

马丁：我们都来自同一地区，所以我们一起闲逛，因为我们是一样的。

调查显示，那些较小的团体通常会被视作竞争对手。

詹姆斯（James）：你不会愿意仅仅是去迎合"组名"或是其他群体，因为群体应该是和你一起并肩作战的人。

"你住在哪里"是成为一个小团体成员的主要限定条件，这也表明了作为一个整体的群体的地域性特征。这种地域性还反映在他们的休闲活动上，这些休闲活动通常是以他们所在的地区为背景的。

彼得（Peter）：我们和朋友们黏在一起，一起闲逛游荡，大多数的夜晚，我们在公园里，成群结队，或是一起抽一支烟。

爱丁堡和纽卡斯尔有一点细微的差别：纽卡斯尔的被调查者更愿意承认从其他群体中交朋友的可能性。然而，居住环境方面的客观资料显示，这两座城市的小混混/小流氓/粪青青年群体的形成在这种地域维度上的模式是相似的。

哥特族

从被采访者那里我们了解了这一群体的一个关键特征——这个群体从本质上来说是一个以音乐为导向的亚文化群体。他们的穿着受到他们所喜爱的音乐和艺术家形象的影响。

肖恩（Sean）：我们，更多的是与音乐相关。

希瑟（Heather）：因为乐队总是穿不同的衣服，或许你也就开始穿他们所穿的衣服。

露西（Lucy）：音乐，就是我存在的方式，就是我穿衣的方式。

就像露西说的，音乐就是她的存在方式。其实，对许多哥特族来说，团体属性是远远超出了音乐的，他们只是描述作为团体一员的一种感受、一种态度，即他们是谁。

露西：（他们）与你对待事情的态度相似，或者你们都对同样的东西感兴趣。

他们通常非常清楚,尽管他们是这个群体的一分子,但他们每一个人都是一个个体,而不是一只只"小绵羊",或许对许多人来说,这意味着"不正常"。

凯瑟琳(Caroline):人们只是不了解我们,我们这样穿是因为我们想成为一个与众不同的个体。

哥特族并非来自同一个地区,有些人对此做了这样的解释:在他们所居住的地方并没有太多的哥特族,因为他们从来都不把时间花在那儿(自己所居住的地方)。他们穿什么对他们个体身份的确认非常重要;并且他们的口语都是非常个性化的措辞;其他人,尤其是他们的父母如何看他们,对他们也非常重要;他们渴望成为"不同的""独一无二的",成为那些正常人所不能理解的人。

霍金森关于英国哥特圈子的详细研究中的那些年轻人,可能会被看作"娃娃哥特"(baby Goths)(Hodkinson,2002),因为那些被认为是正式成员的人缺乏最基本的承诺,尽管如此,按照他们的观点来说,他们加入群体的可靠性和真诚性是不容置疑的。

滑板少年

这一群体与滑板运动相关,他们在被确认为"好滑"的特定场地聚合;他们所选择的穿着方式则要求实用,即让滑板更容易、更轻松。有人声称,随着滑板成为一种越来越时尚的运动,有些人只穿着这一群体的"制服",却不参与他们的活动。

约翰尼(Johnny):十年前,你可以在一英里以外认出一个滑板少年,但现在,他们看起来是滑板少年,实际上并不是,他们只是时尚的牺牲者。

关于这一群体,必须提及媒体的影响,这种影响偶尔会被认为是积极的,这是就"成功的"滑板少年可能会带来一些名声和收入这一点而言的;但主要还是一种消极的影响。

李(Lee):如果你坚持滑板运动,你便会成为一名专业选手,从而赚钱,因此许多人便只专注于滑板运动。

媒体在使滑板变得普及的同时,也在无形中削弱了滑板作为一种亚文化的颠覆性特质。

卢克(Luke):BBC在节目前播放的介绍滑板运动的片段,他们所介绍的滑板少年就像是冒牌货。

与对媒体有这种消极感受一样,他们也经常说他们与"正常人"是如何不同的，那便是超越了滑板运动本身的、整体人生观的不同。

格雷格（Craig）：总之，滑板少年与一般人不同，就好像在他们的头脑中有一些东西使得他们不同——不同的观念和态度，通常，我们比普通人更冷酷，我们看待世界的方式是不同的。

在采访过程中，通过观察，我们发现这是一个混合年龄的群体。

马克（Mark）：（在我们的群体中）有一些年龄大一些的滑板少年，也有一些较年轻的，但我们都一起出去玩，我们彼此聊天，帮助彼此，我们会照顾年轻的，而年龄大一些的也会来和我们聊天。

这表明这一群体是由同一类人组成，他们都有着"某种东西"让他们得以被界定，即他们都是滑板者。然而，通过采访也可发现，滑板只是这一群体的一方面，他们每一个人都清楚地表达了作为一个滑板少年，是生活方式和生活态度让他们与众不同的。

其他

这一群体的人数量虽少，却极具分析的意义和价值。在这项研究中，史蒂夫觉得自己不属于其中任何一个特定的群体，但他又感到自己是属于hip-hop这一音乐圈子的；而且，他说他曾是一个小混混/小流氓，他认为他的这种改变是一种积极的改变。

史蒂夫（Steve）：我只是及时地离开了，因为所有未成年人酗酒、吸食大麻这些东西，使我必须清醒，并离开这个群体。

菲奥娜（Fiona）曾经是一个哥特族，她也提到了改变群体身份。

菲奥娜：我曾经在派斯高校（Gillespies）上学，那儿有许多哥特族，因为我所住的地方、所用的东西和所去的学校，我曾是一个哥特族。但现在，我不再去那里看任何人了，我已经遇见了许多来自不同地区的不同的人，所以我想你来自哪里、周围是些什么人以及你上什么学校这些都很重要。

菲奥娜有一个3个月大的孩子，她离开了学校，照顾孩子，也许境遇的改变对其群体归属感也是有影响的，成为某一群体的一员已不是其身份认同的一个重要部分。对于这一群体中的其他人也是如此，他们已经不觉得成为一个特定群体的一员是必需的，他们对于成为他们自己更感兴趣。

2. 社会阶级与群体认同

在访谈过程中，我们期望了解到年轻人是否对他们自身或其他人的阶级地位有所意识。抽样中，哥特族和滑板少年能够识别他们自己的社会阶级,而多数小流氓/小混混则不能,这表明阶级意识并不是普遍或一致的。采访资料显示了青年亚文化团体成员与其所处的过渡阶段之间有着一种密切的关系,抽样中我们发现,所有的哥特族和滑板少年都处在稳定的人生阶段,或是全日制教育阶段,或是工作阶段;而小混混/小流氓则大部分是失业人员。下面的频率分配表(表1)呈现了亚文化群体类别在不同阶级中的分布情况。

表1 社会阶级和亚文化身份

社会阶级	小混混/粪青	哥特族	滑板少年	正常/其他
1. 高级管理层/专家	0	1	5	0
2. 初级管理层/专家	0	3	2	1
3. 中级职业	0	0	0	1
4. 小职员和个体经营者	2	0	1	1
5. 较低级管理层和技术人员	3	1	1	3
6. 半常规职业	4	4	0	2
7. 常规职业	3	1	0	0
8. 从未工作/长期失业人员	2	0	0	0
9. 无资料/不可分组人员	1	1	0	2

基于他们的穿衣风格、他们对自己群体成员的描述和他们如何看待其他人对他们的看法这些考虑,被调查者被分为小混混、哥特族、滑板少年和正常四个类别,许多"正常"起初被归为"正常/哥特族"类或是"正常/小混混"类,因为他们虽将自己描述成"正常",但同时又承认具有其他人所说的一些特征,这一类被调查者在表格中被归为"正常"类。

表中的社会阶级是根据国家统计局社会经济分类方案、以父母职业作为具体指标而进行的分类,整体来说这样能够建立一个较为可靠的分类,当然少数情况除外,这些情况通常因为相关采访资料的缺失而导致进行这样的分类是不可能的。

表格清楚地显示了小混混/粪青群体在较低的社会阶层,而在专家和管理阶层根本没有;哥特族和滑板少年分布的社会阶层则较为广泛,但整体来说更倾向于在较高的社会阶层,在20个哥特族和滑板少年中,有超过一半的人无疑是处在较高的社会阶层之中的,他们父母的职业一般为建筑师、医生、会计师和老师等。

当一些不易被量化的资料被考虑进来时，这个表格便显得更加两极分化了。我们发现组成一个群体的许多个人都是来自有着相似社会经济地位的邻居，比如，滑板少年绝大多数都来自像布鲁斯菲尔德和斯托克布里奇（爱丁堡）这些地区的中产阶级，而小混混/小流氓则多来自像布鲁姆霍斯和杜姆比德克斯（爱丁堡）或是穆塞德和郎本特（纽卡斯尔）这些城市的工人阶级居住区。在有的情况下，被访问者是通过他们当下的伙伴来确认自己的所属群体的，而不是根据他们父母的职业，比如一个哥特族，其父母均为常规职业人员，但其所居住的是一个以中产阶级人群为主的地区。

小混混/小流氓/粪青与其他青年群体之间存在着一种清晰而客观的分裂，这种分裂在这些年轻人的观点上也表现得非常明显：

路易斯（Louise）（哥特族）：可以说，如果你出身贫寒，或父母失业，这会让你更容易成为一个小混混。

罗伯特（Robert）（小混混/小流氓）：在这周围，你总是会看到一些哥特族，他们看起来有点傲慢自大，就好像他们比我们强，仅仅因为他们住在看起来更高档的地区。

托尼（Tony）（粪青）：（当提及小混混/粪青时）那是许多上流社会的人试图用"暴徒"来描述的人。

卢克（Luke）（滑板少年）：如果你居住在一个高档点的地区，你便不会成为一个小混混，因为他们并不来自高档地区；而如果居住在像缪尔豪斯这样的地方，你便不太可能成为一个滑板少年或哥特族。

若有改变群体归属的可能，从小混混/小流氓转变为哥特族/滑板少年看起来可能性更大一些。其实，有多个被访问者都声称他们已经放弃了从前在小混混/小流氓群体中的身份，这些群体有关于成员生活方式的一些基本要素，尽管如此，要成为一个小混混/小流氓似乎更加困难了，因为对这些群体的确认如此深地扎根于阶级和地区，以至于如果你不具备必要的资格，你要成为其中的一员便几乎是不可能的。

论述与结论

通过现场调查，我们可以确定：无论是在爱丁堡，还是在纽卡斯尔，都存在着一些截然不同的青年群体。抽样中的年轻人可以描述这些群体，并通过参与这些群体而发现这些群体的重要性和意义；他们也十分明确在这三个主要群体之间没有重叠的成员，尤其是在这些群体中，成员不是、也不可能是被自由选择的；他们也确定了社会背景或阶层（尽管他们没用这个术语）是青年文化体验中的一个重要因素。资料显示，每个群体中的青年都倾向于具有相似的社会阶级地位。

实践和理论上的结果都在这些发现中得以显现。关于青年亚文化的主要理论观点似乎比我们的研究所显示的结果更加轻视社会阶级。本内特（1999）指出，年轻人的亚文化属性似乎是相对固定的，比如尽管一些流动性非常明显，我们却没有发现流动成员存在的证据。我们的资料所没有揭露的是亚文化团体之间流动的本质和条件，像菲奥娜，尤其是史蒂夫这些正常者所描述的体验，暗示了亚文化群体关系不仅与人生阶段和过渡时期相关，也与社会阶层相关。

这些资料还挑战了这一观点：我们生活在一个个性化的社会，在这里我们不受传统关系的束缚，我们可以自由选择，可以按照自己的意愿自由发展。有人已经指出，所有那些固定的东西——组织化资本主义、阶级、工业、城市、集体都已经融化在了空气里（Lash & Urry, 1987：47）。贝克（1999）也赞同这一观点，指出阶级已经被弱化，要从一个人的社会经济背景中去预测这个人的生活方式和理念是不可能的。如果年轻人可以自由做选择，我们便希望这项研究所搜集的资料能够证明一个青年所加入的亚文化群体与其所处的社会阶级之间是没有必然联系的，然而，相反的是，资料却显示他们之间有着明显的联系。我们认为这项小小的研究强有力地证明了一个青年的社会经济地位直接影响和限制了他们的亚文化选择。

一方面是哥特族和滑板少年，另一方面是小混混/粪青，他们之间存在着明显的不同。哥特族和滑板少年都很重视他们与其所谓的正常人之间的不同，他们反抗主流文化。媒体和商业力量对滑板少年的影响尤为明显，这一群体意识到他们的亚文化正在被媒体所盗用而渐渐失去其真实性。我们认为尽管抽样中的青年知道这只是一种消费模式，但他们依然会买入一些和这种亚文化相关的时尚品牌。

小混混/小流氓表现出了亚文化一些非常重要的特征。他们往往表现出一种独特的穿衣风格，而对于这一群体之外的人来说，他们的行为通常被认为是一致且反常的。通过与这一感官性亚文化群体成员的对话，有一点变得非常清晰明了，即这一群体实际上并非由同一类人组成，他们与一个组群的联系实际上是由他们所居住的地区决定的。居住地区对他们的群体认同是至关重要的,这从他们的组名便可看出,比如"青年(地区)队"。他们的休闲活动主要是在街头、地区公园或是朋友家中。他们有严格的界限,如果你居住在某个特定区域,你便只能是该地区群体的一员。小混混/小流氓穿那些所谓的昂贵的名牌衣服,确切地说,他们将服装看作地位的象征,这与无赖青年(Teds)[①]的方式是相同的。他们来自下层工人阶级或是默里(Murray,1990)所说的"社会底层";他们中大多数人是没有工作的;他们被学校开除,或是并未取得任何资格证书就离开了学校;他们的父母或是没有工作,或是从事无须专门技能的、依靠体力的、按部就班的、低技能的工作。相对于其他两个居住在相对富裕地区的群体,他们更可能居住在相对贫困的地区。从结构上来说,我们认为居住在相对贫困的地区使得个人更倾向于加入当地的亚文化群体,拥有这些本地群体关系网能够帮助该地区的年轻人形成他们的亚文化体验。这项研究所显示的选择,是适用于那些被社会、文化和结构因素限制的群体的。

我们的资料表明,结构因素不会完全决定文化身份,但无疑也是一个年轻人加入某类群体的影响因素。资料表明,在理解青年所做的群体选择时,必须将他们所处的社会结构位置一并考虑在内,这样才能完全理解他们所做选择的意义。此外,对于有些年轻人来说,即那些贫困的、被边缘化的小混混/小流氓,成为某一群体的一员会导致其被进一步边缘化;而那些不在这一位置中的年轻人则可以更加自由地从多样化的生活方式和文化中进行选择,这种选择主要通过他们个性化的消费形式来体现。为了能够更加全面地理解这些现象,需要搜集更多的资料,同时,也需要将更多的青年考虑进来,他们对确定亚文化成员的持久性和流动性具有重大意义。

这些发现有着实践和理论上的双重结果。广泛的社会政策领域,包括教育、福利、居住环境及对犯罪和社会秩序的关注,这些对更全面地理解小混混文化应该是有所助益的。从我们的角度来说,青年工作者是有着特殊含义的,"青年工作"这一概念即是让年轻人从一种政策的对象和名牌服

---

① 无赖青年(Teds)又被称为 Teddy boys,是 20 世纪 50 年代从伦敦东区和南部兴起的青年文化群体,这些年轻人大部分是工薪阶层和来自爱尔兰的移民,他们追崇美国摇滚音乐的反叛态度,在服装上以贵族风十足的爱德华时期悬垂夹克为标志。最初他们叫自己 Cosh boys,英国《每日邮报》用爱德华的昵称 Teddy 来替代"爱德华式"的穿衣风格。很多人认为英国第一个青年亚文化团体就是 Teds,可以说是之后涌现的嬉皮士、摩登族、朋克摇滚青年们的鼻祖。——译者注

饰的消费者转变为社会经济和政治领域的关键人群。想要在制度规定的正式结构之外，努力从社会和教育方面拉拢年轻人，如果真想有所作为的话，那么这些努力应该聚焦在那些游离在外的青年身上。我们可以合理地期望，以哥特族和滑板少年为代表的许多中产阶级青年将会通过传统教育和经济接触得到发展进步，而那些处于更为弱势地位的小混混/小流氓青年则在教育和经济方面前景惨淡。或许青年工作者和政策制定者们应有效地集中资源和精力去改善这些青年的前景，而不是与那些相对幸运的群体一起工作。

参考文献

Beck, U. (1999) *The Risk Society*, Sage, London.

Becker, H. (1997) "The Culture of a Deviant Group: The 'Jazz' Musician," *The Subcultures Reader*, eds K. Gelder & S. Thornton, Routledge, London.

Bell, J. (1987) *Doing Your Research Project*, Open University Press, Buckingham.

Bennett, A. (1999) "Subcultures or Neo-tribes? Rethinking the Relationship between Youth Style and Musical Taste," *Sociology*, Vol. 33, pp. 519 – 617.

Bennett, A. (2000) *Popular Music and Youth Culture: Music, Identity and Place*, Macmillan, Basingstoke.

Bennett, A. (2005) "In Defence of Neo-tribes: A Response to Blackman and Hesmondhalgh," *Journal of Youth Studies*, Vol. 8, No. 2, pp. 255 – 259.

Bennett, A & Kahn-Harris, K. (eds) (2004) *After Subculture: Critical Studies in Contemporary Youth Culture*, Palgrave Macmillan, Basingstoke.

Blackman, S. (2005) "Youth Subcultural Theory: A Critical Engagement with the Concept, Its Origins and Politics, from the Chicago School to Postmodernism," *Journal of Youth Studies*, Vol. 8, No. 1, pp. 1 – 20.

Brake, M. (1985) *Comparative Youth Culture: The Sociology of Youth Cultures and Youth Sub-Cultures in America, Britain and Canada*, Routledge, London.

City of Edinburgh Council (2002) *Ward Unemployment Data for April* 2002 *Unemployment Bulletin*, City Development Department, Edinburgh.

Clarke, J., Hall, S., Jefferson, T. & Roberts, B. (1975) "Subcultures, Cultures and Class—A Theoretical Overview," in *Resistance through Rituals*, eds

S. Hall & T. Jefferson, Hutchison, London.

Cohen, A. (1997) "A General Theory of Subcultures," in *The Subcultures Reader*, eds K. Gelder & S. Thornton, Routledge.

Cohen, A. (2002) *Folk Devils and Moral Panics*, 3rd edn, Routledge, London.

Cohen, L., Mannion, L. & Morrison, K. (2000) *Research Methods in Education*, 5th edn, Routledge/Falmer, London.

Dean, H. (1997) "Underclassed or Undermined? Young People and Social Citizenship," in *Youth the Underclass and Social Exclusion*, ed. R. MacDonald, Routledge, London.

Epstein, J. (1998) "Introduction: Generation X, Youth Culture and Identity," in *Youth Culture: Identity in a Postmodern World*, ed. J. Epatein, Blackwell, Oxford.

Furlong, A. & Cartmel, F. (1997) *Young People and Social Change: Individualization and Risk in Late Modernity*, Open University Press, Buckingham.

Gelder, K. & Thornton, S. (eds) (1997) *The Subcultures Reader*, Routledge, London.

Gilbert, N. (2001) *Researching Social Life*, Sage Publications, London.

Government Office for the North East (2005) *Our Region*. Government Office for the North East, Newcastle-upon-Tyne.

Hall, S. & Jefferson, T. (eds) (1975) *Resistance through Rituals: Youth Culture in Post-War Britain*, Hutchison, London.

Hebdige, D. (1979) *Subculture: The Meaning of Style*, Methuen, London.

Hesmondhalgh, D. (2005) "Subcultures, Scenes or Tribes? Non of the Above," *Journal of Youth Studies*, Vol. 8, No. 1, pp. 21 – 40.

Hodkinson, P. (2002) *Goth: Identity, Style and Subculture*, Berg, Oxford.

Hodkinson, P. (2004) "The Goth Scene and (Sub) Culture Substance," in *After Subculture*, eds A. Bennett & K. Kahn-Harris, Palgrave Macmillan, Basingstoke.

Hollands, R. (2002) "Division in the Dark: Youth Cultures, Transitions and Segmented Consumption Spaces in the Night-Time Economy," *Journal of Youth Studies*, Vol. 5, No. 2, pp. 153 – 172.

Jones, G. & Wallance, C. (1992) *Youth, Family and Citizenship*, Open University Press, Milton Keynes.

Lash, S. & Urry, J. (1987) *The End of Organised Capital*, Polity Press, Cambridge.

Macdonald, R. (1997) *Youth the "Underclass" and Social Exclusion*, Routledge, London.

Martin, H. (2004) " 'Neds' Offences not only Against Taste," *Edinburgh Evening News*, 19 April, p. 10.

Miles, S. (2000) *Youth Lifestyles in a Changing World*, Open University Press, Buckingham.

Muggleton, D. (2000) *Inside Subculture: The Postmodern Meaning of Style*, Berg, Oxford.

Muggleton, D. & Weinzierl, R. (eds) (2003) *The Post-subcultures Reader*, Berg, Oxford.

Murray, C. (1990) *The Emerging British Underclass*, The IEA Health and Welfare Unit, London.

National Statistics (2002) *Socio-Economic Classifications*, Office for National Statistics, Cardiff.

Newcastle City Council (2005) *Unemployment Archive*, Newcastle City Council, Newcastle-upon-Tyne.

Onecity (2000) *The Lord Provost's Commission on Social Exclusion—Final Report*, June, City of Edinburgh Council, Edinburgh.

Redhead, S. (1990) *The End-of-the-century Party: Youth and Pop Toward 2000*, Manchester University Press, Manchester.

Redhead, S. (1993) *Rave Off: Politics and Deviance in Contemporary Youth Culture*, Brookfield, Aldershot.

Roberts, K. (1997) "Same Activities, Different Meanings: British Youth Cultures in the 1990's," *Leisure Studies*, Vol. 16, No. 1, pp. 1 – 15.

SCROL (2001) *Scotland Census Results Online* 2001, General Register Office for Scotland, Edinburgh, [online] Available at www.scrol.gov.uk (4 October 2005).

Silverman, D. (2000) *Doing Qualitative Research: A Practical Handbook*,

Sage Publications, London.

Thornton, S. (1995) *Club Cultures: Music, Media and Subcultural Capital*, Polity Press, Cambridge.

Tyne & Wear Research Institute (2005) *Newcastle—An Overview*, Tyne & Wear Research Institute, Newcastle.

Weinstein, D. (1994) "Expendable Youth: The Rise and Fall of Youth Culture," in *Adolescents and Their Music: If It's Too Loud, You're Too Old*, ed. J. S. Epstein, Garland, New York.

Willis, P. (1977) *Learning to Labour: How Working Class Kids Get Working Class Jobs*, Saxon House, Aldershot.

Willis, p. (1978) *Profane Culture*, Routledge Kegan & Paul, London.

Willis, p. (1990) *Common Culture: Symbolic Work at Play in the Everyday Cultures of the Young*, Open University Press, Milton Keynes.

Wyn, J. & White, R. (1997) *Rethinking Youth*, Sage, London.

青年亚文化现象的本质与类型

T. V. 拉缇谢娃 著 陈 曦 译*

摘要 在俄罗斯，看待青年亚文化的科学观念随着时间而演变。俄罗斯社会学家关注青年亚文化的类型学并把它作为研究重心，按照青年亚文化自身的内部发展阶段将其类型化。亚文化的类型学以系统形成特点和性别导向为基础。不同类型的亚文化有着体裁相似性与共同、统一的符号空间，统一的音乐场景和统一的交流空间。如今发展成熟的社会中，当道的是亚文化多元主义，在这种情况下，社会呈现出各种民族、专业、宗教、地区，以及青年亚文化共存的聚合状态，其中每一种都有他们自己对世界的想象，包括他们自己的规范与价值系统、观念、信念和趣味。在秋明国立石油天然气大学社会科学研究所民意调查中心的社会学调查中，学生对于当今流行青年亚文化的认知水平、持有态度，以及潜在的亚文化自我认同构成了一项研究，在大学生中，中立态度占大多数。他们对青年亚文化的价值取向与审美品味漠不关心，无意接纳。俄罗斯对青年亚文化包容态度依然处在形成阶段。

关键词 俄罗斯 青年亚文化 类型学

Abstract Scientific perceptions about youth subcultures have evolved over time. Russian sociologists becoming interested in the typologization of youth subcultures as a research focus, typologize youth subcultures in terms of

---

* T. V. 拉缇谢娃（T. V. Latysheva），秋明国立石油天然气大学社会学院助理教授；陈曦，首都师范大学文学院硕士研究生。本文译自 T. V. Latysheva：" The Essential Nature and Types of the Youth Subculture Phenomenon," *Russian Education and Society*, Vol. 53, No. 8, August 2011, pp. 73–88.

the stageof their internal development. Typology of subculture is based on two aspects: their chief system-forming feature and their gender orientation. One type of subculture owns stylistic similarity and a shared, unified semiotic space, shared symbols, a unified music scene, and a unified space of communication. The situation that is the norm in the developed societies today is subcultural pluralism, in which the society represents an aggregate set of co-existing ethnic, professional, religious, territorial, and youth subcultures, each of which has its own picture of the world that includes its own system of norms and values, views, convictions, and interests. In a sociological survey carried out by the Center for Public-Opinion Research, the Scientific Research Institute for the Study of Society at Tiumen State University of Petroleum and Gas, a study was made of the degree of the students' knowledgeability of the existence of popular youth subcultures today, the quality of attitudes toward them, and also any possible subcultural selfidentification the respondents might have. Neutral attitudes are predominant. The students' neutral attitudes are linked to the fact that they are indifferent to the value orientations and esthetic tastes of the youth subcultures, rather than accepting of them. A tolerant attitude toward youth subcultures in Russia is still in its formative stages.

Key Words　Russian　Youth Subcultures　Typology

俄罗斯的青年亚文化与其他社会中的青年亚文化越来越相似。本文是对青年亚文化类型与发展派别的类型学介绍。人们对待它们的态度，随着城乡、经济、教育与地域特征而发生变化。

看待青年亚文化的科学观念随着时间而演变。俄罗斯国内外最早的亚文化理论是基于青年的问题化传统，将青年亚文化等同于越轨行为群体而建构的。这个研究领域的进一步发展与英国新马克思主义传统有关，这一传统不关注越轨的外在表现，而关注引发越轨的根深蒂固的阶级矛盾。今天的概念常常是跨学科的，涵盖了广泛的青年问题领域，从城市外围青少年的边缘化，到波西米亚式首都逃亡（the bohemian set of the capital city）的特殊形式。

青年亚文化

我们所讲的这个概念是一种民族，政治，以及其他价值取向、符号、行为模式、生活方式的聚合，也是在国家主体文化框架下一群表现出独立完整模式的年轻人的外部标志。同时，青年亚文化并不总是对抗着他种文化形式，而是可能包纳很多主体文化的元素，把它们共同置入原本的组合中，加入成熟的人工产品和精神组件。

当今社会，亚文化聚合并形成青年派别的趋势在俄罗斯和其他国家发生着。与这个过程联系在一起的是亚文化青年身份认同的改变，他们越来越否认自己从属于任何特定亚文化，但又承认与更宏大的形式或运动之间的关联。流行亚文化的一个示例是"黑暗文化"（dark culture）["shvartz（黑色）场景"及其他自称]，包括哥特（Gothic）（运动的概念与风格核心）、工业风格（industrial）、恋物/虐恋（fetish/BDSM）、怪诞（freak）、日系摇滚（J-rock），以及重金属（metal），倾向于阴郁、暗黑的外表的哥特式美学[黑色金属（black metal）、死亡金属（death metal）、厄运金属（doom metal）、爱的金属（love metal）]。

苏联社会学家开始关注青年亚文化的类型学并把它作为研究重心，最早可追溯至20世纪70年代，但直到80年代中期，这一研究才得以少量实现。调查的类型学方法即是社会学领域的常用方法。我们立足于G. G. 塔塔洛娃（G. G. Tatarova）对类型学分析的定义："类型学分析是一种分析数据的元方法，是社会现象研究方法的集合，有了它，才有可能挑选出社会意义重大、内部同质化的经验对象的群体，这些经验对象本质上互不相同，区别则在于类型形成的特征，这些特征的性质是独特的，可以解释为现象存在的多种类型的载体。"（1，第72页）把研究的社会现象与研究的特定经验对象加以区分是必要的。社会现象是确实存在于一定社会进程、社会现象与复杂社会客体的形式之中的东西；经验对象则是特殊现象的特定表现（2，第85页）。

我们正在按照青年亚文化自身的内部发展阶段将其类型化。过去的亚文化（20世纪40年代到80年代）包括摩登族（mods）、无赖青年（teddy boys）、朋克（stiliagi）、垮掉的一代（beatniks）、米期集（mit'ki）①、留贝里（liubery）②，等等。复苏的亚文化再生产了20世纪60年代到90年代的

---

① 米期集最开始是一个绘画团队，后来成为列宁格勒（现圣彼得堡）的非正式艺术最重要的代表之一，也可以说是20世纪后半叶的非正式艺术领先者。——译者注
② 留贝里是一个已经不存在的亚文化，该亚文化主要特点是在社会混乱情况下具有侵略性的无法无天的行为。这种亚文化来源于靠近莫斯科的一个小城市 люберцы 市，主要亚文化成员为不满16岁的青少年。——译者注

亚文化风格，如嬉皮士 hippies、老派哥特（old-school Goths）、邋遢文化（grungers）、华丽摇滚（glam rockers），等等。这些群体现今的人数相当少，他们的意识形态与基本价值取向经历了相当大的转变。今天的亚文化诞生于数十年前，并保持着自己的人气，如飞车党（bikers）、重金属乐迷（metallists）、纳粹光头党（Nazi skinheads）、足球迷（soccer fanatics）。这些亚文化成员的价值取向和生活方式几乎没有变化，因为它们都诞生于很久以前，还稳定保持了很长一段时间。嘻哈（Hip-hop）、唯美（glamour）、哥特（Gothic）、工业亚文化（the industrial subculture）、怪诞文化（the freak culture）等都处于活跃发展的阶段，带着从生成之初就如影随形的新潮流，改变着自己的风格［如情绪摇滚文化（the emo culture）］。

我们把注意力集中到第二种和第三种群体的亚文化上来（见表1），它们的类型学基于两个方面：其首要的系统形成特点和性别导向。

表1 当今俄罗斯青年亚文化空间：一个类型学的坐标格

亚文化类型	运动、游戏	音乐	俱乐部	罪犯	情结
男性导向	足球迷、飞车党	重金属（华丽摇滚除外）	—	光头青年、高普尼克	铆钉头（rivet heads）
雌雄同体导向	—	情绪硬核、华丽摇滚	怪诞	—	哥特、嬉皮士、日系摇滚、动漫（animeshniki）
无明确性别导向	滑板族、轮滑手、自行车越野赛车手、单板滑雪手、角色扮演者	另类文化	锐舞客	黑客	拉斯特法里派、朋克、独立摇滚、唯美（glamour）、嘻哈

在这种类型学框架中，我们已经谨慎地避开了形象特征，因为即使在单一亚文化中，也可能会出现多个形象派别。此外，一个形象不仅包括其外部样式，也包括行为特性、互动方式以及凸显从属于一种亚文化的额外标志，例如飞车党的摩托。

当今青年亚文化的一个重要区分点就是性别导向，它使我们可以对一个人的性别认同进行试验。通过将异性的外部特征风格化，以及倒转行为的典型形式、倒转规定的性别角色，模糊两性界限的雌雄同体（Androgyny）境界达成了。它可以是一种亚文化的自我表达方式，也可以是当今时尚界的普遍流行趋势。它应被认为不同于那些与性、性别焦虑、易性癖有关的严重身心障碍。尽管使用了变装与异装癖的重要元素，雌雄同体也有别于它们。另外，男性导向强调亚文化载体的男性气质，如此它就与暴行和肉体力量崇拜联系在一起。

雌雄同体与男性气质是亚文化性别导向的两极，它们导致了亚文化群体之间的矛盾。也有些亚文化缺乏明确的性别导向，保留了性别角色，如魅力、角色扮演者（role players）、嘻哈；也有些亚文化不在意性别，如朋克、拉斯特法里派信徒（Rasta）、独立摇滚（indie）、锐舞客（rave）、另类文化（alternative），以及多种体育亚文化。

我们以亚文化的基本系统形成特征为基础，将亚文化类型化。在这种类型化中，我们呈现了描绘类型的内容。涉入运动和游戏亚文化的，有些是由于某种特别的体育业余活动，像滑板、轮滑、自行车越野赛、单板滑雪、摩托运动等而联结起来的年轻人；有些是足球迷那样的体育狂热分子；有些则参加了装扮表演游戏，这些游戏也含有真正的身体活动，例如角色扮演，尤其是托尔金迷（Tolkienists）的角色扮演。对音乐亚文化来说，首要系统形成特征是对一种特殊音乐风格的狂热。俱乐部文化只存在于夜店的门墙内。在日常生活中，个体的亚文化关系也许不会以任何方式彰显，这是在今日参与锐舞的人群，或另外不那么令人震惊的形式如怪诞文化（the freaks）当中最常见到的情形。对犯罪亚文化来说，首要的类型形成特征是其活动的非法性，也即对"犯罪浪漫主义"的普遍喜好。我们也可以把一些青年犯罪亚文化形式加入进来，像新纳粹光头党、高普尼克（gopniki）社区，以及活跃在虚拟空间中的犯罪分子〔黑客（hackers）〕。

也有些复杂的亚文化，其形成和存续并无支配性的系统形成特征。除了音乐场景本身外，它们还纳入不同形式的艺术，像文学、绘画、摄影等，或许是在亚文化自体中被创造而出，或许是从主体文化遗产中借用而来。这些活动的方向性是多样的，不限于任何特殊的、支配性的活动形式。我们可以把这些称为生活方式的亚文化。

今天的青年亚文化并非孤立形成。现今的青年运动框架下组成了亚文化的基本派别，尽管在观念与价值取向上各自迥异，它们也有着许多重要的共性。T. 施潘斯加亚（T. Shchepanskaia）研究了俄罗斯 90 年代以来的青年亚文化，他注意到，非政治性或非正式的政治群体直白地承认，他们没有一个意识形态，不能以某种一致的方式表达意识形态；他们认为，观念的多元化是他们平台的基础。因此，在今天的城市化社会场域中，这种青年亚文化与青年运动的整合因素不是意识形态，而更多的是生活方式特点，生活方式特点把这一社群中的人物与氛围同他者区别开来（3，第264～265页）。

我们已经拣选出若干种派别，这些派别在以下条件的基础上令今天新的亚文化结合在一起：体裁相似性与共同、统一的符号空间；统一的音乐场景；统一的交流空间。因此形成了具有一致性的基础设施实体，如酒吧、商店、杂志（见表2）。

表2 当今青年流派框架下亚文化的类型学

派别的名称	亚文化的名称	风格与符号	音乐流派	交流[社交]设施
金属摇滚	"老派"金属；华丽摇滚（glemery）；飞车党；黑色金属；其他未构成独立亚文化的金属流派	长发（khaer），印有最爱球队的照片与图标的足球衣，钉鞋，黑皮衣，铆钉，链条，腕带，文身。符号包括可辨认风格的音乐群体标志，可能伴随使用通用的死亡符号，如骷髅与交叉骨	"金属"或"重摇滚"音乐风格	杂志：《摇滚神谕（Rock Oracle）》《黑暗城市（Dark City）》《金属锤子（Metal Hammer）》《金属乐艺术（Metal Art）》《1Rock》莫斯科俱乐部组织：碉堡（Tochka），雷拉克斯（Relaks），Rok-n-roll，Pab，替补计划（Plan B），XO，B1最大值（B1 Maximum），等等
"黑暗文化"	哥特；铆钉头（rivety，raivety）；怪诞；日系摇滚	衣物上明显的黑色与酸性光亮色，pvc或皮革制衣，男式短裙，使用化妆品，松糕鞋，前卫发型，身体穿孔与修饰。各种神秘与宗教活动的符号，"辐射"与"生物危害"等工业符号	哥特摇滚，哥特金属，黑浪潮，电子金属，工业摇滚，黑暗氛围，黑暗电子，EBM，日系摇滚，日系电子	杂志：《哥特地（Goth Land）》《愿灵安息（R.I.P.）》《歌西卡（Gothica）》《黑暗城市》莫斯科俱乐部组织：碉堡，雷拉克斯，替补计划，XO，Tretii put', Teatral' nala Birzha，等等
另类文化	另类文化情绪硬核	亮色着装（长裤或牛仔裤、足球衣、运动衫），夹板，身体穿孔，名为"隧道（tunnels）"的额外耳垂穿孔，有刘海儿或长发绺的中长发，镶嵌腰带	金属核，硬核，情绪核，新金属，说唱核，后摇	电视台：A-ONE 杂志：DFMO.NET，1Rock 莫斯科俱乐部组织：替补计划，碉堡，雷拉克斯，XO，等等

续表

派别的名称	亚文化的名称	风格与符号	音乐流派	交流［社交］设施
名流	名流	一线品牌的时髦衣着和饰品，或其山寨品。符号：一线品牌标志，迷你电脑和手机那样的知名消费品	流行、说唱、节奏蓝调、豪斯（house）、电子（electro）	杂志：*Cosmopolitan, Glamour, Elle, Vogue*, 等等。莫斯科俱乐部组织：Zhara, Fabrique, Famous, Infinity, 等等

值得注意的是，在我们要拣选出某个特殊亚文化现象作为一种运动时，最低限度是它结合了两种自治的亚文化。

我们建立的青年亚文化类型学与多种派别表明现象的复杂特点，这些特点的表现需要不同的实证调查和诠释方法。已被拣选出的亚文化类型拥有全然不同的社会文化内涵，其社会角色也是多种多样。我们不能认为青年文化现象就是铁板一块，全面考虑每一类型组的具体特点是十分必要的。

在秋明国立石油天然气大学社会科学研究所民意调查中心（the Center for Public-Opinion Research, the Scientific Research Institute for the Study of Society at Tiumen State University of Petroleum and Gas）的社会学调查中，学生对于当今流行青年亚文化的认知水平、持有态度，以及潜在的亚文化自我认同构成了一项研究。问卷调查的对象，包括秋明国立石油天然气大学的633名学生，就读于该大学汉特-曼西（Khanti-Mansii）和亚马尔-涅涅茨自治区（Iamalo-Nenets autonomous okrugs）［苏尔古特（Surgut）、科加雷姆（Kogalym）、兰格帕斯（Langepas）、涅夫捷尤甘斯克（Nefteiugansk）、尼亚甘（Niagan）、下瓦尔托夫斯克（Nizhnevartovsk）］分校的481名学生，伊尔库茨克国立大学（the University of Irkutsk）的300名学生，乌里扬诺夫斯克公立大学（the University of Ul'ianovsk）的213名学生，位于圣彼得堡的西北公共管理学院（the Northwest Academy of State Service in St. Petersburg）的347名学生和位于莫斯科的俄罗斯国立人文大学（the Russian State University of the Humanities in Moscow）的121名学生。秋明国立石油天然气大学的组织包括主要机构及其分支，样本集合由社会研究所科学调查机构的民意调查中心为长期监测教育培养过程的质量而收集，它的模型和计算确保调查具有代表性。在其他更高级别的教育组织中，样本集合是以两个基本点为基础构成的：受访者的学习年限（四年中的第二年）和专业（理科、工科、文科）。

分析了学生对当今青年亚文化与运动的认知水平与持有态度后，我们发现中立态度是占大多数的。图1[①]呈现了讨论中青年大学生对亚文化肯定态度的量化依据。对于如嘻哈、节奏布鲁斯魅力（R 'n' b glamour）那样久负盛名的青年主流娱乐性亚文化，被调查的学生普遍持肯定态度。对这些群体有正面感受的占1/3～1/2（32.2%的乌里扬诺夫斯克青年对嘻哈持肯定态度，51.4%的圣彼得堡学生对节奏蓝调文化持肯定态度）。这一结果充分证实了音乐和娱乐大众传媒对当今大学生不可忽视的影响。面向全国的MTV音乐台积极地把上述青年文化放在最"先进的"行列，通过态度与流行文化场景（4），用这种方式塑造着今天"为青年的文化"。有趣的是，莫斯科对这些亚文化的兴趣大幅低于其他城市。只有27.1%的受访者倾向于嘻哈，33.6%的受访者倾向于节奏蓝调。这也许证明了莫斯科一定比例的年轻人已经完全从传统大众传媒转向电子传媒，这使他们有可能通过不同渠道选择接收自己想要的信息。

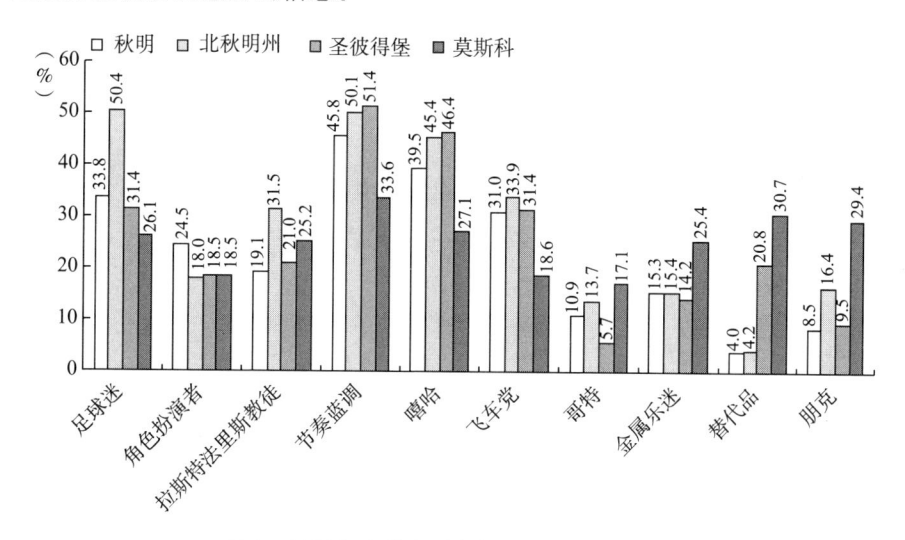

图1 俄罗斯大学生对青年亚文化的肯定态度
（占该地区受访者总人数的百分比）

除了娱乐性的主流亚文化，约1/3的受访者表达了对足球迷和飞车党的肯定态度。球迷代表了一种有组织的群体，它的成员都是活跃的粉丝，他们喜爱某个球队，比赛期间在家或出门积极支持球队，对其他球队支持者的态度颇具攻击性。招摇而挑衅的行为，敌对阵营之间的强烈冲突，聚众斗殴，身体暴力，这些在球迷当中滋生的现象让我们可以说，这种亚文化是男性导向、可导致社会解体的。此外，调查者也注意到球迷亚文化与最有攻击性和暴力倾向的光头党之间有越来越多的相似点。（5，第207页）因此，大体上来说，破坏性的青年群体获得的否定态度最多。大学生对球迷亚文化的共情也许正标示着他们并不理解这一现象背后的本质。从一个理性角度去解释大学生对飞车党亚文化的肯定态度也很困难的，因为飞车党拥有与金属乐迷相似的音乐和形象品味，而只有约15%的受访者对金属乐迷有正面态度。有理由认为，这种态度来源于亚文化及随之而来的社会神话存在的时间，有关于对自由独立的"钢铁战士"（iron warrior）的解读——对钢铁战士来说，任何约束、限制、法律都是不存在的。也有可能一些大学生搞不清飞车党和摩托骑士（motorcyclists）之间的区别。摩托骑士的特点是各不相同的外部标志，运动风格而非摇滚风格的倾向，以及不同音乐品位和行为刻板印象。31.5%的北秋明州受访者对拉斯特法理派（Rastafarians）抱有肯定态度（相较于其他城市的15%～20%），这可能间接证明该地年轻人曾使用轻微毒品，或者他们对这类做法有居高临下的态度。

对于光头党、高普尼克这些男性气质的青年结党和撒旦崇拜者（Satanists）这样的激进伪教派，绝大多数的受访者持绝对否定观点。俄罗斯高等教育机构中，对青年社团的否定态度调查参见图2。

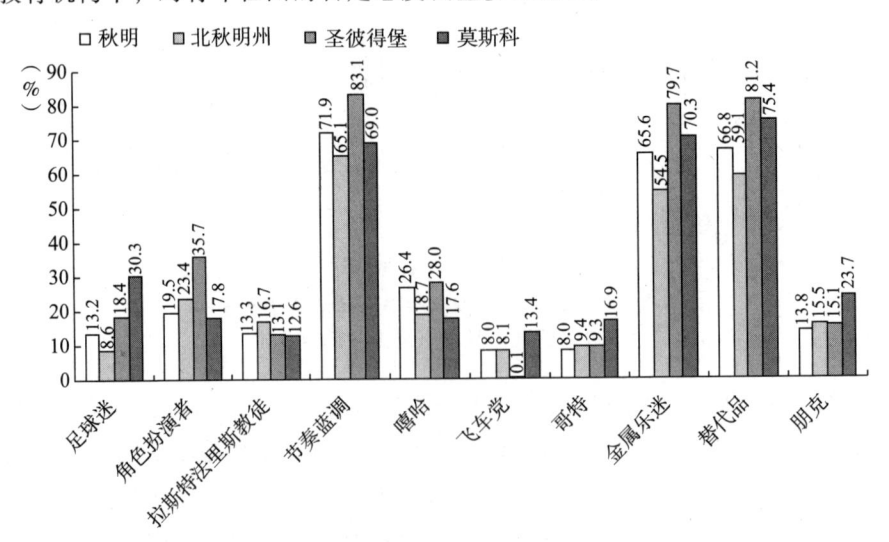

图2 俄罗斯大学生对青年亚文化的否定态度
（占该地区受访者总人数的百分比）

比起在省会城市，与北秋明州规模类似的城市中对破坏性亚文化形式的容忍度更高。例如，来自汉特－曼西和亚马尔－涅涅茨自治区的受访者中，表达对光头党和高普尼克有负面看法的分别为 59.1% 和 54.5%；在圣彼得堡，这个数字变成了 81.2% 和 79.7%；在莫斯科则是 75.4% 和 70.3%。这些结果证明，对许多北秋明州的受访者来说，亚文化意识和这些群体的行为看上去不是那么离经叛道，也不和主体文化相矛盾。这或许也意味着受访者隶属于亚文化，或对它们感同身受，他们间接证明了俄罗斯行省中很大一部分青年被边缘化的程度之深。在任何这些表现中，抗拒撒旦崇拜都反映了在大多数高等教育机构中学生对东正教传统坚定不移的信仰和对基督教的敬意。对撒旦崇拜派最强烈的抗拒来自圣彼得堡的学生，那里持否定态度的人数高达 83.1%。

虽然在多数城市中都有超过 40% 的受访者对形象亚文化表达了中立态度，但约 1/3 的受访者对最流行的亚文化、情绪硬核和哥特持否定态度。在培养未来国家公职人员的圣彼得堡公共管理学院，这一数字约为 50%。有理由假设，未来把持政府机关的人无意去包容这些亚文化。至于俄罗斯已经存在很长一段时间的亚文化组织，像朋克和金属乐迷组织，消极评价占 20%~30%。在莫斯科，对待朋克的态度更多是中立的，抵触的受访者只有约 17.6%。这是因为首都的朋克没有那么激进，并转变为诸如 DIY、流行朋克（pop punk）等多种类别，变得更为大众。在北秋明州，更高比例的受访者（约 1/3）对金属乐迷持否定态度。金属乐迷亚文化与乡村青年主流高普尼克之间永远存在矛盾。

要解释这些群体对"他者"的抗拒，可行的方法是，从社会认同理论角度显著地证明他们的社会认同，或更具体地从 H. 特吉菲尔（H. Tajfel）的群体歧视理论出发。"群体之间的歧视，甚至会出现在这样的情况下：个体的特殊兴趣无论如何不会受到影响，也与任何群体内的特定喜好无关；群体之间没有任何形式的竞争，从前或现在都完全不具敌意。在特吉菲尔的看法中，歧视唯一的目的就是建立群体之间的区别，支持自己所属的一方。"（6，第 22 页）换句话说，基于图像的青年亚文化使自己立即被认为是外群体，与"正常"或"普通"年轻人的群体无缘。这让不属于亚文化之内的年轻人，通过对亚文化外群体的比较和歧视，努力给自己的社会认同赋予积极色彩，即使他们和亚文化群体的活动范围、目标和兴趣都没有交集。应注意，对那些青年亚文化持否定态度的多数是男性受访者。有些情绪硬核乐迷和哥特迷积极运用雌雄同体的美学，尝试获得位于两性之间的外表，对于这些人，近半数接受调查的青年持否定态度的同时表示尊重，这证明了人们对行为与外表根深蒂固的性别刻板印象以及传统的男性性别态度对当今大学生的重要性。情绪硬核乐迷和哥特迷卖弄雌雄同体形象导致他们见弃于倾向接受传统性别角色的年轻人。对朋克和金属乐迷的否定态度则植根于青年亚文化在苏联出现和发展的历史。朋克和金属乐迷亚文化，连同实质上已经灭绝的嬉皮士亚文化，是俄罗斯改革时期涌入的第一波亚文化，仍被划进"非正常"范围内。伴随着苏俄时代传统，多数人中兴起了这样的保守观点，他们不可能发展出对这类青年群体的中立态度，因此今天对这些亚文化的抗拒，早在苏俄时期就已经形成。

学生至少对大都市中盛行的亚文化见多识广（怪诞和工业风），具有封闭特征的（角色扮演者和 BDSM 者）或其他缺乏明确定义的，把自己与其他亚文化区分开的风格和价值观（另类文化）。对这些亚文化几乎没有任何态度。无论如何，在首都中，对怪诞文化的态度体现得更明确。例如，35.7% 的西北公共管理学院的学生对他们持否定态度，然而在其他城市，这一数字约为 20%。这一现象可以解释为，未来公职人员与视自己为怪胎的年轻人在精神世界与社会行为上差异巨大。

如今发展成熟的社会中，当道的是亚文化多元主义，在这种情况下，社会呈现出各种民族、专业、宗教、地区，以及（当然）青年亚文化共存的聚合状态，其中每一种都有他们自己对世界的想象，包括他们自己的规范与价值系统、观念、信念和趣味（7）。无论如何，对非犯罪性青年亚文化的包容态度与文娱主流没有任何关联，只是由大约 40% 的高等院校在校生报告出来。学生的中立态度关乎一个事实，那就是他们对青年亚文化的价值取向与审美品味漠不关心，无意接纳。俄罗斯对青年亚文化包容态度依然处在形成阶段。

参考文献

1. Tatarova, G. G. *Osnovy tipologicheskogo analiza v sotsiologicheskikh issledovaniiakh*. Moscow: Izdatel'skii Dom "Vysshee obrazovanie i nauka," 2007.

2. Ibid.

3. Shchepanskaia, T. "Antropologiia molodezhnogo aktivizma." In *Molodezhnye dvizheniia i subkul'tury Sankt-Peterburga (sotsiologicheskii i antropologi-*

cheskii analiz), pp. 262 – 302. St. Petersburg: Norma, 1999.

4. Levikova, S. I. *Molodezhnye subkul'tury.* Moscow: FAIR-PRESS, 2004.

5. Desetiarik, D., comp. *Al'ternativnaia kul'tura. Entsiklopediia.* Ekaterinburg: Ul'traKul'tura, 2005.

6. Ageev, V. S. *Mezhgruppovoe vzaimodeistvie: sotsial'no psikhologicheskie problemy.* Moscow: MGU, 1990.

7. Chernosvitov, P. Iu., ed. *Tsvetushchaia slozhnost': Raznoobrazie kartin mira i khudozhestvennykh predpochtenii subkul'tur i etnosov.* St. Petersburg: Aleteiia, 2004.

"新伊丽莎白时代的人们":20世纪中期英国小说中青年亚文化的再现

〔英〕尼克·宾利 著　赵淑珊 译*

摘要 20世纪50年代英国社会出现了一批青年亚文化群体,他们受到社会和学者们的广泛关注。以"无赖青年"为例,这一时期英国青年亚文化受到多种因素影响,其产生的原因、特点和类型,还有他们在电影和音乐等文化实践中表现出的态度与风格,包括与父辈文化间的继承关系都十分值得探讨。当时英国小说中亚文化青年们的形象非常鲜活,不仅具有典型的自由反叛精神,而且也不同于主流媒体对他们一贯的负面报道。小说中青年亚文化的再现,打开了一个理解20世纪中期英国青年亚文化的新窗口。

关键词 青年亚文化　英国小说　"无赖青年"

Abstract One of the main features of British society in the 1950s is the emergency of distinct subcultural groups associated with youth and adolescence, and they've received wide attention from society and scholars. The paper discussed the causes、characteristics and types of these youth subcultural groups at that period by exemplifying one of the subcultural form Teddy boys. The relationship between their 'parent' cultures are also included. In addition, it also probed into the representations of youth subcultures in the novels of Britain in the 1950s. Not only did these youths have the free spirits

---

* 尼克·宾利(Nick Bentley),英国基尔大学教师;赵淑珊,首都师范大学文学院硕士研究生。本文译自 Nick Bentley,"'New Elizabethans':The Representation of Youth Subcultures in 1950s British Fiction," *Literature & History*,2010,19(19):16-33。

of rebellion, they were also different from the negative reports of the mainstream on their juvenile delinquency. The analyses of the images of these subcultural youths in each novel open a new window to understand the youth subcultures in the 1950s from a new perspective of view.

Key Words Youth Subcultures; British Fiction; Teddy boys

20 世纪 50 年代英国社会的主要特征之一就是一些青年亚文化群体的出现。关于他们如何在这一时期产生的研究成果已十分丰富,而他们与父辈文化之间的继承关系更是得到英国伯明翰大学"当代文化研究中心"(CCCS)文化评论员和理论家们的特别关注。① 他们的研究多集中在社会语境、音乐表达和亚文化的符号学意义方面,对当代小说中的亚文化表现形式研究还相对较少。② 本文即旨在填补这一领域研究的不足,首先梳理 20 世纪 50 年代以来小说家们[包括科林·麦金尼斯(Colin MacInnes)、艾伦·西利托(Alan Sillitoe)、基思·沃特豪斯(Keith Waterhouse)、缪丽尔·斯帕克(Muriel Spark)]的作品;接着深入探讨小说中"无赖青年"(Teddy Boys)这种亚文化的表现方式,以及它们与当时主流媒体和其他文本书写中所呈现的"无赖青年"间的不同。

小说展现了当时的媒体和其他一些非小说媒介制造出的一维影像,而"无赖青年"又是 20 世纪中期出现的青年亚文化主要形式之一。因此,本文在考察那一时期小说作品中再现的"无赖青年"之前,将特别关注这一青年亚文化群体在当时的主流报刊和其他出版物里被呈现的方式。目前这篇文章结合了我已发表过的研究成果以及所选取的与本题相关的小说和非小说的新阅读材料。③

---

① Stuart Hall and Tony Jefferson (eds), *Resistance through Rituals: Youth Subcultures in Post-war Britain* (London, 1976).
② 这一领域已取得了很多成果,其中尤以作家科林·麦金尼斯(Colin MacInnes)最为丰富,他是 20 世纪 50 年代青年小说家中最主要的贡献者之一。还可参看 Steven Connor, *The English Novel in History 1950 – 1995* (London and ity in Male-Authored Fiction 1950 – 2000 (Basingstoke and New York, 2005), pp.139 – 151. 也可参看我在这方面相近的研究工作: *Radical Fictions: British Fiction of the 1950s*, Oxford, 2005.
③ Bentley, *Radical Fictions*; Nick Bentley, "Cruel Britannia: Translating Englishness in Colin MacInnes", *City of Spades and Absolute Beginners' in Connotations: A Journal for Critical Debate*, 13: 1 – 2 (2003 – 04), 149 – 169; and Nick Bentley, "The Young Ones: A Reassessment of the British New Left's Representation of Youth Subcultures'", in *The European Journal of Cultural Studies*, 8: 1 (2005), 65 – 83.

需要事先说明的是，虽然在20世纪中期的英国出现了多种多样与等级、种族、性别等相冲突的青年和青年文化形式；但根据媒体和社会学家的分析，这些青年群体最显著的表现主要为白人、工人阶级以及亚文化群体中的男性成员。其中，有些成员是本土成长起来的，另一些成员则大多是美国和加勒比海的文化移民。这些来自美国的流行文化形式，包括音乐、时装和电影等，深刻影响着英国青年，并为他们提供一种现成的替代他们父辈文化所期待他们去从事的传统职业选择。① 就音乐而言，有摇滚乐（rock'n'roll）、爵士乐［jazz，包括卡里普索（calypso）和噪音爵士乐（skiffle）］；就电影而言，则有《码头风云》（*On the Waterfront*，1954）、《飞车党》（*The Wild One*，1953）、《无因的反叛》（*Rebel Without a Cause*，1955）、《黑板森林》（*Blackboard Jungle*，1955）和《昼夜摇滚》（*Rock Around the Clock*，1956）等，所有这些都为当时的英国青年们带来了一种新的时尚风格与态度。② 此外，这些文化文本和实践为青年们提供了反抗的机会：这一反抗既是对主流文化的反抗，也是对把他们置于受限之地的工人阶级父辈文化的反抗。③ 然而，主流媒体倾向于把青年亚文化看作一种普通的"道德和文化不适行为"的标识；并集中在其犯罪、暴力、性交等印象上。特别地，"无赖青年"被大众媒体妖魔化，这些媒体使得"无赖青年"身上带有的城市暴力光环更加显著，并通过报道他们具体的暴力冲突事件加速了这一妖魔化过程。例如，电影《黑板森林》和《昼夜摇滚》在影院的全国首映就曾轰动了整个国家。④ 同时，"无赖青年"还被认为是1958年夏天在诺丁汉和诺丁山发生的种族暴动的主要煽动者。⑤ 矛盾的是，青年亚文化群体

---

① 这里使用的"父辈文化"（parent culture）出自"Sub-Cultural Conflict and Working-class Community," in *The Subcultures Reader*, Ken Gelder and Sarah Thornton eds.（London and New York, 1997）, pp. 90–99.

② 参看艾伦·希菲尔德（Alan Sinfield）关于20世纪50年代的这些青年亚文化形式，作为激进的英国青年们反抗阵地之重要性的讨论："Making a Scene," Alan Sinfield, *Literature, Politics and Culture in Postwar Britain*（Oxford, 1989）, pp. 152–181.

③ 这里，我运用了希菲尔德的一个划分特定历史文化中主导、附属以及激进特点的文化模型（同上，第34页），并结合许多新左派写作中有关工人阶级青年亚文化里对青年和父辈文化的区分方式，如Cohen, "Sub-Cultural Conflict and Working-class Community."

④ Alan Sinfield, *Literature, Politics and Culture in Postwar Britain*（Oxford, 1989）, pp. 153–154. Kenneth Leech, *Youthquake: The Growth of a Counter-Culture through Two Decades*（London, 1973）, p. 2.

⑤ "*A Habit of Violence*," *Universities and Left Review*, 5（1958）, 4.

十分依赖美国黑人文化，而他们同时与美式流行文化形式的结合，固化了社会主流文化对当时青年亚文化的印象，即"不道德的"和"外来的"。①

同样需要强调的是，英国20世纪中期的青年亚文化是一种文化实践、文本主题和文化空间混杂的综合体，其中包括态度、行为、文化定位、音乐、时尚风格和集体间的关系等多重范围。这些文化实践和主题风格不仅包括了视觉、听觉文化等不同层次的含义，还可以表现青年鲜明的态度以及他们常去活动的场所，比如舞池、咖啡厅、爵士酒吧，还有老唱片店和服装店等。可见，这些边缘化空间是一大批青年亚文化群体们得以聚集和相互交流的主要活动地。也正是在这些具有亚文化特点的场所，各式各样的亚文化青年们以其独特的风格，标榜各自的不同。他们之中包括："无赖青年"、"爵士乐迷"（jazz fans，包括传统的和摩登派青少年）、"嬉皮士"（hipsters），还有与"垮掉的一代"（Beat Culture）相关的文化群体。②

尽管20世纪50年代英国出现了上述多种多样的青年亚文化，主流媒体还是倾向于关注其中比较明显的特点，即制造一个简要的二分法，划清被妖魔化的亚文化青年与被要求具有正常和值得赞扬品质的"大多数"青年之间的界限。然而，这很明显是一个不公平的二元对立：因为媒体关于"无赖青年"的贬低报道远远超过了对他们积极一面的关注和重视。③ 20世纪中期英国《泰晤士报》的两篇新闻报道里便记录了这一差异。

"无赖青年"于50年代初期作为一个独特的亚文化身份出现，并在《泰晤士报》（1954年6月25日刊）一篇《刻在校友胳膊上的首字母》的报道中首次被提到。

> 一名13岁男孩昨日在西伦敦少年法庭听到他将被送到工读学校（少年罪犯感化院）后大哭起来。这个男孩创立了一个黑社会组织，并

---

① Dick Hebdige, *Subculture: The Meaning of Style* (London and New York, 1987)；尤其是其中"嬉皮士、垮掉的一代和无赖青年"（Hipsters, beats and teddy boys）讨论黑人亚文化和音乐风格间关系及他们学习20世纪50年代英国的一节，pp. 46 – 54；以及 "Two-Tone Britain: White and Black Youth and the Politics of Ant-Racism," in *Multi-Racist Britain*, Philip Cohen and Harwant S. Bains (eds) (Basingstoke, 1988), pp. 121 – 155.

② Hebdige, *Subculture*, pp. 46 – 51; *Absolute Beginners*, Colin MacInnes (Harmondsworth, 1964, pp. 70 – 71. 参见其中对这些亚文化种类区别的分类描述。

③ 媒体对青年亚文化表征的丑化报道风格还延续到了20世纪60年代甚至之后的时间，Stanley Cohen, *Folk Devilsand Moral Panics*, 3rd ed., (London and New York, 2002).

用小刀在另外四名校友的胳膊上刻了"T. B"（代表 Teddy Boy）两个首字母。正因刻了这两个字母，男孩在法庭前被判袭击罪。①

这篇文章虽然只报道了其中一个例子，却可以明显看出当时人们对"无赖青年"的看法和认识。被无辜受害者们无比憎恨的"无赖青年"文化及其"恐怖组织"（reign of terror）的概念促成了"无赖青年"这一形象的形成。由此，他们这种青少年犯罪的妖魔形象更深入人心地嵌入 20 世纪 50 年代主流文化的集体印象中。直到 1954 年以前，迅速升温的"无赖青年"都总与青少年犯罪行为的报道联系在一起。实际上，"无赖青年"越来越成为青少年犯罪的代名词。② 正如斯坦利·科恩（Stanley Cohen）所说："无赖青年被理解为一个日常的青少年犯罪问题。"③

虽然这是"无赖青年"在 20 世纪 50 年代最为流行和主导的一个形象，但其他流行媒体同时报道了关于他们的一些不同的再现特征。例如，上述报道之后的一年，名为"新伊丽莎白时代"的文章这样报道：

> 下议院议员乔治·伊萨克斯（George Isaacs, M. P.）先生昨晚在德威学院于大象城堡的酒吧里为青年朋友们举办的"餐厅活动"开幕式上说："无赖青年是一群有着年轻人精神的青年，他们喜欢穿符合他们自己风格的那类衣服。尽管在他们之中有很多都是所谓的坏男孩们，但是我们也看到很多身穿爱德华家服装去男孩队列（Boys' Brigade）和海军部队（Sea Cadets）的好极了的家伙。'无赖青年'的名称也许已经开始没落了；我更想把他们称为'新伊丽莎白时代的人们'。"④

乔治·伊萨克斯是 20 世纪 50 年代劳工党下议院的议员（保守派政府当权时），他很可能怀有防止自己选区内青年亚文化犯罪情况出现的政治

---

① *The Times*, 25 June 1952, p. 3.
② 1950~1954 年的《泰晤士报》里充满了青少年犯罪行为的报道，虽然在 20 世纪 50 年代末期这样的描述仍然存在，"无赖青年"（通常被叫作"无赖青年犯罪"）的使用就定格了这种特定亚文化的犯罪性。显然，无赖青年很容易被看作工人阶级群体，因此就避免了他们对所有阶级的孩子的不良影响。
③ Cohen, *Folk Devils*, p. 151.
④ *The Times*, 21 June 1955, 12.

目标。他的一些评论挑战了当时盛行的对青年亚文化的看法，十分有趣。伊萨克斯在演讲中提到的"年轻人的精神"和"好极了的家伙"等词，替代了"少年犯罪"这个经常在报道"无赖青年"的暴力和犯罪行为时出现的词语。这些词语同样也揭示了为一个群体命名背后的意识形态问题——由此，伊萨克斯指出，围绕在"无赖青年"名称上的"没落"一词其实是媒体创造的一个端口，而他则想要用另一个更具国家主义和隐喻内涵的词语代替。因此，他建议用"新伊丽莎白时代的人们"一词。伊萨克斯认为，这个词包含了新一代且依然年轻的女王所代表的那一小部分产生于"无赖青年"身上的年轻人文化。然而，这一词语没有引起公众足够多的注意，1954～1959年，《泰晤士报》中仍有超过170篇贬低"无赖青年"的报道。

总的来说，上述两篇文章都扼要概括了20世纪50年代摇摆不定的（也可以说是辩证发展的）青年亚文化：有的想要丑化犯罪行为并把这些年轻人定位成使人不安或容易导致社会混乱的人群；有的则想把青年亚文化重新吸收进主流社会中来，因此其中就包含了很多具有潜在破坏性的犯罪行为。正是在这样的环境下，20世纪中期青年亚文化的再现才开始受到重视，特别是到20世纪50年代以后，更是愈加明显。

当然，20世纪50年代不是第一个让青年亚文化和少年犯罪联系起来的时期。但这一阶段青年亚文化中新型生活方式、艺术风格和时尚潮流的特有融合却使得20世纪50年代变得尤为重要。这一阶段的青年亚文化注重青年内部的个性，并将其放在一个更为宽阔的文化背景中加以考虑，比如帝国的分裂、移民、美国化问题等。正如上文提及的伊萨克斯演讲中说的那样，"无赖青年"最具标志性的不同点是他们独特的服装风格与其类似行为相匹配。而他们并不是那时出现的唯一一个亚文化群体，只是被媒体报道最多的群体。20世纪50年代早期英国新闻报刊经常报道青少年犯罪，并在1953年时将其与一种独特的青少年亚文化联系起来，"无赖青年"这一名称遂被定格。[①] 从这个意义上说，"无赖青年"扮演了一个文化标志的角色，他们把犯罪青年与其他青年区分开来。

除了主流媒体对青年亚文化的丑化外，20世纪50年代末60年代初还

[①] 托尼·杰斐逊（Tony Jefferson）从1953年10月的《每日镜报》（*Daily Mirror*）中摘出一篇文章来塑造主流文化眼中的"无赖青年"形象。Jefferson, "Cultural Responses," p. 85.

出现了另一种工作机制,旨在分析当代青年行为背后产生的原因和动机。其中大量的成果都是在英国新左派的早期文化研究和社会工作中产生的。英国新左派成立于20世纪50年代末期,并由一群受到马克思理论影响的青年学者、知识分子和文化评论员组成。成员们虽然受过马克思理论的影响,但却希望与苏联和追随尼基塔·赫鲁晓夫(Nikita Kruschev)的这类共产党人保持距离,因其在苏共第二十届共产党代表大会上(1953)揭露了20世纪30年代斯大林(Stalinist)的清洗运动和苏联镇压匈牙利起义运动(1956)。[1] 此外,新左派还包括一些文化思想者、历史学家和文化评论家,如雷蒙德·威廉斯(Raymond Williams)、E. P. 汤普森(E. P. Thompson)、斯图亚特·霍尔(Stuart Hall),还有理查德·霍加特(Richard Hoggart)、科林·麦克林斯(Colin MacInnes)、艾伦·西利托(Alan Sillitoe)。[2] 这些群体对50年代经济的大繁荣很感兴趣,并特别关注其在文化和政治层面如何改变和影响固有的社会阶级与青年。[3] 新左派杂志《大学和新左派评论》(*Universities and New Left Review*) 是这些想法得以表达和阐释的主要阵地。格里塔·邓肯(Greta Duncan)和洛伊·威尔基(Roy Wilkie)观察了主流媒体呈现青年文化的方式后说:"青少年不仅被谴责成一群缺乏责任感的群体,还被认为一点都不尊敬长者……大多数人都以负面的态度看待青少年这一点很让人震惊。"[4] 他们意图通过对格拉斯哥青少年的调查纠正社会对

---

[1] Peter Sedgwick, "Introduction: Farewell Grosvenor Square," in David Widgery (ed.), *The Left in Britain: 1956 – 1968* (Harmondsworth, 1976), pp. 19 – 41.

[2] 我在写20世纪50年代新左派作家们记录的青年文化代表人物中也曾提到,Bentley, "The Young Ones".

[3] 这些与20世纪50年代和60年代早期有关的青年亚文化等文章来自新左派的文化评论员们,包括 Richard Hoggart, *The Uses of Literacy* [1957] (Harmondsworth, 1958); Raymond Williams, *The Long Revolution* (London, 1961); 特别是 Universities and Left Review, Vol. 4 in the summer of 1958 entitled "The Face of Youth" by Michael Kullman, Derek Allcorn and Clancy Sigal, "Nihilism's Organizational Man," *Universities and Left Review*, 6 (1958), 51 – 65. Stuart Hall's article "Absolute Beginnings" is also interesting in this context, *Universities and Left Review*, 7 (1959), 17 – 25. 中一系列有趣的文章。后来新左派(New Left)和英国"当代文化研究中心"(CCCS)关于这一话题的相关文章则有 Stuart Hall and Paddy Whannel, *The Popular Arts* (London, 1964); Cohen, "Sub Cultural Conflict and Working Class Community"; Hall, *Resistance Through Rituals*; Peter Laurie, *The Teenage Revolution*: (London: 1965); Kenneth Leech, *Youthquake*; there are also several articles specifically on 1950s youth culture in Colin MacInnes' *England, Half English* (London, 1986).

[4] Greta Duncan and Roy Wilkie, "*Glasgow Adolescents*," *Universities and Left Review*, 5 (1958), p. 24.

青年们的这类误解。这是 20 世纪 50 年代末这个期刊中一系列的文章之一。① 特别是，斯图亚特·霍尔注意到青少年们的"问题"与20世纪50年代变动的社会历史环境紧密相关。这一时期，年轻人的政治意识受到新个人主义精神和战后消费主义的深刻影响，自我意识开始觉醒。正如霍尔写的那样："从直观上看，年轻的工人阶级群体是激进的，他们厌恶沉闷的等级制度（虽然他们并不知道在政治上该把它叫作什么）……他们以一种私密、感性的方式去感觉并体验这些事物，因为这就是青少年面对这个世界的方式。"② 理解青年亚文化并为其成长和发展建立一个社会政治背景的努力，与主流媒体对其负面形象大肆宣扬两方面形成一个很有意思的对比。尽管如此，新左派作家们仍然倾向于使用"青年"，而不是带有重负的"无赖青年"这个词语。

新左派作家理查德·霍加特在其 1956 年的代表作《素养的用途》中就曾直接讨论过"无赖青年"；他把"无赖青年"看作当时一种普遍的文化不安现象的代表，还把他们称为"草原上的野人"，这两种观点都指出了"无赖青年"文化知识的匮乏，即他们尽管出生在相对富裕的社会（与1930年的大萧条和 20 世纪 40 年代和 50 年代早期的定量供给和俭朴风气相比），却仍然缺少文化知识。③ 此外，霍加特还特别强调美国化的进程对英国青年带来的害处，认为这导致了成熟、有机的工人阶级文化不断恶化。④ 特别地，霍加特指出奶吧里的"无赖青年"是一群低于普通人智力、更易受到当时大潮流影响的人群。⑤ 他不太确定这应该责怪青少年个体本身拒绝老一辈的工人阶级传统文化，还是应该责怪美国化的英国流行文化对这些团体表面上的强烈吸引（在他看来是误解）。霍加特发展了他对当时这些青年群体的理解：他们不关心政治，并且只停留在一个初级的模仿层面，如浅薄的消费主义和专为吸引他们有限批判能力而设计的一些产品。《素养的用途》中

---

① Derek Allcorn, "The Unnoticed Generation," *Universities and Left Review*, 4, 1958, 54 – 58; Michael Kullman, "The Anti-Culture Born of Despair," *Universities and Left Review*, 4 (1958), 51 – 54; and Clancy Sigal, "Nihilism's Organization Man", *Universities and Left Review*, 4 (1958), 58 – 65. See also Nick Bentley, "The Young Ones."
② Stuart Hall, "*Politics of Adolescence?*", *Universities and Left Review*, 6 (1959), p. 2.
③ 肯尼斯·里奇（Kenneth Leech）同样支持这种观点。他写道："无赖青年运动不仅仅是经济贫穷的产物，更是有一点无聊的发展中慢慢富裕起来的表现"，Leech, *Youthquake*, p. 3.
④ Hoggart, *The Uses of Literacy*, p. 193.
⑤ Ibid., p. 249.

名为"电唱机里的男孩"的章节里，霍加特便用以下的语言描述了他观察到的奶吧青年：

> 这是一种极其浅薄、病态的消遣形式，是在一种煮牛奶的臭气中精神的枯燥与腐朽。里面很多的消费者——他们的服饰、发型和脸部表情都说明——他们在很大程度上生活在一个"谜"一样的世界，其中包含了一些他们所认为的美国式生活中应有的简单成分。①

在这里，霍加特集中注意力在他所认为的奶吧青年们的低俗文化上，其中出现了一系列具有特定风格的"能指"。然而，霍加特对于青年文化的观察并不客观，实际上只是他在《素养的用途》里纪念传统工人阶级文化的一项日常工作，是他的观点受到新经济和文化力量威胁时他的一种习惯。因此，据赫伯迪格的观察，霍加特对青年的解释代表了他的目标所在，即在战后如电视、高薪和消费主义等的繁荣和诱惑中，保护工人阶级的纯粹质地。② 他的这一立场在当时大西洋消费文化侵略形式的显明威胁下是必要的。正如多米尼克·斯特里纳蒂（Dominic Strinati）指出，霍加特担心：真实的工人阶级社区正在大众文化和美国化进程中被遗忘和消解。③

霍加特的《素养的用途》是当时一部重要且迷人的作品，但是它对主流媒体塑造的青年亚文化，尤其是"无赖青年"的文化形式仍未起到特别大的作用。而20世纪中期青年亚文化的一个更为复杂而矛盾的再现是在当时一些小说里被揭露出来的。接下来我要讨论的是四部50年代末期小说中青年亚文化的这一多样性，每一部作品都涉及那一时期的青年和青年亚文化。其中有两大部分，第一部分是科林·麦金尼斯的《初出茅庐》（Colin

---

① Hoggart, *The Uses of Literacy*, p. 248.
② Dick Hebdige, *Hiding in the Light: On Images and Things* (London and New York, 1988), p. 51. 麦克·库尔曼（Michael Kullman）在他1958年发表在《大学和左派评论》上的文章中同样采取了与其相似的方法，强调青年亚文化缺乏教养，并以如摇滚乐这种流行音乐的娱乐消遣方式指出青年人受到的这种有害的教育方式。参见 Kullman, "*The Anti-Culture Born of Despair*". 库尔曼还记录了流行青年亚文化中占优势的一种文化，他称之为"反文化"，即早期英国青年教育中因"11+"考试模式而导致的一种隔离状态。他把工人阶级青年亚文化定义为"反文化"的做法，表明了一种特定的文化建构，这种文化建构基于另一种更老的高低文化模型。
③ Dominic Strinati, *An Introduction to Theories of Popular Culture* (London and New York, 1995), p. 31.

MacInnes's *Absolute Beginners*）和艾伦·西利托的《星期六晚上和星期天早上》（Alan Sillitoe's *Saturday Night and Sunday Morning*）里关于"无赖青年"的展现；第二部分则集中在基思·沃特豪斯的《说谎者比利》（Keith Waterhouse's *Billy Liar*）和缪丽尔·斯帕克的《佩卡姆黑麦民谣》（Muriel Spark's *The Ballad of Peckham Rye*）。显然，这四部小说不是所有讨论20世纪50年代青年亚文化的完整书单，但它们却是展示那一时期不同态度和立场的几部很好的范本。①

这一时期小说中的青年亚文化超出了主流媒体和像霍加特那样严厉的文化评论员的一元视角。一个显著的例子就是科林·麦金尼斯（Colin MacInnes）1959年的小说《初出茅庐》（*Absolute Beginners*）；该小说虽然与霍加特和新左派作家笔下的很多背景相似，但是提供了一个更加丰富、多样的青年文化再现。正如我们所看到的那样，霍加特分析的问题之一是把青年亚文化看作一个同质的团体，并将其与主导文化或父辈文化相联系。这也是后来分析青年亚文化的研究者们经常采取的方式。例如，菲尔·科恩在描写20世纪中期伦敦白人工人阶级青年时，认为青年亚文化揭示了他们与具有强烈领土意识的父辈文化同样的焦虑，只是二者的表现方式不同。②

麦金尼斯的《初出茅庐》通过用专业术语指出大量亚文化的名称，为读者提供了多种多样的青年亚文化再现。其中包括了当时出现的摩登族（Mod subculture，虽然有关他们的描述在《初出茅庐》出版时还未定稿）、传统和现代爵士的追随者（"trad" and "mod" jazz followers）、"无赖青年"，以及更加流行的青年亚文化（"teenager" subculture）。这些多样性与科恩、霍加特作品里解释青年文化的单一性形成巨大差异，而且大体实现了新左派写作的复杂性目标。麦金尼斯作为一名记者兼小说家，他在《初出茅庐》中不仅发挥自己的职业本能再现一系列的人物性格，还将其与不同层面的青年亚文化联系起来。他这么做有两方面的动机。第一，他想反驳当时丑

---

① 这一时期其他小说里年轻人的主要代表人物有：Kingsley Amis *Lucky Jim* [1954]（Harmondsworth, 1961. John Braine, *Room at the Top* [1957]（Harmondsworth, 1959）; Doris Lessing, *In Pursuit of the English* (London, 1960); Lynne Reid Banks, *The L-Shaped Room* [1960] (London, 2004); Alan Sillitoe, *The Loneliness of the Long Distance Runner* [1959] (London, 1985); David Storey, *This Sporting Life* [1962] (Harmondsworth, 1960); Alexander Trocchi, *Young Adam* [1954] (Edinburgh, 1996); John Wain, *Hurry on Down* [1953] (Harmondsworth, 1960); 还有特别值得提及的 Shelagh Delaney's play *A Taste of Honey* [1958] (London, 1982).

② Phil Cohen, "Subcultural Conflict and Working-class Community".

化青年文化的说法，并用一种积极的态度评论那些认为青年文化挑战主流文化、具有潜在破坏力的观点。第二，他想鉴定青年文化中被认为是暴力和种族歧视的一些潜在的不安因素。① 就后者而言，《初出茅庐》的写作背景之一是发生在诺丁山所谓的种族暴乱（1958年7月），这也是小说中加入的一个重要事件。

就叙述技巧而言，小说采用青年自述的口吻（匿名），由青年自己叙述故事。这位匿名青年在里面扮演一个导游的角色，为读者介绍小说中的亚文化世界，同时从不同的方面介绍这些青年亚文化；他还会用自己的价值观加以评论。例如，小说中认为"无赖青年"不是青年的代表，而是整个青年亚文化群体中的一员，是其中一种亚文化，是一群被大多数青年责骂的群体……他们的行为不断刺激着主流文化焦虑的产生。小说中的主角之一"无赖青年"爱德华（"Ed the Ted"）便是一个残暴而松散，甚至有些滑稽的人物，符合当时人们对这一群体犯罪、暴力行为的普遍印象。

> 我应该解释……爱德华和我出生并养在……基尔本哈罗路边的垃圾堆里……之后，随着"无赖青年"的流行，他加入了这个团体……一个发展成熟的"无赖青年"主要特征有：腌臜的眼睛、随身带着短棒，还有惯于用单音节来表达的语言以及带泥的手指甲……如他所说，在他偶尔离开他的地盘，来到文明发达的城市地带和我喝咖啡之前，他过着一种勇敢、大胆、丰富的旧式生活：在咖啡馆彻夜地喝酒狂欢；在停车场和死胡同里给优秀的伙伴们颁发手杆；甚至还参加相关电视节目，但在提问"无赖青年"环节时却仅机械地盯着屏幕，只是打呼。②

这篇文章指出"无赖青年"诸多人们习以为常的特征。小说中，爱德华的无知、暴力等各种行为都表现了他作为一个"无赖青年"形象的特征。同时，"无赖青年"集体活动的地点一般在伦敦工人阶级所属区域（此案例为基尔本）。爱德华与小说中这位匿名青年见面的地方超出了上述地域范围，其中<u>丛林</u>和<u>文明地带</u>的使用有力地证明了这一不同。此外，

---

① 我在提及宾利的"年轻的一代人们"里讨论了麦金尼斯的这两种介绍青年的基本元素。
② MacInnes, *Absolute Beginners*, p. 47.

我们发现很多暴力冲突也发生在亚文化群体内部，比如"无赖青年"为自己的"领土"斗争：爱德华和自己的同伴打架的话，如果不是"无赖青年"的同帮同派，那就是其他亚文化群体的成员。而且媒体对"无赖青年"的行为判定过于武断，人们所看到的这些暴力、犯罪的"无赖青年"是对青年的误解。小说后半部分，匿名青年阅读了一篇诺丁汉暴动的报道，其中"无赖青年"被指责为反对黑人移民暴力的煽动者，还被描述为一群需要医疗关怀胜过严厉惩罚的"精神病患者"。① 这篇文章谴责了激起白人"无赖青年"暴力的移民，小说中的这位匿名青年也被移民这样的误读所激怒。然而，他还是很少关注"无赖青年"刻板印象产生的过程，也就没能认识到"无赖青年"成为大英帝国掩盖其处理移民人口问题失误的替罪羊（如洛克和科恩认为的那样）。②

小说随后用第一人称的叙述视角纠正人们对青年亚文化中暴力和犯罪的看法。麦金尼斯理性、客观并具有感染力地分析当时的青年亚文化，通过丰富那一时期青年亚文化的表现形式实现了部分的成功。然而，那时"无赖青年"还是青少年犯罪行为的代名词，他笔下的"无赖青年"仍未逃出多数媒体将其丑化的主流。实际上，在20世纪50年代的时代背景下，这本书证明了"无赖青年"真正被认为是少年犯罪的一些行为。由于小说从内部视角真实记录了青年内心的想法，并用一种适应当时文化的方式说出他们的心声；因此，尽管这部小说是青年亚文化的虚构再现，但它却传达了一种真实性。这并不是说麦金尼斯小说中的青年所说的就完完全全是真实的，但是确实指向了"真实性"。这篇文章没有清楚地反映出20世纪50年代青少年亚文化所用的语言风格，但以文本的形式重构了他们的语言风格，使得它与主流报道的叙述风格完全不一样。这种叙述风格避免了描述这类亚文化的外行媒体和文化评论家的影响，因而文中这位青年的声音便更加具有分量。③

然而，麦金尼斯小说中的这个青年迷恋的不是"无赖青年"，而是50

---

① MacInnes, *Absolute Beginners*, p. 196.
② Paul Rock and Stanley Cohen, "The Teddy Boy," in Vernon Bogdanor and Robert Skidelsky (eds), *The Age of Affluence 1951 - 1964* (Basingstoke, 1970), p. 314; Bill Osgerby, *Youth in Britain since 1945* (Oxford, 1998), pp. 119 - 123.
③ 这种情况也适用于人种采访形式，即虽是主体发出自己的声音，但是它却是被从理论上说明道理的人种学家们所控制和说明的。

年代的爵士（jazz）。虽然他经常被认为是一个门外汉，但据说他是追随爵士文化那类崭新、复杂，并最终形成麦克·布莱克（Mike Brake）所定义的 20 世纪 60 年代早期主流亚文化的一部分。① 对这个青年而言，可能也是对麦金尼斯而言，爵士的世界代表着一种乌托邦式的亚文化，它既消解了主流、成人文化中的行为规范，也消解了"无赖青年"犯罪（种族主义）的行为。结合迪克·赫伯迪格（DickHebdige）对青年亚文化审美角色的理解，《初出茅庐》中音乐和时尚风格指示意识形态立场的重要性尤为显著。② 对麦金尼斯小说中的这名青年来说，爵士乐代表一种同属于当时英国主流文化一部分的颠覆性精神，这一精神理想地跨越了所有等级、年龄、种族和性别的偏见。

> 对于爵士乐和所有参与到其中的孩子们来说最伟大的事情是，没有任何人，或任何一个灵魂关心你的等级、种族、工资、性别，或你是否是同性恋，是否多才多艺，这一切都不管——只要进入爵士乐酒吧这个门以后，你把所有那些糟心的事情全都丢开，完全地做好你自己就行。③

麦金尼斯在这里提出了一个融会不同等级、种族、性别和性取向的激进社区结构，即福柯所说的"异托邦"。④ 福柯认为，"异托邦"是一个理想的空间，这一空间的乌托邦意义超于现实，但实际仍处于现实世界中。爵士乐社团是 20 世纪 50 年代真实存在的一种空间，虽然麦金尼斯小说中的青年很显然将其浪漫化了，但爵士乐还是有实现这一理想的潜力，即消除现实社会里的阶级歧视与等级偏见。

爵士乐亚文化（当时出现的摩登族）与"无赖青年"的区别还在于它们不同的音乐批评风格。爵士乐被青年人理解为一种具有技术含量的音乐形式，它复杂到足够更新成为另一种更高级别的文化，如摇滚乐

---

① Mike Brake, *The Sociology of Youth Culture: Sex and Drugs and Rock'n'roll* (London, 1980), p.75.
② 赫伯迪格把 20 世纪 50 年代的爵士乐亚文化理解成一种"史无前例的黑白文化的交融"，Hebdige, *Subculture*, p.47.
③ MacInnes, *Absolute Beginners*, pp.68-69.
④ Michel Foucault, "Of Other Spaces," *Diacritics: A Contemporary View of Criticism*, 16:1 (1986), 22-27.

(rock'n'roll)，就经常被认为是一种通过吵闹和强烈的节奏感传达亚文化意义的简单音乐形式。在这样的情况下，麦金尼斯不是完全否定这种或高或低的文化差别，而是将其重新整合，从而理解和分析不同音乐形式的文化意义。这不仅在麦金尼斯的小说里出现过，而且也是20世纪50年代亚文化文本的特征之一。

"无赖青年"被看作一些失业流浪（lumpen）的工人阶级群体，由于他们缺乏专业教育，人们也通常认为他们无法对所听到的音乐进行技术和质量上的评判。[①] 但也有这样的假定，即他们可以用一种肢体的方式（具有挑衅性的肢体方式）来回应与他们文化相关的音乐。而摇滚乐却经常被文化评论员描述为一种简单的、以音量为基础的音乐，它不需要体现摩登文化那样的美学差异。[②] 例如，布莱克（Brake）形容摇滚乐为一种"物质的、不变的，不要求通晓音律……摇滚乐是一种身体的音乐，简单却充满挑战性"。[③] 在很多方面同情"无赖青年"困境的斯坦利·科恩（Stanley Cohen）也认为"无赖青年"的特征就是对音乐持一种不批判的态度，比如他曾指出"过度吵闹的摇滚乐"。[④] 实际上，他要说明的是摇滚乐成员在发展后期与摩登派青年间的对立（虽然他也承认20世纪60年代早期形成的摩登青年亚文化是对"无赖青年"部分元素的继承，尤其是在风格和外貌上）。

麦金尼斯的《初出茅庐》可能是一部最直观地记录20世纪50年代英国青年亚文化的作品。然而，这一时期英国小说（电影）中一些最值得纪念的男性青年形象还来自艾伦·西利托（Alan Sillitoe）的小说。西利托在他的两部作品里曾对年轻的北方工人阶级的经历和内心想法做过调查。在他的《星期六晚上和星期天早上》（*Saturday Night and Sunday Morning*）这部小说中，作者为我们介绍了一名勤奋肯干、酗酒成性、刚满二十岁的工厂工人亚瑟·西顿的故事；而在他的《长跑者的寂寞》的短故事中，少年管教犯小柯林·斯密斯用尽自己全力来阻止统治阶级限制他的自由精神。[⑤] 虽然他们明显符合公众对50年代青少年犯罪再现的想象，但是这些人物却不能被认为

[①] Jefferson, "*Cultural Responses*," p. 82; p. 84; and Brake, *The Sociology of Youth Culture*, p. 72.

[②] 这种观点掩盖了摇滚乐音乐家们真正的技术能力，比如查尔克·巴瑞（Chuck Berry）和埃尔维斯·普雷斯利（Elvis Presley）的吉他手司格兰·摩尔（Scotty Moore）。

[③] Brake, *The Sociology of Youth Culture*, p. 77.

[④] Stanley Cohen, *Folk Devils*, p. 155.

[⑤] Alan Sillitoe, *Saturday Night and Sunday Morning*, [1958] (London, 1994); "The Loneliness of the Long Distance Runner," in *The Loneliness of the Long Distance Runner*.

是其中（如"无赖青年"）的一部分。①

此外，西利托在1958年出版的那部小说中的主人公亚瑟·西顿也更加有趣（就像阿尔伯特·费恩尼在卡雷尔·赖斯1960年改编的电影中演绎的那样）。亚瑟在故事中是一名个人主义者，他用"成长教育"的叙述视角提出了两种互相斗争的力量：一种是他父辈文化中的工人阶级，另一种则是20世纪50年代末期蓬勃兴起的消费主义。虽然亚瑟努力维持自己的独立精神，但是文章仍旧揭露出青年亚文化的现代认识侵犯他个人身份的方式。全书开篇亚瑟就被文中另一个人物这样描述道："就像是无赖青年中的一分子，总是制造麻烦。"② 这话使亚瑟从酒吧的楼梯上摔下来并吐了一名中年男子一身；而把亚瑟视为"无赖青年"一员的是这个男人的妻子，亚瑟随后正对这个女人的脸，同样吐了她一身。这一极具感染力的开场为小说后文介绍青年亚文化再现做了很好的铺垫。小说场景发生在星期六的晚上，是"一周以来最好、最值得狂欢的快乐时间"③，也是年轻男人过度和不负责任行为的高发期。就两股相互斗争的集体和个人主义而言，这个开场具有重要意义，它深刻地影响着亚瑟从少年成长到成年。故事主人公"无赖青年"的身份来源于外在力量，是由主流父辈文化——一个工人阶级的妻子指定的。正如琳妮·西格尔（Lynne Segal）在小说中记录的那样，通过亚瑟对待女人和婚姻态度的描写，小说实际上支持一种男性话语。而这个女人则代表一切企图把亚瑟放到某个特定立场中去的力量。④ 而故事中的呕吐行为就是一种隐喻，即亚瑟对这些收编力量的强烈拒绝与反抗。亚瑟并不是"无赖青年"——文中没有提到他的音乐爱好或者他归属于任何一个"无赖青年"帮派——然而，他的行为却被主流社会定位为20世纪50年代后期流行的这类犯罪青年。正是亚瑟的个人主义感阻止了这样的标签归类。

不过在这个案例中，亚瑟还是受到了50年代后期青年文化的影响。例

---

① 西利托的两部小说都在20世纪50年代后期改编成了电影，成为英国新潮的一部分；而且也在电影改编中起到了一个普遍性的冲击作用，尤其是在小说里阿尔伯特·芬妮和汤姆·考特尼的角色出演和小故事上。参见卡雷尔·赖兹导演的同名电影：*Saturday Night and Sunday Morning*, dir. Karel Reisz（1960）以及 *The Loneliness of the Long Distance Runner*, dir. Tony Richardson（1962）.
② Sillitoe, *Saturday Night and Sunday Morning*, p. 16.
③ Ibid., p. 9.
④ Lynne Segal "Look Back in Anger: Men in the Fifties," in *Slow Motion: Changing Masculinities, Changing Men*（London, 1990）, pp. 1 – 25.

如，小说在描述他把钱投资在服装上的情感时写的那样：

> 上楼的时候他扔下那条油乎乎的工装裤，在晾衣架上选了一件套装，里面有一层褐色的纸用来保护衣服不致沾到灰尘；然后他在寒风中站了一段时间，把手伸进自己的口袋，掏出了西装的翻领，检查了一下挂在铁栏上这一价值好几百英镑的物品。这些衣服就是他的财富，他告诉自己把钱花在这上是一个很明智的投资，因为这让他感觉很好并且看起来很酷。他拿起一件晾在另一个窗户架上的衬衫，套在他的脏内衣上。①

这篇文章揭露了 20 世纪中期青年亚文化普遍重视服饰的情况，也特别提到了 50 年代早期"无赖青年"的穿衣风格。正如很多评论家观察到的那样，"无赖青年"采用专为上层阶级青年男性设计的服装（其风格是由裁缝萨维尔·洛尔在 20 世纪 50 年代早期发展创造的；但不久便放弃了，原因显然是年轻的工人阶级暴徒使用了他设计的这款服装）。托尼·杰弗森（Tony Jefferson）认为这种风格的应用是这群注定要做一些低薪酬、卖苦力工作的"无赖青年"一种强烈而矛盾的欲望表现形式。杰弗森写道："我最初认为他们在制服上的选择是试图购买一种社会地位或身份……他们的穿着是反映他们所处社会现实的标志，也为他们的社会困境提供了一种文化意义。"②赫伯迪格认为"由于对这种极为夸张风格类型的挚爱，他（无赖青年）明显挣脱了学校、工作和家庭中那些毫无趣味的生活惯例"③，加深了对现实社会中"无赖青年"的理解。亚瑟与他衣服的关系与阅读材料中的"无赖青年"很像。对亚瑟来说，衣服的价值来自经济和风格两方面。虽然他把自己大部分工资都用在添置自己的衣柜，但来自工人阶级核心家庭的亚瑟十分认可这些衣服代表的金钱价值。小说片段中的西装翻领，表明了亚瑟的这件套装适合那些喜欢带着长长翻领的"无赖青年"们的穿衣风格。西利托设计这一情节以营造当时关注男子服装质量的现实语境。挂在铁栏上的套装表明亚瑟的服饰品位得到工业化工人们的支持；晾在一边的油乎乎的工装裤则表示工人暂时摆脱了使他们买得起这些衣服的工作环境；而脏

---

① Sillitoe, *Saturday Night and Sunday Morning*, p. 66.
② Jefferson, "Cultural Responses," pp. 83 – 84.
③ Hebdige, *Subculture*, p. 50.

内衣外披一件体面的衬衫则代表亚瑟依靠自己的劳动换来这一套闲暇时间穿给人们看的服装。

与亚瑟·西顿一样，沃特·豪斯（Keith Waterhouse）的小说《说谎者比利》（Billy Liar）中的主角比利·费希尔同样采用"成长教育"的视角，叙述了成熟的北方工人阶级城市文化向一种全新的、流动的青年身份模式的建立过程。比利通过构造两种幻想世界来处理身份建立这一棘手问题，即代表野心抱负的"第一幻想"世界和充满家庭、工作和性关系焦虑的"第二幻想"世界。这个幻想世界慢慢渗透进他的现实生活，人们便经常称他为"说谎者比利"。与《初出茅庐》相同，《说谎者比利》使用了与书齐名的英雄（或反英雄）的第一人称叙述方式，沃特豪斯得以从内部视角描述青年亚文化的经验及其表现形式，同时展现这一文化定位中人们的多样性。因此，虽然小说中比利总是被嘲讽，但由于其真实个人经验的讲述，读者才更有可能关注人物的现实处境。而且抛开比利的幻想倾向不谈，大多数读者已被他所描述的那一阶段的青年亚文化说服。

与艾伦·西利托《星期六晚上和星期天上午》中的亚瑟·西顿不同的是，比利·费希尔并非工人阶级，而是中产阶级下层。他在一家殡仪馆办公室当办事员，而且他的父亲只有一个小车库。然而，比利把自己看作主流、中产阶级、父辈文化社会的边缘，并还强调自己与这些文化的巨大差距。因此，他扮演着一个全知全能的人物，采用的是当时社会写作很常见的方法。① 与霍加特《素养的用途》中对一个相似文化场景的呈现方式不同，小说描述了一个非常有意思的情景，故事发生在20世纪50年代典型的咖啡馆（还隐含着"无赖青年"亚文化）：

> Kit-Kat 现在是一家咖啡厅，或者就想象它是一家咖啡厅吧。这里有一台咯咯响着的浓咖啡机，有一些空的花盆，还有半打洒满了红糖的玻璃盘。涂鸦的墙面虽然重新粉刷过，但还留着之前"奶吧"的痕迹：一种类似皇家剧院的黑布，上面画着迪克·惠廷顿（Dick Whittington）和他那只徒步翻越过好几座山脉的猫。当我略带焦虑地观看咖啡厅时，一个叫作丽塔（Rita）的人向我走来。她全身一股刺眼的白，顶

---

① 麦金尼斯《初出茅庐》中的青年和其他文本中包含社会的青年观察者齐头并进，比如 Doris Lessing's *In Pursuit of the English* and Jane Graham in Lynne Reid Banks's *The L-Shaped Room*.

着一头颜色混杂的金发,画着厚厚的红唇,她还不如用她的"茶布"将这个大北方旅馆变成原来潮湿的奶吧。①

在这一条摘录中,比利的叙述与霍加特"电唱机里的男孩"的叙述相比更为巧妙,他对这一文化定位的人物了解得也更加深入。沃特·豪斯惯于表现外来文化对英国北部传统城市文化的人为影响,比如浓咖啡机、涂鸦墙、约克郡的山谷和童话剧等并列"所指"表现的那样。尽管他没有刻意去烘托和刻画"奶吧"的环境,但其中滑稽的能量延伸了读者对这个地方个体的同情。② 在这里,比利是一个深思熟虑的观察者,而看来比较好笑的丽塔是小说中一位有着特定身份的重要人物(跟后一章将出现的比利的朋友亚瑟一样)。与霍加特对人物的统一描述不同,沃特·豪斯的"奶吧"里的人物各式各样,每个人都有各自的性格和特点。虽然比利既是一个具有内部视角的叙述者,又是一个具有外部视角的观察者,但他仍然属于被描述的亚文化的一部分。

沃特·豪斯同样更能意识到青年亚文化中的性别差异。小说片段不仅描写了"奶吧"里的文化装饰,也描写了丽塔的外貌。而她"一头颜色混杂的金发,涂着厚厚的红唇"则表现了一整套外来文化编码的吸收,比起约克郡被"茶布"嘲弄其自负与世故的滑稽服务员形象而言,它们更像美国电影明星。

缪丽尔·斯帕克(Muriel Spark)的小说《佩卡姆黑麦民谣》(*The Ballad of Peckham Rye*,1960)中也出现过青年亚文化的再现。③ 与《初出茅庐》里的反叛青年爱德华一样,斯帕克幽默小说里的"无赖青年"特雷弗·洛马斯与具有颠覆性质的主角杜格尔·道格拉斯形成鲜明的对比。然而,斯帕克的写作风格与麦金尼斯、西利托和沃特·豪斯都不同:尽管在一个高度写实的文本中,年轻人的力量更具破坏性和不安性,并且可以威胁和逐步削弱主流文化的势力,斯帕克小说中的人物仍

---

① Keith Waterhouse, *Billy Liar* [1959] (Harmondsworth, 1962), p. 44.
② 霍加特想要改造"奶吧"的用法,沃特·豪斯却使用"奶吧"这个名词。我认为这个小区别在沃特·豪斯的例子中揭示了一个更大的相似之处。对霍加特来说,他们保持在一个边缘文化空间里。我在文中用了两种版本的说法,意图遵循作者们的原意。
③ Muriel Spark, *The Ballad of Peckham Rye* (London, 1960)。对斯帕克的小说的理解曾在我早期出版的一本书中有体现:*Radical Fictions*, pp. 188 – 191.

然保留其外在的叙述视角。实际上,"无赖青年"特雷弗·洛马斯就是当时流行主导文化的代表,而非一个对社会具有潜在破坏力的隐患。小说中有一段舞厅的描述,不仅展示了青年文化的传统图像,而且还对青年文化中的求偶行为加以评论。① 在下面的引文里,Beauty 就是特雷弗正追求的这个女孩的名字:

> 在一个仲夏的晚上,特雷弗·洛马斯梦游般地晃进了一家名为 Findlater 的舞厅里,并四处寻找 Beauty。地面铺了一层精致的地板并打了蜡,墙是淡红色的,有着隐藏的壁灯,Beauty 站在一群女孩边上,和一群跟她一样面部光泽的女孩们聊天。她们努力为这次聚会做了很多准备;在一起说话的时候,她们并不关注彼此说的话,也很少笑。而要是一个年轻男人向其中一个女孩走去时,女孩便会向这个年轻人说完那句看似被打断的话,有时还会给他一个完整的笑容。②

斯帕克与霍加特、麦金尼斯和西利托的习作风格都不同,他更加注重对特定的亚文化空间里女性行为的描述。他对青年文化性别界限的划分方式很敏感,认为这一界限加强了父权制的权力关系。如琳妮·西格尔等人发现,大多数关注青年亚文化的小说,尤其是像西利托和麦金尼斯这样一批愤怒的年轻作家(Angry Young Men writers),都偏重于加强这些性别立场。③ 小说中,Beauty 的行为以及她与其他女人的关系其实是由特雷弗一个人决定的。而特雷弗的亚文化身份不仅通过其外表和行为被识别,还通过杜格尔滑稽模仿"无赖青年"语言风格的诗文来表现。在上述提及的舞厅里,特雷弗为了当晚的约会向 Beauty 大喊:"快来扭动吧,舞蛇。"④ 后来,杜格尔将他这样的说话风格模仿成("来,跳一个,舞豹";"受伤了,熊猫";"感觉虚弱吗,夜莺?"⑤)。特雷弗随即指出杜格尔模仿"无赖青年"原型的做法显然缺乏男子气概,两人的这一冲突最终导致杜格尔和特雷弗

---

① 我在这里介绍了朱迪斯·巴特勒的作品中对性别作为一种行动性声明的看法。参看 *Gender Trouble: Feminism and the Subversion of Identity* (New York, 1990)。
② Spark, *The Ballad of Peckham Rye*, p. 76.
③ Segal, "Look Back in Anger"; Ferrebe, *Masculinity in Male-Authored Fiction*; Susan Brook *Literature and Cultural Criticism in the 1950s: The Feeling Male Body* (Basingstoke, 2007).
④ Spark, *The Ballad of Peckham Rye*, p. 76.
⑤ Ibid., pp. 81-83.

在"黑麦堆"(小说中最容易发生犯罪行为的地方)打群架。①

好争斗的"无赖青年"特雷弗的"风格"虽然被人们看作其父辈社会的威胁,但他在故事中仍旧是传统工人阶级文化的代表。霍加特认为青年文化将作为商品拜物教、工人阶级社会的一种全新的、潜在的文化替代形式,斯帕克塑造的这一人物形象就与他对青年文化的这类担忧有关。以霍加特在上文对斯帕克描述的一些青年男性为例:"大多数男人好像都没有从熟睡中醒来,但看起来又像是醉了一样,而且酒瓶的盖子都半开着,对着他们选择的同伴。"② 将这些被描述为做梦一样的青年文化与霍加特描写的那群意识错乱的"电唱机里的男孩们"③ 等同起来并不困难。而斯帕克只是平和而不激进地将青年文化看作传统、无效行为全面联结的一部分。

总之,斯帕克对青年文化再现的书写比霍加特的写作更令人感兴趣。揭示其复杂性的一个十分显著的段落就是黑麦堆的那场群殴。在这里,特雷弗、杜格尔和其他年轻人全都聚集起来,参与这场事先安排好的群架。可正当他们快开打的时候,警察来了。其中一个叫伊莱恩的人迅速鼓动大家装作舞动起来,这次群架就意外地变成了摇摆舞的现场(a mock dance or "jive")。由群架到舞会的转变将两种行为的陌生感和神秘感都表现了出来:

> 群架停止。伊莱恩开始用与她呼喊时一致的那个音调唱起歌来,听起来好像是刚刚那声尖叫的继续进行时。其他一些女孩儿们似乎也领会了她的意思,也一起哀叹般地唱成一首歌的样子……过了一会儿,除了杜格尔,在场所有人都唱起来了,他们还扭动着摇摆舞的舞姿,使得群架的阵势化为一场疯狂的舞会。④

警察的到来导致群架向舞会的这次转变,是对违法暴力行为的一种象征性的遏制,并将其转化为"疯狂舞会"的虚假狂欢。然而,这个舞会却是愤怒、虚假的,最终令人毛骨悚然("汉姆弗莱的脖子被挨了一拳的时

---

① 托尼·杰斐逊认为,"当人们侮辱无赖青年时,其随之而来发生的争吵是一个个体为自我保护,以及这种防卫意识延伸到他们外在的一种代表自我的穿着和打扮上的文化表现"。Jefferson, "Cultural Responses", p. 82.
② Spark, *The Ballad of Peckham Rye*, p. 76.
③ Hoggart, *The Uses of Literacy*, pp. 246-250.
④ Spark, *The Ballad of Peckham Rye*, p. 60.

候,杜格尔看到了他的脸。这十分可怕。"①)。这个舞蹈并不是青年亚文化进行抵抗的一部分,而是一个模拟的混淆警察监视和控制的借口。换个角度看,群架的开端同样也是回应这组可重复社会事件的一部分,如杜格尔同意和特雷弗打架是因为这正是他想做的。小说中青年亚文化的回应方式都比较刻板;然而,斯帕克并不是简单地重造这些刻板印象,而是想表明人们对已约定俗成的一些社会事件的反应。在这个意义上,特雷弗·洛马斯既是掩饰青年亚文化中颠覆性和违法性的主要代表人物,实际上也是主流意识形态之外的一股力量。

正如我们所看到的,20 世纪 50 年代小说中的青年制造了一种异质的复合形式,它不是主流媒体经常贬低的图像,也不是很多新左派作家们制造出的那些形象。青年成为小说中重新受到关注的热点,表明青年群体更为宽广的社会和文化趣味。20 世纪 50 年代后期是重新理解青年亚文化的开端,它推动着一个人从童年到大人的成长、一系列青年亚文化从相互竞争到个性形成的工业化进程。小说正在这个过程中扮演着重要的角色,而且也将继续在 20 世纪 60 年代,甚至直到今天仍在发挥它的作用。

---

① Spark, *The Ballad of Peckham Rye*, p. 60.

其他论文

恐慌的消逝：从"电子海洛因"到电子竞技

施 畅[*]

摘要 20世纪90年代，以街机为代表的电子游戏开始进入中国大陆。当时，游戏场所被视作危险空间，游戏者被判定为越轨者，而电子游戏则被指责为毒害青少年身心健康的"电子海洛因"，并在世纪之交接连遭受家长控诉、媒体曝光、专家批判，以及政府打击。随着游戏的流行迭代及其进入家居生活，公众针对危险空间的恐慌暂时平息，但"网络（游戏）成瘾"在2004年前后又重启了公众对游戏的恐慌。沉迷游戏的上网者被相关专家诊断为"网瘾"，亟须矫正或治疗。直至网戒产业的相关黑幕被媒体曝光，公众针对"网瘾"的恐慌才暂告一段落。游戏污名的消退得益于三个原因。首先，流行游戏本身在迭代更替，表现为角色扮演类游戏的衰落与电子竞技类游戏的兴起，其商业模式从点卡售卖、道具付费拓展为泛娱乐全产业链运营。其次，各级政府以"发展民族游戏"为口号，促进绿色、健康游戏产业的发展，并为国产游戏事业解绑。最后，原先的游戏玩家如今长大成人，获得了更多的话语权，结成趣缘社群，广泛联结，同声相求。游戏逐渐成为一种融社交、时尚、竞技于一体的新型娱乐方式。

关键词 电子游戏 道德恐慌 污名 网瘾

Abstract Video games (largely arcade games) popped up in mainland

---

[*] 施畅，暨南大学新闻与传播学院讲师。本文为国家社科基金重大招标项目"视觉修辞的理论、方法与应用研究"（项目编号：17ZDA290）的阶段性成果。

China in 1990s. At the beginning, game-playing venues were viewed as dangerous places, and the young addictive players were thought as losers and deviants. Video games, as sorts of "electronic heroin" accused of poisoning the youth, had been undergoing the condemnation from China's parents, the exposure in the press, and the restrictions by government. When games became increasingly accessible in everyday life, the concern on the chaotic game-playing venues subsided. However, so called "Internet Addiction", resulting from the domination of MMORPGs (like *World of Warcraft*), ignited the public panic again in about 2004. The "Web Junkies", who were obsessive about online games, were diagnosed to have "Internet Addiction", so they need timely treatments accordingly. The public panic didn't come to an end until the ugly truth of anti- "Internet Addiction" industries were disclosed by investigative journalism. Today, video game is viewed as an acceptable form of daily entertainment. Firstly, traditional MMORPG (like *WoW*) were eclipsed by more game genres (like eSports). And the business models of video games had been profoundly changed. Secondly, taking advantage of the slogan of "Minzu Games", the administration had been prompting the domestic video game industries, by unlocking the restraints and even sponsoring some "minzu" game projects. Thirdly, the first generation of game-players had grown up and acquired the rights to speak for games. More and more game fans engaged in interest-related communities (like ACG fandoms). Video game is not only everyday form of entertainment, but an integral part of social media in China now.

Key Words　Video Games　Moral Panic　Stigma Internet Addiction

　　20世纪80年代末90年代初,电子游戏开始流入中国大陆,随之而起的是针对电子游戏的一系列指控:损害健康、暴力色情、致人上瘾,等等。电子游戏犹如洪水猛兽,被认为是对纯真童年的邪恶荼毒,必须对青少年的越轨与犯罪行为负责。媒体有关电子游戏的负面报道接连不断,声讨之势汹汹,咒骂之声不绝于耳。电玩凶猛,言之凿凿。

　　以往大规模的、压倒性的针对电子游戏的批判浪潮,如今已再难重现——即便偶有批评,力道也远不如前。在某种意义上,三十余年来

（1986～2017年）的中国大陆电子游戏"接受史"，是讨伐消歇、控诉失效的历史。人们对电子游戏的态度，从曾经的贬斥、恐慌和批判，转变为如今的理解、容许，甚至是褒扬。

本文所要讨论的核心问题是：人们对电子游戏的恐慌为何而起？又为何而衰？我试图将"电子游戏"①放在一个更为广阔的社会空间中来进行讨论，将技术、经济、文化、政治等结构性因素纳入考察范围。本文尝试以多元互动论为研究视角，借鉴"道德恐慌""越轨"等相关研究，对涉及的电子游戏、"网瘾"②等社会现象加以分析。

一 文献综述：人们为何害怕电子游戏？

首先，新式娱乐在风行之初动辄得咎，这并不鲜见。《家用电脑与游戏》杂志前记者赵挺（网名：大狗、Dagou）作为"游戏恐慌"历史的见证者，有过一个大致的判断：

> 街机时代和电脑房盛行的时代，游戏为青少年创造了一个逃避和对抗现实的空间，影响了主流社会的威严，遂被套上"影响治安"、"玩物丧志"和"电子海洛因"等罪名；当游戏如同小说和电影般拥有了足够强大的叙事能力，而不再是简单的蹦蹦跳跳、打打杀杀时，主流的话语权受到挑战，"暴力"、"色情"等问题便成为压制游戏的主要理由；而在网络游戏的虚拟世界里，玩家甚至可以寄居其中，完全无视主流社会的存在，于是"沉迷"被作为新的"罪状"提了出来。③

北京大学胡泳教授有丰富的媒体从业经验，他将人们对电子游戏的害怕归结为经久不衰的"媒体恐慌症"："今天的游戏就好比曾经的摇滚乐一

---

① 电子游戏，或称数字游戏，与之相对应的英文是 video game 或 digital game。之所以沿用"电子游戏"这一颇有历史感的名词，是因为我试图将20世纪80年代以来的各种流行电子游戏做一个整体性的讨论，借此观察各类游戏相继风行、兴衰交替的过程，包括街机游戏、家用（电视）游戏、单机游戏、局域网游戏、网络游戏，以及移动端游戏（如手机游戏）等。

② 需要说明的是，我们很难把"游戏成瘾"和"网络成瘾"（网瘾）剥离开来讨论。众所周知，网络游戏通常是"网瘾"的主要原因，对"网瘾"的恐慌很大程度上就是对"网络游戏成瘾"的恐慌。因此，有关游戏的讨论就必然会涉及"网瘾"。

③ 赵挺：《娱乐制造恐慌——三十年叛逆青春》，《家用电脑与游戏》2008年第3期。

样,作为新的艺术形式都在问世之初广受指责,被认为是毒害年轻人的渊薮。一些唱片被禁止在电台播出,还有一些歌被迫改写歌词。但当战后的一代新人成长起来,摇滚乐的吓人罪名就慢慢消失了。现在,人们转而抨击的是说唱乐和游戏。"① 正如库尔特·斯奎尔(Kurt Squire)所言,针对游戏的批评并不鲜见,这类批评在任何一种新兴媒介出现时都会风行一时。②

饱受非议似乎是新兴媒介的宿命。我们可以借用"大众社会理论"(Mass Society Theory)来对此加以解释。该理论假定新式媒介会对正常的社会秩序起到破坏作用,并为我们描绘了一幅恐怖的图景:电子游戏堕落不堪,游戏厂商唯利是图,青少年在电子屏幕前茫然无助。游戏提供耸人听闻的内容,投其所好,不负责任,把青少年与日常社会隔离开来,使得学校教育和经典文化不再具有吸引力。唯一获利的是无良商家,他们毫无节制地从孩子们的休闲时间中大把赚钱。因此,游戏必须严格管制,青少年必须予以保护,使其不受电子游戏的操控。

不少论者认为,光从新式媒介的角度不足以完全解释中国现实,他们试图从社会历史的维度切入来解释"游戏恐慌"的成因。他们认为,公众对电子游戏的恐惧,反映出社会转型时期人们的不安与焦虑。夏威夷大学人类学系龚雁达(Alex Golub)与龙梅若(Kate Lingley)在《"正如清朝":现代中国的网络成瘾、在线游戏与道德关键时刻》一文中指出:人们对"网络(游戏)成瘾"的焦虑,折射出中国在试图融入全球体系时暴露出来的敏感与脆弱,其面临的种种问题包括:原先的道德秩序遭受冲击,社会关系逐渐"医疗化"(medicalization),颇为时尚但未获认可的新式媒介日益崛起,作为生活方式的消费主义大行其道,家庭结构的变迁以及育儿困境,等等。③ 美国佩斯大学传播系斯懋熙(Marcella Szablewicz)在《"精神鸦片"的负面效应:对中国"网瘾"道德恐慌的批判文化分析》一文中指出,对"网瘾"的道德恐慌,既是由于中国传统的"道德型文化"(moralculture)所致,也暴露出中国在技术、现代化、西方化、教育体制方面所面临的一

---

① 胡泳:《电子游戏:卧室里的大象》,《读书》2006年第5期。
② Kurt Squire, "Cultural Framing of Computer/Video Games," *Game Studies*, 2002, Volume 2, Issue 1.
③ Alex Golub and Kate Lingley, "'Just Like the Qing Empire:' Internet Addiction, MMOGs, and Moral Crisis in Contemporary China," *Games and Culture*, 2008, Volume 3, Issue 1. 题目中译为《"正如清朝":现代中国的网络成瘾、在线游戏与道德关键时刻》。

系列危机。① 《纽约客》前驻华记者欧逸文看完纪录片《中国网瘾者》(*Web Junkie*, 2013) 后坦言："在今天的中国，'网瘾'一词关乎健康之外，还有另一种象征意义。它折射出一个国家所面临的焦虑，正如工业革命时期美国'神经衰弱症'风行的动荡现象一样。"②

南加州大学张琳博士认为，"游戏恐慌"的发生应考虑社会主义传统遭遇新自由主义浪潮的历史情境。她将政府、产业、玩家三者之间的互动关系纳入研究视野，她观察到各种社会力量对电子游戏所展开的话语争夺：电子游戏既被称许为"不无益处的"（productive），教授年轻人以现代价值和电子科技，同时又被斥责为"病理性的"（pathological），致人成瘾，引人堕落。③ 北京大学王洪喆博士延续了张琳的思路，他进一步讨论了"游戏恐慌"的原因：其一，社会主义传统所倡导的集体主义的、健康的娱乐日渐为市场化的娱乐所取代，典型的空间变迁就是工人文化宫逐渐为私人录像厅、游戏厅、舞厅所占据；其二，社会主义旧体制瓦解后，人们对下一代子女的社会流动问题愈加焦虑，以至于"娱乐"成了与"教育"截然对立的一个范畴。④ 香港中文大学人类学系的饶一晨从"社会控制"（social control）的角度来审视"网瘾"现象，他认为：人们感到无能为力时往往寄希望于政府干预，而恐慌的根本原因正在于国家力量的撤退。无论是对"致人沉迷"的网游、"危险"网吧的恐慌，还是对资质可疑、牟取暴利的网戒中心的恐慌，人们实际上在害怕同一件事物——人们希望能够"恢复国家主导的模范型社会控制"，从而"平息一切在社会急剧转型过程中产生的'现代性危险'"。⑤

二 研究框架

在《民间魔鬼和道德恐慌》（1972）一书中，基于对英国20世纪60年

---

① Marcella Szablewicz, "The Ill Effects of 'Opium for the Spirit': A Critical Cultural Analysis of China's Internet Addiction Moral Panic," *Chinese Journal of Communication*, 2010, Volume 3, Issue 4.
② Evan Osnos, "Talking to China's 'Web Junkies,'" *The New Yorker*, July 28, 2014.
③ Lin Zhang（张琳），"Productive vs. Pathological: The Contested Space of Video Games in Post-reform China (1980s – 2012)," *International Journal of Communication*, 2013, Volume 7.
④ 王洪喆：《不可折叠的时空与不可降维的身体——电子游戏的城市空间社会史》，《中国图书评论》2016年第4期。
⑤ 饶一晨：《网瘾少年与中国社会控制模式的变革》，《文化纵横》2015年第5期。

代一系列反社会现象（包括光头党、足球流氓、嬉皮士等）的观察，社会学家斯坦利·科恩（Stanley Cohen）发现：媒体倾向于重复报道某一反社会行为，令公众对某一特定社群产生恐慌，即便这种恐慌是不必要的。科恩将其称作"道德恐慌"（Moral Panics），并将其描述为一个过程："某种条件下或某个场景中，某个人或某群体进入公众的视野，他们被认定为社会价值和利益的威胁。大众媒体以程式化的、老套的方式展现他们的本质。媒体、教会、当局，以及其他正义之士纷纷出手，在道德上对其横加干涉。社会公认的专家宣布他们的诊断，并提供解决方案。"① 科恩发现，恐慌还是一种操纵和利用的工具，能让更大的权力和更多的预算流向维持治安的力量。②

霍华德·贝克尔（Howard Becker）在《局外人：越轨的社会学研究》（1963）中指出，"社会群体通过制定规范使那些不符合此规范的行为成为'越轨'"。③ 换言之，"越轨不取决于一个人行动本身的性质，而是他人执行规范和判断的结果"。④ 贝克尔从互动论角度来观察越轨现象，他将其视作一段充满博弈的动态过程。⑤ 贝克尔将那些判定越轨、处置越轨的专家称为"道德提倡者"（moral entrepreneurs），包括"规范制定者"（rule creators）和"规范执行者"（rule enforcers）两种类型。⑥ "规范制定者"也是"道德改革家"（moral crusader），通常以改革者自命，认定社会上存在某些不甚理想的事物，容忍的态度是难以接受的，存在的问题亟待着手解决。他们既不失狂热又充满正义感。⑦ "规范执行者"即规范的具体执行者，不仅需要证明自己的身份和社会位置是正当合理的，还得设法获得规范受众的尊敬。⑧

本文参考了科恩的理论框架——互动论视角下的恐慌现象，并借鉴贝克尔"越轨"理论中的"规范制定者""规范执行者"等概念，旨在考察

---

① Stanley Cohen, *Folk Devils and Moral Panics: The Creation of the Mods and Rockers*, London: Routledge, 2011, p. 1.
② Stanley Cohen, *Folk Devils and Moral Panics*, pp. 80-161.
③ 〔美〕霍华德·贝克尔：《局外人：越轨的社会学研究》，张默雪译，南京大学出版社，2011，第8页。
④ 〔美〕霍华德·贝克尔：《局外人：越轨的社会学研究》，第8页。
⑤ 〔美〕霍华德·贝克尔：《局外人：越轨的社会学研究》，第168~170页。
⑥ 〔美〕霍华德·贝克尔：《局外人：越轨的社会学研究》，第122~136页。
⑦ 〔美〕霍华德·贝克尔：《局外人：越轨的社会学研究》，第122页。
⑧ 〔美〕霍华德·贝克尔：《局外人：越轨的社会学研究》，第130页。

围绕电子游戏的多元主体之间的多维互动,包括:流行电子游戏,游戏者/玩家(主要是青少年),游戏产业(包括处于产业链下游的游戏场所经营者,以及上游的游戏厂商或代理),政府(国家部委、地方政府),家庭与学校,媒体,以及游戏反对者(规范的制定者与执行者)。本文试图再现围绕电子游戏而展开的动态社会场域,考察恐慌由兴而衰的变迁过程,由此呈现一个更为完整的当代中国娱乐文化的变迁图景。

三 危险的空间

日本摄影师秋山亮二的写真集《你好小朋友》,记述了20世纪80年代初昆明、呼和浩特、乌鲁木齐等全国各地儿童的日常生活,其中包括捉迷藏、田间摸鱼、乘着卡车去郊游、公园划船、玩玩具枪、扮小兔子比赛等游戏场景。① 这是"70后"一代的童年时光。他们熟悉的是集体的、户外的游戏,积极健康,亲近自然,通常无需花费或者花费不多。然而,到了"80后"一代,这种未受电子媒介侵蚀的纯真童年开始迅速消逝。

(一)"电子海洛因"的控诉

80年代后期,以街机游戏为代表的电子游戏由境外流入,从沿海地区(如广东)逐渐蔓延至全国。② 街机游戏以投币开局,内容多为格斗或射击,容易上手却难以精通——除非靠持续不断的反复操作,其代价是不停地换购游戏币。各地商家看准商机,纷纷购置游戏机开设游戏室,并默许、怂恿、引诱中小学生玩游戏。

男孩们在此相约,迅速热络。在众人的围观之下,出奇制胜的游戏技巧是赖以炫耀的资本。③ 街机的排行榜设计以及双人对战模式,使得年少的游戏者心痒难耐、跃跃欲试,或试图登顶排行榜,或打算痛击对手,借此赢得同辈团体的崇拜。当时最流行的是《魂斗罗》(日本科乐美,1987)、《街头霸王Ⅱ》(日本 CAPCOM,1991)等格斗类游戏,看上去颇为嗜血暴力。

---

① 〔日〕秋山亮二:《你好小朋友》,樱花牌爱国者俱乐部,1983年。
② 伍海谷、孙芒:《"外星人"夺走了我们的孩子吗?》,《南风窗》1986年第7期。
③ 街机游戏一般有口口相传、杀伤力极高的"必杀技",须在数秒之内以一定顺序操作控制杆和按钮才能施放。

人们对昏暗拥挤、烟雾弥漫的娱乐场所向来没什么好感。当时所谓的"三室一厅"（电子游戏室、台球室、录像室以及歌舞厅）被视作鱼龙混杂的社交场所，提供不良的社会化。因此，老师和家长常常对醉心游戏的孩子加以"围追堵截"，而年轻的游戏者则千方百计地躲避他们的追踪。玩游戏是一件亏心事。游戏者偷偷摸摸，提心吊胆，得随时警惕家长或老师的破门而入，不过这反而让他们感受到前所未有的刺激。

广大群众对电子游戏的态度日趋激烈，纷纷通过"读者来信"、新闻爆料等方式向地方媒体甚至中央媒体控诉电子游戏延误学业、破坏家庭的罪行。① 这既是借助媒体诉苦，同时也是在向政府喊话，呼吁相关责任部门出手整治。1989年，《人民日报》刊出简讯《学生入迷，家长忧心，上海街头游戏机成灾》，称"上海街头涌现难以数计的电子游戏机"。② 由于缺乏监管，凶猛来袭的电子游戏着实让不少家长、老师忧心忡忡。广西一位家长给《人民日报》编辑部写信，称自己孩子"从1993年涉足街上的电子游戏室后，就像着了魔、吸了毒一样上了瘾"，时常旷课、撒谎、偷窃。这位家长悲愤地呼吁"有关部门要下决心下力气管好电子游戏室"。③

90年代中期，家用游戏机（或称电视游戏机）逐渐进入中国家庭，其中影响力最大的是小霸王电脑学习机（以下简称小霸王）。1994年，小霸王聘请明星成龙拍摄广告，广告词"望子成龙小霸王"家喻户晓。尽管小霸王宣称其产品定位为"中英文电脑学习机"，但实际上它通常被拿来玩卡带游戏。王洪喆对小霸王畅销的解释饶有意味：在工薪家庭购置电脑遥不可及的情况下，小霸王将集成了键盘的游戏机与电视机相连接，给人以"在使用电脑"的感觉——所谓的"计算机教育"让家用游戏机获得了合法性，从而缓解了家长对阶层流动的焦虑。④

一些家长其实并不反对孩子适时适量的游戏，他们主动购置家用游戏机，试图将子女溢出其掌控范围之外的游戏行为重新纳入掌控之中——既然在家就能玩上游戏，那么孩子便没有必要再跑去街头游戏室玩游戏了。毕竟家长对"乌烟瘴气"的游戏室还是颇为忌惮的。张琳指出，小霸王成

---

① 宣宇才：《百名家长呼吁：让孩子远离"电子海洛因"》，《人民日报》2003年2月27日。
② 朱丹：《学生入迷，家长忧心，上海街头游戏机成灾》，《人民日报》1989年4月16日。
③ 黄雪华：《电子游戏室害了我的孩子》，《人民日报》1998年6月3日。
④ 王洪喆：《不可折叠的时空与不可降维的身体》。

功地将青少年玩家从公共空间剥离出来,让儿童返回家庭,这毕竟叫人心安。①

90年代后期,电脑游戏开始流行。电脑在当时价格不菲,购置家用是一件稀罕事。② 于是,配置电脑的游戏机房应运而生,可单机亦可联机对战(通过局域网)的电脑游戏火爆一时。③ 2000年,《光明日报》刊出一则揭露武汉地区电脑游戏泛滥的调查报道《电脑游戏,瞄准孩子的"电子海洛因"》,从此引爆舆论。记者在暗访时发现,游戏室老板往往使出浑身解数,不仅怂恿学生"留驻"游戏室,而且还千方百计鼓励更多的学生尝试游戏。一个黄头发的青年告诉暗访记者:"这电脑游戏就是毒品,就是海洛因4号,不是我引诱他,孩子一迷上了,自己就会变坏。"游戏室老板也说:"整天在游戏室里的孩子,只有一个结果,男孩子最后变成抢劫犯、小偷,女孩子最后变成三陪小姐。"④

《光明日报》影响既广,声讨也烈,地方政府自然不敢轻忽。见报当天,武汉市委便亲自挂帅,以"雷霆手段"对当地的电脑游戏室开展"扫荡"。某市委领导表示,"今天的《光明日报》关于武汉地区电脑游戏的暗访文章写得很有分量,特别是将电脑游戏定位为'电子海洛因'很准确",政府要"坚决打击整治"。⑤ 各路专家纷纷建言献策,讨论该如何对付"电子海洛因"。武汉大学一位教授指出:"未成年犯罪是将来新的犯罪增长点。电子游戏机室实际上,说得严重点是在培养犯罪的后备军。"该教授建议运用法律手段,"把那些黑心老板重罚、重判一批,甚至要开'杀戒'"。⑥

"电子海洛因"一词,既是比喻,也是判断。电子游戏被等同于毒品,至少危险程度与毒品无异,均有致人上瘾且不可自拔的极端负面的效果。沉迷游戏的游戏者与沉迷毒品的瘾君子在主流社会看来并无不同,他们代

---

① Lin Zhang(张琳),"Productive vs. pathological."
② 至1998年,中国每千人有电脑8.9台,世界平均数为70.6台。《个人电脑普及率1990—1998》,载朱之鑫编《国际统计年鉴2000》,中国统计出版社,2000,第571页。
③ 一度流行的电脑游戏,包括即时战略游戏《星际争霸》(美国暴雪娱乐,1997)、《红色警戒》(美国西木工作室,1997),第一人称战术射击游戏《反恐精英》(美国维尔福,1999),以及回合制策略游戏《魔法门之英雄无敌Ⅲ》(美国NWC,1999)等。
④ 夏斐:《电脑游戏,瞄准孩子的"电子海洛因"》,《光明日报》2000年5月9日。
⑤ 夏斐:《武汉以雷霆手段扫荡"电子海洛因"》,《光明日报》2000年5月10日。
⑥ 夏斐:《电子"海洛因"该如何整治》,《光明日报》2000年6月9日。

表了失控的自我和失败的人生。

大众媒体热衷于挖掘游戏少年的悲情故事,且反复征引某些权威人士的论断。媒体与专家一同建构的严峻图景使家长们愈加惶惶不安。家长害怕子女延误学业,主流社会害怕游戏者沦为罪犯。斯图尔特·霍尔（Stuart Hall）曾在《监控危机》(1978) 中对此类社会危机中的新闻运作机制予以揭示。霍尔等认为,在新闻生产中,"媒体并非简单地'炮制'了新闻,同样也不是以一种共谋的方式简单传递了'统治阶级'的意识形态",而是"处于一个结构性地受制于初级定义者的位置"。① 所谓"初级定义者",就是那些颇有社会地位的权威人士。他们对富有争议性的话题好发高论,媒体也乐于将这些发言者视作可靠的信源,使其观点易于接受且广为流传。② 同时,以"底层人民的呼声"立场示人的"读者来信"和媒体观点互相呼应,从而"巩固、支持了那些业已流传的观点,协助社会共识的封闭循环,提供合法化的关键环节"。③ 安吉拉·默克罗比（Angela McRobbie）认为,道德恐慌成了一套"新闻实践的标准操作"④,易于唤起公众的注意,同时亦是一套行之有效的情感策略,通过恐吓家长来达到控制青年人的企图,试图维护一种传统家庭的生活图景,呼唤一种"秩序重建"的大众意识。⑤

在当时,家用电脑尚未普及,宽带入户也未可期,家长只能眼睁睁地看着自己的孩子为昏暗逼仄空间中花花绿绿的电脑屏幕所吸引。他们不免怀念过去那个未受电子媒介入侵的纯真童年。在部分家长看来,电子游戏不是自由的嬉戏,而是吞噬纯真童年的"电子海洛因"。"保卫儿童"是必须的,第一步就是要让孩子们远离电子游戏的经营场所,以免受到侵害。

（二）政府对游戏场所的整治

电子游戏的泛滥,通常被归咎于政府部门的监管缺位,因此批评者们经常呼吁政府力量对游戏经营场所严加管制。作为回应,官方对游戏经营场所采取的举措多半是惩戒性的。起初,政府主要打击"利用游戏机搞赌

---

① Stuart Hall, Chas Critcher, Tony Jefferson, John Clarke and Brian Roberts, *Policing the Crisis: Mugging, The State and Law and Order*, London: Macmillan, 2013, p.59.
② Stuart Hall, et al., *Policing the Crisis*, p.58.
③ Stuart Hall, et al., *Policing the Crisis*, p.137.
④ Angela McRobbie, *Postmodernism and Popular Culture*, London: Routledge, 1994, p.196.
⑤ Angela McRobbie, *Postmodernism and Popular Culture*, pp.192–193.

博或变相赌博"等违法行为。① 而在1998年电脑游戏室大热之后，政府开始在全国范围内对电脑游戏发起一系列监管风暴：

  娱乐场所"一律不得以电脑充当游戏器具"（1998）；②
  网吧"不得经营电脑游戏"（1998）；③
  坚决打击"以'电脑屋'、'网吧'、'网络咖啡屋'等各种名义利用电子计算机从事经营性电脑游戏活动"（2000）。④

  禁止在网吧电脑上玩游戏，⑤ 这一政府禁令在今天看来着实令人费解，至少执行起来就困难重重。文化部对此解释道：当前，一些网吧经营局域网游戏的现象很突出，有的还通过组织局域网游戏比赛的方式招揽消费者。⑥

  "网吧不得经营游戏"，官方对此有自己的理由——牌照专营。政府将网吧定位为"信息服务场所"，归工商行政部门管理；⑦ 经营电脑游戏的场所则属"娱乐场所"，归文化行政部门管理。⑧ 也就是说，政府试图区隔"信息服务"与"游戏娱乐"，使之不失其序。更何况，不易监管的电脑游戏在管理者看来风险巨大：街机游戏只能运行某款特定的游戏，而电脑却能够安装版本适合的任何游戏；加之盗版的普遍，电脑几乎可以毫无成本地安装任何游戏。政府整治网吧的理由之一便是："有些经营者打着'网吧'的幌子，经营含有赌博、淫秽等内容的电脑游戏，对社会的稳定和青

---

① 文化部等：《关于加强台球、电子游戏机娱乐活动管理的通知》，1990年4月30日，文市发〔1990〕50号。文化部等：《关于严禁利用电子游戏机进行赌博活动的通知》，1992年12月9日，文市发〔1992〕47号。
② 文化部：《关于取缔经营性电脑游戏活动的通知》，1998年9月12日，文明电〔1998〕17号。
③ 公安部等：《关于规范"网吧"经营行为加强安全管理的通知》，1998年12月25日，公通字〔1998〕90号。
④ 文化部等：《关于开展电子游戏经营场所专项治理的意见》，2000年6月12日，国办发〔2000〕44号。
⑤ 特指使用局域网联机对战的即时战略类游戏，如《红色警戒》。
⑥ 文化部：《关于贯彻〈互联网上网服务营业场所管理条例〉的通知》，2002年10月11日，文市发〔2002〕46号。
⑦ "信息服务场所"，即各类从事电脑资讯、培训和网络服务的经营单位。
⑧ 公安部等：《关于规范"网吧"经营行为加强安全管理的通知》。

少年的身心健康造成了极坏的影响。"①

2001年，以《热血传奇》（韩国娱美德，2001）为代表的MMORPG（大型多人在线角色扮演游戏）开始崛起，并迅速风靡全国。对游戏的指控开始由电脑游戏转移至网络游戏身上。② 这场批判一定程度上基于新闻媒体对网游玩家、网游场所的极具倾向性的形象塑造。燕道成、黄果发现，新闻报道通过强调有卖点的内容、戏剧化处理报道和剥夺玩家话语权等方式，给网游青少年群体贴上了"责任感缺失""问题少年""犯罪倾向"等标签，将其塑造为"性情焦虑""好斗、好胜""易怒""冷血""没出息""易性犯罪"的刻板印象，以此完成对网游青少年形象的污名化建构。③ 饶一晨指出，媒体有关网吧的报道，"在叙述上毫无例外地将网络或者网吧描述成一种现代性的'危险'的象征或者来源，而这种'危险'直指青少年不稳定的身体、道德和心智"④。

网吧自21世纪以来蓬勃发展，与之同步的是政府针对网吧的管制。从互动的角度来看，对网吧采取的社会控制（如"专项整治"等），实质上是政府在面临汹涌舆情时的某种回应机制。政府紧急动员、采取手段、专项整治，在短时间内收效不错，但效果未必能维持长久。因此，政府对网吧等场所的整治行动注定是频繁的、运动式的——只要网游需求持续旺盛。据邱林川统计，2000～2009年中国报刊以"网吧"为标题的新闻报道，主要有"产业发展""治理整顿""学生沉溺网吧""刑事案件"四类框架，以"治理整顿"为报道框架的新闻占据三成之多。⑤

事情正在起变化。随着家用电脑的普及，游戏开始与游戏室、网吧等经营性场所解绑——不是说人们从此不再去网吧玩游戏，而是说游戏的场所不再固定，游戏成了一件日常家居、触手可及的事情。于是，以往针对"危险游戏空间"的相关控诉，随着游戏的"登堂入室"而渐渐衰歇了。不过，一个新的指控冉冉升起——"网络（游戏）成瘾"。

---

① 公安部等：《关于规范"网吧"经营行为加强安全管理的通知》。
② 李陈续：《警惕"网吧"成为电子海洛因》，《光明日报》2001年3月26日。林治波：《警惕电子"海洛因"》，《人民日报》2001年4月2日。
③ 燕道成、黄果：《污名化：新闻报道对网游青少年的形象建构》，《国际新闻界》2013年第1期。
④ 饶一晨：《网瘾少年与中国社会控制模式的变革》。
⑤ 邱林川：《信息时代的世界工厂：新工人阶级的网络社会》，广西师范大学出版社，2013，第70页。

四 成瘾的危机

(一) "道德改革家"的判定

电子游戏的反对者们在谈及游戏危害时,习惯于取譬设喻,"电子海洛因"便是例证。胡泳指出:"网络成瘾被指为败坏青少年道德的渊薮,这种污名化往往是通过一系列比喻完成的:把网络比作精神毒品,戒除网瘾则被视为一场战争。"①

反对者们往往对网游缺乏体验,事实上他们也拒绝体验。从事"网络沉溺问题研究"的张春良认为网络游戏实为"电子鸦片",而网游厂商则是有意"销售沉溺"的"电子贩毒者"。② 在接受《家用电脑与游戏》杂志采访时,张春良坚称,尽管自己没玩过网游,但这并不妨碍自己批评网游:"这瓶东西是毒药,喝死过人,我只要知道这瓶东西足以毒死人就可以了,不用知道这瓶毒药的化学成分是什么。"③ 海南大学的孙绍先教授也公开抵制电子游戏,逻辑与张春良相似。在面对"没有玩过游戏的人没有资格批评游戏"的诘难时,他正色反问:"难道没有吸过毒的人没资格反对毒品吗?"④

此类电子游戏批评者,可归入贝克尔所谓的"道德改革家"一类。他们对现状极为不满,并热切地提出道德改革方案。基于此,干预、拯救、治疗等应对措施就显得尤为必要。贝克尔指出,继"道德改革家"提出"规范"之后,专门的机构组织便应运而生,开始着手执行"规范"——"专职解决某类问题的大型组织被建立起来,作为机构组织的规范执行者取代了个人改革家的位置"。⑤

(二) "规范执行者"的矫正

2004 年前后,救助"网瘾少年"的浪潮开始形成。据称为华中师范大

---

① 胡泳:《道德恐慌》,《商务周刊》2011 年第 7 期。
② 张春良:《在网路上狂奔:一个少年的死和对一个产业的诉讼》,群言出版社,2005,第 41~58 页。
③ 赵挺:《药、官司与飞逝的少年——中国首起网游公益诉讼深度报道》,《家用电脑与游戏》2005 年第 12 期。
④ 孙绍先:《诅咒电子游戏》,《中国图书评论》2007 年第 6 期。
⑤ 〔美〕霍华德·贝克尔:《局外人:越轨的社会学研究》,第 126~129 页。

学特聘教授的陶宏开是"网瘾"救助的最早倡导者之一。2004年5月,《武汉晚报》在头版头条刊载了一位母亲的来信《谁来救救我的女儿》。这位绝望的母亲向媒体哭诉自己的女儿迷恋网络游戏,劝过、骂过、打过,甚至报过警,但女儿依旧不肯回头。来信见报后,陶宏开主动联系了这位母亲,并与女孩促膝长谈。女孩旋即戒掉了多年的"网瘾"。①

陶宏开的恳谈劝导堪称"和风细雨",不过这在现实中难以复制,于是矫正"网瘾"的强制性手段趁势登场。纪录片《中国网瘾者》(Web Junkies,2013)讲述了北京军区总医院下属的"中国青少年心理成长基地"里发生的故事。"基地"主要从事"网瘾治疗",模式包括军事训练、心理辅导、医学治疗等。

正如张琳等人所指出的那样,"网络(游戏)成瘾/网瘾"的命名,实质上是将"过量上网/游戏""病理化"(pathological)。在这个预设下,"网瘾"被判定为精神疾病的一种,需要接受规范化的医学治疗,有时甚至有必要采取强制性手段。此外,作为病理的"网瘾"将矛头指向少数个体而非游戏经营场所。换言之,"生病"是身体的疾患,是个人的事情,不在公权力的管制范围之内。绝望的家长无法求助于公权力,只好求助于经营性的专业机构。

所谓的网戒机构,很大程度上属于厄文·高夫曼(Erving Goffman)意义上的"全控机构"(Total Institution,或译为"总体机构")。高夫曼揭露了以精神病院为代表的"全控机构"的自我合法化的组织方式——通过定义他们的目标使其活动获得合法性,反过来又将他们为实现这些目标所采取的措施合法化。同时,"全控机构"剥夺了人们的社会支持系统以及他们的自我感。②网戒机构的组织方式及其针对"网瘾"的病理化处理正体现了这一点。

2008年,随着媒体的曝光,网戒灰色产业逐渐进入了公众的视野。人们发现,所谓的"网瘾戒除"正逐渐从最初的公益事业变成一门有利可图的生意。2008年,央视《新闻调查》栏目播出的《网瘾之戒》(柴静专访杨永信),曝光了临沂第四人民医院"网络成瘾戒治中心"用电击治疗"网

---

① 翟永存:《根治网瘾,绝招挽救女中学生一家》,《家庭》2004年第12期。
② 〔美〕厄文·高夫曼:《精神病院:论精神病患与其他被收容者的社会处境》,群学出版有限公司,2012。

瘾"的黑幕——无比驯服的受治者似乎"因为恐惧才顺从"。① 《南方周末》记者杨继斌等人发现，2009年之前是"网瘾治疗"的黄金时代，也是各大"门派"大肆圈地的时代。"门派"之间互相攻讦亦是常事：尽管戒除"网瘾"是共同的目标，但戒除手段究竟选择教育矫正，还是医学治疗，各方分歧甚是严重。他们通常强调自身戒除手段的专业性，质疑对方"门派"的资质。②

值得注意的是，有关"网瘾"的界定标准一直饱受争议，且最终未获官方背书。③ 相关专家在界定"网瘾"时往往声称参考了国际标准，而实际上这个所谓的"国际标准"不过是以讹传讹。④ 2009年，卫生部明确否认将"网瘾"当作一种疾病，只将其称作"网络使用不当"，并禁止损毁性外科手术，禁止通过限制人身自由、体罚等方式进行干预、治疗。⑤

五 消失的污名

就电子游戏而言，风向已变，对游戏的口诛笔伐在今天已经不合时宜了。据格雷姆·柯克帕特里克（Graeme Kirkpatrick）的考察，1985年前后英国有关电子游戏的话语发生重大变迁——"游戏行为的正常化"（making games normal）。早期人们对待电子游戏的态度是拒绝排斥、负面描述、污名化，甚至是病理化。后来人们开始抛弃有关"游戏行为是不正常的"这一指控。游戏上瘾也不再被视作一件糟糕透顶的事情，甚至可以很"酷"。玩家以"怪胎"（freak）自命，既是一种创造性的自我表达，也是一种"正常

---

① 中央电视台：《新闻调查〈网瘾之戒〉》，2009年8月15日。中心主任杨永信承认将"适用于狂躁型精神病患者的一款抽搐型的治疗仪"施用于青少年网瘾者身上，尽管他坚称使用电量不超过5毫安，但知情者透露最高曾高达40毫安。
② 杨继斌等：《"网瘾"治疗门派并起，裸奔五年》，《南方周末》2009年9月3日。
③ 2008年，北京军区总医院牵头制订《网络成瘾临床诊断标准》："每天上网超过6小时，连续超过3个月，即为网络成瘾。"南方都市报：《首部〈网络成瘾诊断标准〉通过专家论证，玩魔兽成瘾纳入精神病范畴》，《南方都市报》2008年11月9日。
④ 美国精神科医生伊万·戈德伯格（Ivan Goldberg）在1995年提出了"网络成瘾"（Internet Addiction Disorder，IAD）。戈德伯格后来承认他主要是为了调侃由美国精神病协会发布的"愚蠢的"《精神障碍诊断与统计手册》而临时起意的。为了证明《手册》的刻板迂腐，他胡诌了一个"网络成瘾"的名词，并煞有介事地列出了"成瘾"的七大症状，不料却有人信以为真。David Wallis, "Just Click No," *The New Yorker*, Jan. 13, 1997。
⑤ 卫生部：《〈未成年人健康上网指导〉征求意见稿》，2009年11月4日。

又正确"的实践方式。① 就中国大陆而言,据韩鑫、束晓舒的观察,近十年来舆论场对网络游戏的评价亦趋于中性和理性,这为网游青少年群体的游戏行为提供了一个相对宽松的舆论环境。②

如今,我们看待电子游戏不似二十年前那般恐慌了。不过恐慌的消逝并非自然而然,而是多方博弈促成的结果,有时甚至经历了激烈的斗争。下面我将从"网络游戏的流行迭代"、"国家政策的松绑"及"游戏玩家的崛起与反击"三个方面来讨论游戏的污名是如何消逝的。

(一) 网络游戏的流行迭代

2001年至2008年,中国的网络游戏市场获得高速成长,《热血传奇》(韩国娱美德,2001)、《魔兽世界》(美国暴雪娱乐,2003)、《征途》(中国巨人网络,2006)等"爆款"大型多人在线角色扮演游戏(MMORPG)迭出。MMORPG游戏按商业模式可分为两类:一类是"点卡付费",即按照游戏时长收费,如《热血传奇》《魔兽世界》;另一类是"道具付费",营收主要依赖于虚拟道具和附加服务的销售,如《征途》。"道具付费"名义上是免费游戏,没有门槛,但玩家要想在短时间内迅速取得"成就"就得靠"内购"消费——这部分游戏玩家又往往被称作"人民币玩家"或"氪金玩家"。

为了拉动道具的销售,某些游戏商会故意在"道具付费类游戏"中制造争端、挑起战斗,从而拉动两个敌对阵营的投资战,加速物资和货币的消耗。《南方周末》记者曹筠武曾在深度报道《系统》中揭露了《征途》游戏的种种内幕。在游戏中,富人能够霸道横行,穷人只能在逼仄的空间里勉强求生。《系统》如此评价这款游戏:"它谦卑而热情地引导你花钱,它隐身其后挑起仇杀和战争,它让你兴奋或者激起你的愤怒,它创造一切并控制一切,它就是这个世界里的神。"③

2008年之后,电子竞技类游戏逐渐兴起,极大地改变了原有的产业格

---

① Graeme Kirkpatrick, "Making Games Normal: Computer Gaming Discourse in the 1980s," *New Media & Society*, 2014, Volume 18, Issue 8.
② 韩鑫、束晓舒:《还原理性:网络游戏舆论场的转向》,《当代传播》2015年第4期。
③ 曹筠武等:《系统》,《南方周末》2007年12月20日。《征途》游戏的一系列设定均指向"道具付费":类似于赌博的"开宝箱",催生装备竞赛的"仇人名单"等。

局。以 MMORPG 为主的传统网游（如《魔兽世界》）面临衰落，以 MOBA①为主的电子竞技方为当红，如《英雄联盟》（美国 Riot Games，2009）、《刀塔 2》（美国维尔福，2011）等。电子竞技比较注重平衡性（即竞争对手实力相当），也容易入手，每局游戏时间还不长（三十分钟左右一局），因此玩家群体要大得多。"电子竞技"的命名本身提供了一种相对正面的意涵：此类游戏讲求策略、技巧，在"竞技"上花费时间显得无可厚非，电子游戏的竞技者们不是在"被动沉迷"而是在"主动提升技艺"。2003 年，电子竞技被国家体育总局正式列为体育运动，这被视为官方对电子竞技"身份"的认定。

传统网游的盈利手段较为单一，主要依靠鼓励玩家多花时间、多花钱。如今，游戏产业已大大拓展了自身的盈利模式，发展为一套以 IP 打造为中心的泛娱乐产业布局：文学、动漫是 IP 的孵化来源，电影是影响力的放大器，而游戏的增值付费则能够实现盈利的最大化。同时，电竞赛事的繁荣催生了包括俱乐部、大型赛事、游戏直播、广告赞助等在内的一整套完善的行业机制。游戏产业链还包括各种周边产品，如海报、首饰、公仔、手办、日用品等。只要玩家足够喜爱一款游戏，就很有可能为其进一步付费。

（二）国家政策的松绑与支持

国家对电子游戏的规范与导向，具体体现在两个方面："健康游戏"和"绿色游戏"。"健康游戏"，指的是适量、适时的游戏行为，如 2003 年新闻出版总署规定游戏出版物均需登载《健康游戏忠告》，② 以及 2007 年由新闻出版总署推动落实的"防沉迷系统"。③"绿色游戏"，指的是内容适宜的游戏，如 2010 年新闻出版总署规定网络游戏不得含有危害国家、暴力色情等不良内容。④ 换言之，唯有处理好"不健康的游戏行为"以及"不良的游戏内容"两大问题，游戏产业的发展才能取得合法性。长期关注网游研究的

---

① MOBA（Multiplayer Online Battle Arena Games），多人在线战术竞技游戏，简称电子竞技。
② 新闻出版总署：《关于在游戏出版物中登载〈健康游戏忠告〉的通知》，2003 年 9 月 23 日，新出音〔2003〕861 号。"健康游戏忠告：抵制不良游戏，拒绝盗版游戏。注意自我保护，谨防受骗上当。适度游戏益脑，沉迷游戏伤身。合理安排时间，享受健康生活。"
③ 赖名芳：《网络游戏今起强制防沉迷》，《中国新闻出版报》2007 年 7 月 16 日。
④ 文化部：《网络游戏管理暂行办法》，2010 年 8 月 1 日，文化部令第 49 号。

鲍鲳指出，国家政策倾向于将网络游戏"一分为二"——"既表达了对网游产业的支持，又表达了对青年的关心、关爱。"① 这相当于为游戏产业的发展"解绑"。

2002年以来，国家力量开始引导、支持、推进国产游戏事业的发展。据艾瑞咨询统计，2003年韩国游戏占据我国网络游戏市场份额的半壁江山。② "韩流"凶猛，民族话语乘势而起，主流媒体纷纷论证"发展民族游戏"的合法性与紧迫性："某些来自海外的不健康的游戏"十分危险，让我国青少年沉溺不可自拔；③ 国内游戏制造商自然义不容辞，亟须抢占这一"文化阵地"，"用健康、积极、有益的东西"取代"消极、有害、腐朽的东西"。④ "民族游戏"成了游戏产业谋求公众认同与政府支持的有力口号。基于此，国家陆续推出各项政策，以实际举措支持民族网络游戏的发展，⑤ 支持电竞赛事，⑥ 支持游戏动漫会展，⑦ 等等。近年来随着网络游戏产业的蓬勃发展，孙佳山等人呼吁：网络游戏属于"网络文艺"的重要分支，对提升我国文化软实力有着重要的战略意义。⑧

（三）玩家的崛起与反击

一代有一代之游戏。随着话语权的迭代转移，人们对游戏的印象逐渐有了改观。昔日偷偷摸摸玩游戏的少年们长大了，面对主流社会和传统媒体对他们的污名化、标签化，他们非但不在乎、不信服，甚至还会予以还击。正如戴安娜·卡尔（Diane Carr）等研究者在全球范围内所观察到的那

---

① 鲍鲳：《网游：狂欢与蛊惑》，苏州大学出版社，2012，第148页。
② 上海艾瑞市场咨询：《2004年中国网络游戏行业研究报告》，2004年4月。
③ 张翼南：《电子游戏的宜导与堵》，《人民日报》（海外版）2002年4月27日。
④ 曹瑞天：《电子游戏也不可轻视》，《人民日报》2003年7月14日。
⑤ 章则：《中国民族网络游戏出版工程启动》，《中国新闻出版报》2004年8月11日。文化部和信息产业部：《关于网络游戏发展和管理的若干意见》，2005年7月12日。
⑥ 自2002年始，国家各部委、省部纷纷开始参与或主导电竞赛事。2002年，中国首届电子竞技大赛（CIG），由中国互联网协会主办，由信息产业部（2008年并入工信部）、各大电信运营商（移动、联通、电信）等支持协作。国家体育总局更是在2003年直接将电子竞技纳入"麾下"，将其确定为第99个体育运动项目，为2004年由国家体育总局、中华全国体育总会主办的全国电子竞技运动会（CEG）筹备工作铺平道路。
⑦ 2004年首届ChinaJoy（中国贸促会、新闻出版总署、信息产业部等主办）有政府的介入和支持。2004年ChinaJoy便以"自主创新，振兴中国民族游戏产业"为口号。
⑧ 孙佳山：《网络游戏：好玩更要有担当》，《光明日报》2017年7月13日。孙佳山：《把产业成功转化为文化成功》，《人民日报》2017年6月20日。

样："游戏不再是亚文化，而是一种优势文化……年轻一辈越来越有理由相信，老一辈们并不比他们知道的更多，也没有什么值得传承的。"① 胡泳指出："不懂游戏，也不玩游戏的人义愤填膺地指责游戏的危害，他们的振振有词难以掩盖他们的不知所云……那些视网络游戏如洪水猛兽、为孩子的沉迷痛心疾首的，大多是中年人，他们希望事业更成功、家境更富裕、孩子更有出息，却对信息技术知之甚少，对游戏的乐趣知之甚少，对孩子的心理活动知之甚少。"② 显然，电子游戏已在两代人之间制造出一种文化断裂。

昔日的游戏玩家不仅长大成人，而且还获得了一定的经济基础和社会地位。玩家中不乏高学历、高收入、高年龄的人群，这挑战了人们以往针对游戏者的刻板印象——烟雾缭绕的小网吧、不修边幅的社会青年。"只要是广受中下层群体喜爱，又廉价易得，便会被斥为粉丝文化（或流浪汉的爱好）；如果广受有钱有识者欢迎，又高不可攀，便会被视作偏爱之物、兴趣所至、专长所在。"③ 因此，电子游戏的"正名"，不仅是一个代际问题，也是一个阶层问题。

新兴一代利用日渐兴起的社交媒体，广泛联结，同声相和。这打破了传统社会精英对话语权的垄断。如今倘若有人再对游戏妄加污名，新兴一代不仅拒绝接受，有时还会激烈抵制。由玩家组织制作的游戏引擎电影《网瘾战争》（2010）便是一个很好的例子。在影片中，部分《魔兽世界》玩家试图发出自己的声音：网络游戏不过是无奈现实下的廉价娱乐出口，希望各方利益集团不要干涉——"我们凭什么就不能拥有每小时4毛钱的廉价娱乐？"这正体现了曼纽尔·卡斯特（Manual Castells）所谓的"抗拒性认同"（resistance identity），即"那些其地位和环境被支配性逻辑所贬低或诬蔑的行动者"所拥有的防卫性质的认同。④ 通过对游戏玩家的访谈，王薇发现：玩家的日常话语较为温和，并不希望和主流群体相对立；只有在权利被严重剥夺时，玩家群体才会显现出较为激烈的反抗姿态，实在是

---

① 〔英〕戴安娜·卡尔等：《电脑游戏：文本、叙事与游戏》，丛治辰译，北京大学出版社，2015，第4页。
② 胡泳：《道德恐慌》。
③ Joli Jenson, "Fandom as pathology: The consequences of characterization," in Lisa A. Lewis, Ed., *The Adoring Audience: Fan Culture and Popular Media*, New York: Routledge, 1992, p. 19.
④ 〔英〕曼纽尔·卡斯特：《认同的力量》，曹荣湘译，社会科学文献出版社，2006，第6页。

"被逼而战"。①

随着线上社交的日益成熟，以 ACG（动画、漫画、游戏）为代表的趣缘社群（communities of interest）相继兴起，逐渐发展出一种积极进取的、卡斯特意义上的"规划性认同"（project identity），即"构建一种新的、重新界定其社会地位并因此寻求全面社会转型的认同"。② 粉丝们拥有共同的爱好，彼此分享，相互呼应。以弹幕评论为特色的 ACG 文化娱乐社区 bilibili（俗称 B 站），以及在上海举办的每年一度的 ChinaJoy（中国国际数码互动娱乐展览会）均为粉丝社交的重要平台。③ 如今，游戏被形塑为一种关乎社交、关乎时尚、关乎认同的娱乐方式。

结　语

20 世纪八九十年代，作为舶来品的电子游戏被视作洪水猛兽，遭遇多方力量的围追堵截：家长控诉、媒体曝光、专家批判，以及政府整治。世纪之交，"电子海洛因"的指控横空出世，在针对游戏的批判性话语生产中尤为趁手好用——尽管电子游戏并非真正的威胁，或者说威胁本身不至于如此恐慌。

重返历史情境，能让我们更好地理解公众恐慌的缘由。游戏者被默认为"危险空间"的越轨者与"网络（游戏）成瘾"的受害者。就前者而言，经营性的游戏场所一度被视作有害于青少年成长的街角社会，进场游戏即被判定为越轨行为；就后者而言，有关"网瘾"的一整套完整的、看似严谨的病理知识被有策略地生产出来，游戏者被诊断为亟须干预、矫正的"成瘾者"。

与此同时，针对电子游戏的社会控制也在发生变迁——公权力对游戏场所的运动式整治，转变为网戒机构对"网瘾者"个体的干预、矫正。在街机及电脑室时代，焦虑的家长通过媒体向政府诉苦、喊话，专家们提供

---

① 王薇：《"被划分"的群体——青少年网游玩家的社会身份认同》，《中国网络传播研究》2013 年第 1 期。
② 〔英〕曼纽尔·卡斯特：《认同的力量》，曹荣湘译，社会科学文献出版社，2006，第 7 页。
③ ChinaJoy 是国内最大的年度 ACG 会展，自 2004 年创办至今。每一届 ChinaJoy 的宣传亮点在于角色扮演（即 Cosplay），即利用服装、饰品、道具以及化妆来扮演 ACG 中的角色。ChinaJoy 是广大动漫爱好者和游戏玩家的一年一度的线下聚会。

判断和建议，政府开展对游戏场所的持续性整治；在网络游戏时代，随着"网瘾"这一病理的发明，"沉迷网络（游戏）"被视作需要干预、矫正的病症，提供"戒网"服务的专业化机构一度大行其道。

虽然我批评了历史上关于电子游戏的主流观点和表述，但我的意思并不是说他们的这些观念是没有根基的幻想。我的要点在于指出"电子海洛因"这个问题不能仅仅被孤立看待，也绝不能将其指认为电子游戏的内在核心特质，而是要将"游戏污名""游戏恐慌"置于一个社会历史的背景之下，去考察针对游戏的公众恐慌是如何与经济、社会、媒体、政府等紧密交织的。

电子游戏如今被视作一项可以接受的娱乐消遣。污名的消退并非自然而然，而是经历了或激烈或隐秘的自觉抗争。首先，网络游戏经历流行迭代，电子竞技和以休闲游戏为主的手机游戏①逐渐占据主流，传统的盈利模式扩展为如今的全产业链运营。其次，以"自主创新"等民族话语为口号，国家在政策上支持本国游戏产业发展，同时对游戏方式、游戏内容均加以引导。最后，社会话语权发生迭代转移，作为娱乐休闲的游戏行为被予以承认、接受，加之趣缘社群的兴起，游戏开始成为一种关乎社交、时尚、认同的娱乐方式。

如今，有关电子游戏的污名已然不觉新鲜。不过，恐慌的消逝并不意味着恐慌的终结，新一轮的"游戏恐慌"或许总会卷土重来。2017年，现象级手游《王者荣耀》就引起了一阵担忧与焦虑。针对游戏的恐慌似乎又再次降临了。不过，这一回，公众、媒体、专家更趋理性，反应也更为从容。② 对待新式游戏，人们不再反应过激，世纪之交针对电子游戏的那场压倒性的社会恐慌恐怕很难重现了。

---

① 与主机游戏（console games）以及 PC 游戏相比，移动端游戏轻巧便携，允许玩家随时随地开始游戏，是人们碎片时间的娱乐伴侣。不仅如此，移动端游戏往往更趋于休闲游戏（casual games），操作简单，容易上手。与硬核游戏（hardcore games）不同，休闲游戏无须玩家掌握繁复的操作技巧，降低了游戏的门槛。因此，便携性与简单易上手就成了《王者荣耀》吸引粉丝玩家的利器。

② 2017 年 7 月，《人民日报》接连发表评论文章，批评手游《王者荣耀》"释放负能量"。但在舆论场中，力挺《王者荣耀》者亦不在少数。"一边倒"批判游戏的场面已一去不返。

国家形象建构中的抗战创伤叙事
——以电影《父子老爷车》为研究中心

朱荣华[*]

摘要 1990年上映的电影《父子老爷车》以"痛打日商"的形式唤起观众对日军侵华的创伤记忆,强化国民的民族认同,构建了中华民族既坚决捍卫国家尊严,又爱好和平的国家形象。另一方面,该片已经意识到,在建构改革开放的国家形象过程中,商品经济和消费文化的发展正在给抗战记忆带来伦理上的危机,而《父子老爷车》自身的喜剧题裁也内在地消解了抗战创伤叙事应该具有的沉重感和严肃性。以这部电影为中心,解读文化场域中各种话语对抗战记忆的表述,有助于厘清抗战叙事中相互冲抵的力量,为讲述好这段创伤史提供启示。

关键词 《父子老爷车》 抗战叙事 国家形象

Abstract The comedy film *Father and Son's Car* (1990) tries to construct a national image of dignity and peace by means of reawaking the memory of Japanese military invasion into China in the audience's mind. On the other hand, the film shows a crisis for the memory due to the influences of commercialization and consumerism. Furthermore, the form of comedy for the film also has a negative influence on the narration of traumatic memory. A further inquiry into representations of the traumatic memory about Japanese invasion in the cultural field will expose the conflicting forces in them and help us consider how to tell this traumatic history in the construction of national image.

---

[*] 朱荣华,江苏师范大学外国语学院校聘教授。

Key Words *Father and Son's Car*   Narration of the War of Resistance against Japan   National image

引　言

《社会》2015年第3期刊发了高蕊撰写的《记忆中的伤痛：阶级建构逻辑下的集体认同与抗战叙事》。该文以文化创伤理论为阐释框架，主要分析自新中国成立到20世纪60年代对公共创伤话语的表达。由于侧重研究新中国成立之后二三十年间的创伤话语表达，该文没有论及随着阶级斗争在"文革"结束之后淡出历史舞台，抗战创伤叙事逐渐前置化的现象。一方面，为了与中国在改革开放新时期构建和平友好大国的形象相呼应，抗战创伤叙事在公共话语领域呈现出冷热交加的特征。另一方面，在商品经济和消费文化发展浪潮的冲击下，抗战创伤叙事表现出众声喧哗的样态。本文选择1990年上映的喜剧电影《父子老爷车》为研究中心，基于相关历史语境对该片中的抗战创伤叙事进行整体细读，并以影片中表现出来的征候为线索，对在它之后出现的抗战叙事进行扼要追踪。

一　《父子老爷车》中的"热记忆"与民族认同

电影《父子老爷车》（1990）讲述的是老奎和二子父子俩开着一辆40年代的轿车南下为某娱乐场打工的经历。由于车辆总是出故障，有一次坏在日本商人鬼井访问该市时途经的迎宾大道上。碰巧的是，父子俩开的这辆旧车竟然是日本天皇在侵华期间赠送给鬼井祖父的车。鬼井决定高价把车买下带回去做纪念，这让娱乐场老板任本善（以下简称"任某"）看到了发财的机会。他不仅想低价从父子俩手中买下这辆车后转卖给鬼井从中捞一笔，而且想借机讨好鬼井，让后者投资他的娱乐场。为此，任某特地安排了一次游玩活动。在乘坐老爷车参观时，鬼井提出到其祖父战败后自杀的地方去。鬼井祖父自杀的地方在海边，道路崎岖，原本就毛病百出的车刚到岸边就坏了，而且有一只轮胎顺着沙滩滚到了海水里。在鬼井和其助手到海边跪拜时，一直躲在后备箱里随时充当修理工的老奎被二子唤起修车。老奎此时才发现，为了配合此次出游，儿子竟然穿着侵华日军的军服。

他非常生气,要儿子立刻脱下服装,并动手扇儿子的耳光。儿子跑到了鬼井身边,在左闪右避的过程中,老奎的耳光打在了鬼井脸上。恼怒的鬼井把老奎打倒在沙滩上。二子见状忙上前替父帮忙,用祖传的摔跤法把鬼井打败。

大多数观众或许并不会特别关注这部分的言外之意,而是把该情节视为这部电影抖笑料的"包袱"。但是,从文化场域的视角审视该片断,我们不能简单地把这一颇具政治意义的展现视为影片中的一个逗笑插曲或者是编剧与导演的匠心独运。福柯认为,在话语仪式中"说话的主体同时又是所言说的主题;它同时又是在权力关系之中展开的仪式"。① 在《父子老爷车》这样一部旨在表现传统与现代冲突的电影中穿插进"痛打日商"的情节,并非仅仅出于嬉笑取乐的目的,而是具有重要的文化和政治意义,唤起的是中华民族对日军侵华历史的伤痛记忆。该情节呼应了现实语境中中华民族面对日本右翼势力挑衅,坚决捍卫国家尊严的决心,参与讲述日军侵华伤史,使这段历史成为活跃于中华民族心理的"热记忆"。德国学者扬·阿斯曼(Jan Assmann)在《文化记忆与早期文明》中提出,热记忆的功能在于"不仅把过去视为一种控制时间顺序的工具,而且以过去为坐标来创造自我形象、为希望和意图提供支持"。② 热记忆因此与个体文化身份塑造紧密相关。为了赋予痛打日商这一情节以象征意义,《父子老爷车》在情节铺垫、道具选择和人物身份的设置方面做足了文章,以使这段笑料十足而又不乏心酸的场景成为唤起观众对日本侵华记忆的燃点,强化国人的民族认同。

从影片叙述结构上看,痛打日商这一情节的发生似乎来得有点突然,因为任某本意是为了讨好鬼井一行才安排了游玩活动。为此,任某精心准备了日军侵华战争时用的军号,并拿出侵华日军的军服让二子穿上。这一招果然奏效,鬼井等人对打扮成侵华士兵模样的二子赞不绝口。二子也非常配合地行起军礼,并请他们上车"开路"。扬·阿斯曼认为,当纪念碑、坟墓、庙宇、偶像等物品的意义不再局限于其实用目的,而是作为象征符号"使隐性的时间和身份意义得以显现时",③ 那么这些物品则成为文化记

---

① 〔法〕米歇尔·福柯:《性史》(第一、二卷),张廷译,上海科技文献出版社,1989,第61页。
② Jan Assmann, *Cultural Memory and Early Civilization: Writing, Remembrance, and Political Imagination*, New York: Cambridge University Press, 2011, p. 62.
③ Jan Assmann, *Cultural Memory and Early Civilization: Writing, Remembrance, and Political Imagination*, p. 7.

忆的载体。《父子老爷车》中的日军军服、军歌和老爷车就是一些具有类似功能的物品。当老爷车在日军军歌声中缓缓向前时,情节的时间景深被拉长,鬼井生硬的汉语、军服、军歌以及老爷车等意象迅速转换成历史符号,激活观众与抗战相关的文化记忆,联想起"鬼子进村"的场景。在这些记忆符号中,老爷车的功能转换最为明显。在被确认是鬼井祖父乘坐的车辆之前,老爷车只是作为父子俩为生计奔波的工具存在。如今,它成为见证日军侵华史的记忆载体:一方面,这辆40年代的老爷车见证了日本侵华战争的罪恶。显然,日本天皇当初把这辆车赠送给鬼井的祖父是为了奖励后者的"军功",尽管其所获得的荣耀是以中华儿女的累累白骨为代价;另一方面,这辆车同时是日本军国主义覆灭的见证之物。鬼井的祖父最后剖腹自杀表明,横行一时的日本军国主义最终难逃失败的下场,老爷车成为中华民族抗战的战利品。

除了提供日军侵华的物证之外,影片还为这段历史设置了鬼井的助手和老奎两位证人。其中,鬼井的助手是日本侵华战争的作恶者,而老奎见证的是日本侵华战争给中华民族留下的创伤。鬼井的助手与老奎年龄相当,年轻时是鬼井祖父的部下,非常清楚日本帝国主义在中华民族身上犯下的罪行。但是,从他的言行可以看出,战败回国之后的他并没有认真反省自己对中华民族欠下的血债,而是通过成为鬼井的随从来追随鬼井祖父的亡魂。鬼井的助手对侵华历史的认知显然不是个体现象,他代表的是日本国内有意淡化日本军国主义侵略罪行的右翼势力。早在20世纪50年代,前日本"二战"陆军参谋服部卓四郎在编写《大东亚战争全史》时,就把卢沟桥事件发生的责任归咎于中国军方,日军对华实施全面侵略只是迫于形势,不得已而为之的应对策略。到了20世纪70年代,日本右翼势力更是以《诸君》杂志为阵地不断发表否认南京大屠杀的言论。由铃木明在该杂志上发表的《"南京大屠杀"的无稽之谈》受到日本右翼势力的追捧,不仅防卫厅战史室接受了他的观点,而且该文也成为日本文部省修正历史教科书的依据。[①] 在《父子老爷车》中,作为既是作恶者的后代又是日本新生一代的鬼井,深受日本右翼势力的影响和蛊惑。他并没有清楚地认识到日本侵华战争的罪恶。这点不仅体现在他盛气凌人的傲慢态度上,而且从他酷爱倾听

---

① 详见高兴祖《五十八年回顾:日本关于南京大屠杀事件的争论》,《南京大学学报》1995年第3期。

侵华日军军乐这点反映出来。他此次以投资为名来中国的真实目的是祭拜自杀的祖父,所以当他发现老奎父子俩开的车竟是他祖父曾经使用过的那辆车时,立即要出高价买走。

针对日方歪曲史实的做法,中国政府进行了积极反驳。有关南京大屠杀的史实于1979年写入了中国初中历史课本,加强青少年对这段历史的认知,让学生在重温这段耻辱史中增强爱国主义情感。20世纪80年代成为中国清算侵华时期日军所犯罪行和讴歌人民大众勇敢抗敌的一个高峰。1982年7月20日,《人民日报》发表题为《必须牢记这个教训》的文章,批评日本违背历史事实修改教科书的做法;1985年在南京建成了侵华日军南京大屠杀遇难同胞纪念馆,第一部反映南京大屠杀的电影《屠城血证》很快在1987年上映;中国人民抗日战争纪念馆一期工程也于1987年在丰台区宛平城城内街落成,时任中央军委副主席杨尚昆出席典礼并发表了讲话,随后该讲话又收入同年出版的《七七事变五十周年纪念文集》;1988年接着上映了香港导演牟敦芾拍摄的《黑太阳731》,揭露日军侵华时期发动细菌战的罪行。这些文化事件和活动使日军给中国人民造成的伤痛再次鲜活地走进国人的意识之中。

所以,当《父子老爷车》中老奎做出"看见日本鬼子就有气""恨死日本兵"等表述时,不仅诉说了他个人对日本帝国主义的积怨,也是中华民族集体伤痛记忆的表达。他极其反感儿子为了迎合鬼井而穿上侵华日军的军服,因为那套军服再一次唤醒了他对日本侵略者的痛恨,这其中既有国仇又有家恨。浮现在他脑海中的,既有日本侵略者在中国犯下的累累罪行,又有遭受日本侵略者戕害的父母。老奎的这些话显然不只是说给他儿子听,更重要的受众是观看影片的观众。当本想打儿子的老奎由于二子的躲闪把巴掌打在了挡在中间的鬼井脸上时,观众在欢笑之余,不自觉地会暗暗叫好。当老奎边打边不停地骂"打你个兔崽子"时,这其中的象征含义观众自然心领神会。

老奎父子与鬼井在沙滩上产生冲突并大打出手的一幕极具历史象征意义。当看见父亲被人欺负时,二子连忙冲上前去与鬼井进行正面较量。这时鬼井与二子有了如下简短的对话:

"你的,什么的干活?"(鬼井边说边指着二子)
"我,告诉你,八路军,武工队。"(二子边说边脱掉身上的日本军服)

"吧嘎！"

"来吧，小子。"

鬼井与二子之间的对话虽然只有短短四句，但它们的述行功能远远超出表达说话者意图的目的，给观众留下丰富的想象空间。鬼井威胁性的质问以及用日语骂人的话，很容易让观众想起许多在银幕上看到的鬼子形象。而二子身份的转换更让观众恍惚中穿越时光，回到了抗战前线。所以当二子在搏斗开始之际占下风时，观众也会跟着紧张。但情况很快由于老奎的指点而发生变化，二子用祖传的摔跤法反败为胜。兴奋的老奎边指点边对儿子说："给你爷爷报了仇，再给你奶奶报仇。"借助仪式性极强的电影媒介，老奎喊出了许多观众的心理，他和儿子共同替观众完成了一次处理民族创伤的经历。

当鬼井轰然倒在沙滩上时，观众意识之中对日本侵略者的仇恨得到了一次痛快淋漓的宣泄。"痛打日商"这一情节使人们对日本侵华留下的创伤记忆成为鲜活的"热记忆"，观影过程成为对侵华日军进行复仇的仪式。这段"热记忆"凝聚成一股巨大的合力，强化国人的民族认同，塑造了中华民族难忘国耻、坚决捍卫民族尊严和维护民族气节的国家形象。

二 《父子老爷车》中"热记忆"冷处理的文化寓意与记忆伦理

《父子老爷车》中老奎父子不失民族气节的做法不仅赢得了观众的喝彩，而且获得了鬼井的赞赏和敬佩。这点在影片中通过鬼井带着酒菜到父子住处道歉体现出来。鬼井举杯为父子俩的勇气干杯，并表示自己被"揍明白了"，承认自己的祖父"确实有罪"。老奎回答道："那都是过去的事情了，那和你有什么关系？再说那个时候还没有你。"对于老奎的回答，有些观众或许会不以为然。老奎的大度与宽容难免有"好了伤疤忘了疼"的嫌疑。为了解答这部分观众的疑惑，我们需要从1972年中日邦交正常化和我国执行的对外开放政策等社会语境来理解老奎的回答，理解影片对痛打日商情节进行冷处理与新形势下中国国家形象建构的关系。

尽管新中国成立之初，中日两国政府由于意识形态的原因而处于相互对立状态，但是中国政府对中日民间进行的商贸往来和文化互访活动始终持支持态度。

到《父子老爷车》上映的1990年，中日建交已经走过了18个春秋，但中国对谁该为日本侵华负责的立场并没有改变。为了中日双方能着眼于未来发展，中方并不希望把侵华战争的责任泛化，对谁是敌人、谁是朋友持有非常明确的态度。所以，《父子老爷车》中老奎的回答呼应了主流意识形态，提醒观众日本军国主义才是中华民族所受创伤的真正凶手。即使在二子痛打鬼井之际，站在旁边劝架的导游苏小姐也在大声叫喊着"中日友好，友好万岁"。影片明确地提醒观众，历史的伤痛固然要铭记，任何为军国主义招魂的做法我们都要进行激烈抵抗，但是记忆过去不等于停留在过去，而是更好地为未来的和平服务。

另一个促成老奎与鬼井达成和解的原因是中国自十一届三中全会以来实行的改革开放政策。在《父子老爷车》中，对外开放政策取得的成就得到了充分展示。影片开篇不久，当父子俩无法给老爷车办理牌照而沮丧地走出办事大厅时，发现一群外国游客围着自己的车，有人甚至爬进了驾驶室。父子南下打工时，老爷车装载的也是来中国观光旅游的外国客人。这些迹象表明，改革开放的春风已经吹遍大江南北，中国正张开臂膀迎接八方来客。这种热忱在影片中不仅通过外国客人的欢声笑语表现出来，而且表现在迎宾道上对外国客人周到细致的照顾。为了迎接鬼井等一行人的到来，公安交通各部门齐心配合为他们清除路障，保证道路畅通。当父子俩开的老爷车不巧坏在迎宾道上时，政府部门不惜出动飞机，想把车直接从空中吊走。在这种背景下，在《父子老爷车》中，鬼井承认自己的错误后，老奎态度立即温和下来，提议为"哟西干杯"。这里中日语言的混用似乎在暗示，中日友好并不受语言和文化的限制，只要日方吸取教训，那么中日之间完全可以实现你中有我、我中有你的融洽关系。老奎的回答顺应了新时期中国发展的时代要求，向外展现了中国宽容大度以及和平友好的国家形象。

但是，老奎对鬼井的回答并非没有值得商榷之处，因为他的回答同时使中华民族对日本侵华创伤的记忆面临一种伦理危机。受线性时间影响，老奎把侵华日军给中国人民造成的精神创伤当成一个属于过去的事件来处理。回忆只是为了忘记过去的伤痛，重要的是今天和未来的幸福。这样不仅可能内在地消解已经被一再强调的抗战叙事所具有的凝聚力，而且有劝人遗忘在日本侵华战争中的受害者之嫌。① 确实,《父子老爷车》对中华民族在线性历史观的影响下能否在未来继续铭记日军侵华史的耻辱表现出了某种担忧。这种线性历史观的负面效应在片中通过娱乐场老板任某与助理的一次简短对话体现出来。当助理提醒想借老爷车发财的任某别忘记鬼井的祖父是在侵华战争中自杀时,他只是轻描淡写地回答说:"那已经是历史了。"对任某来说,历史已经不是某种值得珍藏的记忆,而是某种使用价值已被耗竭的商品。《父子老爷车》开篇通过北京不再给1975年以前出厂的车辆办牌照这一细节表明,时代向前行进的步伐已经匆匆迈开。在"解放思想,实事求是,团结一致向前看"的激励下,过去在一些人心中往往与落后和过时相挂钩,人们憧憬的是希望无穷的未来。

可是,随着对外开放进程的推进,人们在朝前看时往往忽略对过去历史的反思。较早意识到以友好合作为指向的对外开放政策可能对历史记忆带来危机的是邓小平。他1982年9月在对来访的朝鲜劳动党总书记金日成谈起日本修改教科书事件时表达了这一担忧:

> 最近日本修改教科书篡改历史,给我们提供了一个重温历史、教育人民的机会。这件事不仅教育了中国人民,也教育了日本人民,其实这是一件很好的事情。更重要的是我们的那些娃娃,那些年轻人需要上这一课。他们不大懂历史,有些历史已被忘记了。特别是现在我们实行对外开放政策,鼓励外国投资,讲友好,就容易忽视这一面。②

《父子老爷车》中的二子这个人物形象体现的就是这种记忆危机。尽管父辈饱受日军欺凌之苦,与日本军国主义有着血海深仇,但是二子已经感觉不到这段历史记忆的沉重感,所以他对任某让他穿日本军服、向鬼井行军礼等要求毫无怨言。当父亲老奎质问他为什么穿上日本军服时,他只是轻松地撒了撒手说:"玩玩呗!"他认为这只是演戏,不必当真。直到看见

---

① 让遭受过日本侵华之害的普通民众平静接受中日恢复邦交的事实并不容易。张纯如在《南京浩劫——被遗忘的大屠杀》中记录了有位幸存者在听说中日建立友好关系后忍不住失声痛哭,还有一位在南京大屠杀中失去丈夫的女性"在广播里听到日本总理大臣到中国访问的消息时,立刻昏倒在地"。参见张纯如《南京浩劫——被遗忘的大屠杀》,杨夏鸣译,东方出版社,2007,第245页。

② 冷溶、汪作玲编《邓小平年谱 1975—1997(下)》,中央文献出版社,2004,第851~852页。

父亲被鬼井打倒在地才再次感到历史深处无言的伤痛。

在影片中，对历史记忆产生冲击的还有市场经济的发展。随着1981年国务院颁布《关于城镇非农业个体经济若干政策性规定》，市场经济在改革开放的推动下得到了迅猛发展。影片让老奎父子离开北京南下打工正是为了突出经济发展进程中人的思想转变过程。来到南方的老奎父子很快发现，在金钱的冲击下，传统的人伦关系受到挑战和颠覆。社会阶层根据经济地位被划分为老板与打工仔，朋友之间借钱需要利息来维持友情，即使是乞丐也知道伸手要港币，而老奎父子俩的纯朴被人当成"二百五"，经常遭人愚弄，两人成为娱乐场老板任某赚钱的工具。正如任某的全名"任本善"所蕴含的反讽意义，人的价值在这个"一切向钱看的时代"是由其所能创造的财富来决定，原本善良的品质被挤压变形，人与人之间的关系因各种欲望冲突而异化，气节、尊严、友情、爱情等在利益面前变得脆弱不堪。同样，历史文物的价值不在于它的象征意义，而是它可能带来的巨大经济利益。为了讨好鬼井，任某使出浑身解数，不仅翻新了老爷车，而且让二子穿上侵华日军军服，并在鬼井参观的路上播放侵华日军的军歌。虽然日军军歌在抗战期间每次响起时，都可能意味着中华民族身上将再添一道深深的伤痕，但对于像任某这种执着于经济利益的人来说，这些物品只不过是用于讨好鬼井的道具，毫无历史意义。任某的努力也没有白费，最终如愿地与鬼井达成了合作协议。影片把任某与鬼井签合同的场所选在了鬼井与父子俩喝酒的矮桌旁边。由于场地局狭，任某干脆把合同放在地上，俯下身子签字。这时影片拉长聚集，采用了俯拍的视角来拍摄任某签字这一幕。镜头中，任某双膝跪地，俯下的身子正对着鬼井，与其说他在签字，不如说正在给鬼井磕头。

三　作为后革命时代抗战叙事征兆的《父子老爷车》

需要指出的是，90年代通常被认为是中国的一个转型时期。陶东风在《后革命时代的革命文化》一文中指出，随着中国在20世纪七八十年代把工作重心从"以阶级斗争为纲"转移到"以经济建设为中心"，中国进入一个"后革命时代"。这个时代语境呈现出来的特征是："革命时期建立的政治体制和后革命时期的经济转型并存，经由官方选择和改造的革命文化被纳入今天的主流意识形态，与此同时，新出现的消费主义、大众娱乐文化、实用主义、物质主义则把革命的文化遗产纳入了市场和消费的大潮。"① 社会文化语境的变化使得"80年代高扬主体自由和思想解放旗帜并以推进中国现代化相标榜的新启蒙话语已经失去昔日的感召力,再也无法引起社会群体的广泛认同与追捧"②。由此,作为既承载了传递历史教训又能充分展示民族凝聚力的抗战叙事,在日本右翼势力否认侵华事实的推动下走上历史前台,代替80年代的新启蒙话语在文化场域中发挥着感召作用。与此同时,《父子老爷车》对创伤记忆伦理危机的表征在消费文化的推动下呈现出愈演愈烈的态势,冲抵了抗日叙事在塑造新的民族认同中的作用。

纵观《父子老爷车》上映之后的文化事件,该片只能说是众多反映日军罪行的文化表征行为中很小的一笔。就在影片放映的同年11月18日,《人民日报》针对日本自民党众议员石原慎太郎否认南京大屠杀的言论,刊发了张益锦的文章《南京大屠杀史实不容否认》给予回击。《人民日报》在20世纪90年代先后刊发了《和平与正义是不可战胜的》(1995年9月3日)、《日在我钓鱼岛制造事端侵犯中国领土令人愤慨》(1996年8月30日)、《日本面临严重抉择》(1996年9月18日)、《危害中日关系的严重事态》(1997年8月22日)等文章表达中方对日本错误行为的谴责。

在各种反对日本右翼势力的活动之外,各种民间力量也纷纷呼应。值得一提的是,群众性学术团体"中国抗日战争史学会"于1991年1月23日成立,并与中国社会科学院近代史研究所一起创办学术期刊《抗日战争研究》。对抗战史的讨论不仅仅局限在学术界,以广大人民群众为传播对象的影视作品和文艺活动同样不胜枚举。在《屠城血证》之后,还有《南京1937》(1995)、《黑太阳·南京大屠杀》(1995)、《五月八月》(2002)、《栖霞市1937》(2004)、《黄石的孩子》(2008)、《拉贝日记》(2009)、《南京!南京!》(2009)、《金陵十三钗》(2011)等数部电影从不同角度诉说日军屠刀在中华民族身上留下的一道道伤疤。这些电影及其他影视作品由于其传播的广泛性,促进了大众对侵华日军暴行的了解,强化了民族意识。

但另外一方面,由于后革命时代"革命文化可以在何种程度上被商业化、大话化,政府本身对此也没有明确一致的、可以规范化操作的具体标

---

① 陶东风:《后革命时代的革命文化》,《当代文坛》2006年第3期。
② 张小平:《20世纪90年代中国社会文化嬗变的逻辑审视与特点分析》,《鲁东大学学报》2010年第2期。

准"①，《父子老爷车》对抗战创伤记忆在市场经济浪潮中可能遭到消解的担心已经成为一个不可忽视的现象。在消费文化的刺激下，一种以众声喧哗和嬉戏精神为特征的大众文化渗透到对包括抗日战争在内的历史记忆进行表征的文化实践活动中。《父子老爷车》以喜剧题裁表征抗战创伤的内在矛盾性开始显现出来。娱乐精神消解了正史话语应该具有的沉重感和严肃性，极有可能导致对历史史实的误识，导致历史记忆的危机，因为以伤痛为精神气质的创伤记忆本质上与娱乐精神难以兼容。让人担心的是，消费文化对抗战题材的嫁接在《父子老爷车》之后呈现愈演愈烈之势。《父子老爷车》中的批判维度遭到淡化与削弱，而该片的喜剧因素得到了无限制的放大，这点已经引起许多有识之士的担忧。有论者在研究冯小宁导演的抗战题材系列电影《举起手来》后提出，由于追求娱乐化，该系列电影所采用的"带有恶搞色彩的喜剧化呈现形式，虽然能够获得大众的欢迎，但是从根本上却无法提供有价值的美学经验，而且也会扭曲大众对抗战的认知并消解民族的历史记忆"②。

近年来，有些地区推出诸如"当一天八路军、打一场游击战"的旅游模式，游客可以选择扮演"八路"或日军。此举一出即受到许多人的欢迎，赞同者认为，这既可帮助参与者体验到当初的战争情景，又不乏游戏的乐趣。但是，该旅游模式颇具《父子老爷车》中二子穿戴日军服饰、带鬼井一行出游的性质。这种以现代技术营造出来的游戏极有可能变成一种鲍德里亚意义上的"拟真"文化。拟真文化本质上以审美消费为目的，是一场符号的嬉戏，现实的真实性和凝重感悄然抽身而去。这点对当代大量抗战题材文艺作品的模式化具有重要的警醒作用。

在娱乐精神的刺激下，"隔空打鬼子""手撕鬼子""手榴弹打飞机"等战斗场面出现在抗战题材影视剧中，形成了一批所谓的"抗日神剧"。有批评者尖锐地指出，这样的剧作"连基本的公共理性也置之不顾，血肉之躯铸就的抗战精神在'神剧'中已被空洞化和游戏化，变作掩护暴力刺激的一张虎皮"③。《父子老爷车》对抗战创伤记忆表征的隐忧被抗日神剧发展到了极致。

---

① 陶东风：《后革命时代的革命文化》，《当代文坛》2006年第3期。
② 苏奎：《娱乐·历史·记忆——冯小宁编导〈举起手来〉系列》，《文艺争鸣》2011年第4期。
③ 董阳：《"抗日神剧"罔顾公共理性》，《人民日报》2013年3月29日，第24版。

结　语

　　值得肯定的是,《父子老爷车》不仅反思了商品经济和消费文化迅速发展过程中抗战创伤记忆面临的危机,而且尝试着为这场危机寻找解决之道。影片最后,父子俩登上了回北京的火车,无论任某怎么劝说、利诱都不为所动,并将任某塞入车厢的大量现金抛撒到车厢外。父子的回归暗示着对消费文化的拒绝和中心话语的返场。这为中国如何在国家形象塑造和抗战创伤表征中寻求平衡提供了启示。不过,正如《父子老爷车》中二子在离开南方之前躺在吊床里晃来晃去的影像所寓意的,随着市场经济的发展和对外交流频繁,中华民族如何继续有效地在文化场域中表征日军侵华留下的创伤史并没有固定的模式和套路,该片以对传统价值观的坚持收尾并不是唯一的选择。不过,无论叙事形式和内容随着社会语境的变化做出怎样的调整,任何一种讲述日军侵华创伤的艺术作品都应以尊重民族心理、追求人类正义为出发点。

新世纪东北喜剧的师/父表述
与青年主体再生产

刘 岩*

摘要 青年并非孤立自在的主体,而是始终处在社会关系再生产的主体建构过程中。东北喜剧是新世纪中国大众文化中最重要的建构地方青年主体的表意实践之一,它为东北青年同时提供了工作与消费的形式,并因此塑造着他们的身份认同。本文以作为认同塑造方式的师/父表述为中心线索,结合具体社会语境和文类脉络,对新世纪东北喜剧的青年主体再生产进行了历史描述和文化分析。

关键词 东北 喜剧 青年 师/父

Abstract Youth, which is not autonomous subject in itself, is always in the process of subject construction as reproduction of social relation. Northeast comedy has been one of the most important representation practices constructing the subject of local youth in the popular culture of China since 2001. It provides a form of both work and consumption to northeast youths, because of which it helps to form the identity of them. Focusing on master/father representation as a mode of forming identity in specific genre and social context, this paper presents a historical description and cultural analysis of the reproduction of youth of northeast comedy.

Key Words Northeast Comedy Youth Master/Father

---

* 刘岩,对外经济贸易大学中文学院副教授。本文为国家社科基金青年项目"东北老工业基地的历史记忆与当代文化生产研究"(批准号:12CZW005)的部分成果。

从以二人转艺人身份拍摄网络电影的"四平青年",到以话剧品牌火爆院线银幕的开心麻花的"夏洛",从漂泊关内、异地寻梦的"煎饼侠",到还乡筑梦、重写边地的"缝纫机乐队",从依旧活跃在电视喜剧综艺中的赵家班弟子,到移动互联网时代横空出世、以"东北 Rap"代言"中国嘻哈"的喊麦主播,在近年的中国大众文化中,东北青年影音无疑形塑了最为流行的地方青年喜剧形象。与此同时,在不平衡的当下中国社会经济发展的版图中,东北的人口老龄化与经济衰退的相互作用,又表现为最突出的地区发展困境。深陷老龄化困境的地区同时是青年喜剧之源,这种看似矛盾的区域经济-文化地理实际上构成了对青年文化研究的一种提示:青年并非孤立自在的主体,而是始终处在社会关系再生产的主体建构过程中,青年相对于中老年而成立,不识其父老,则无以论其子弟。

一 重写父老:从"师傅"到"师父"

在长达二十年——从 20 世纪的最后一个十年到 21 世纪的第一个十年——的时光里,中国大众文化中最核心的喜剧形象一直是东北老年人的形象。数亿央视"春晚"观众在除夕之夜观看赵本山扮演的东北老农民,是 90 年代中国形成的"现代化"年俗。在作为节庆仪式的喜剧观赏中,东北/农民/老人对前现代性的同构指涉,让每个发笑的个体都从线性时间中获得了快感,想象自己正跟随整个共同体"辞旧迎新"。上述神话意指得以成立的历史前提直观地呈现在新世纪伊始赵本山主演的电影里。在张艺谋执导的 2001 年贺岁片《幸福时光》中,赵本山第一次扮演一位下岗的国企老工人,而其通常在小品里塑造农民的喜剧表演模式并未发生改变,因为这个讲述苦情故事的贺岁片本来就是为这位"春晚小品王"量身打造的:苦情戏能够履行制造时间性快感的贺岁功能,端赖主人公形象是高度喜剧化的"现代化"的他者。

《幸福时光》改编自莫言的短篇小说《师傅越来越幽默》,影片在增删情节和添加东北地方特征的同时,延续了小说主人公的基本身份,即同时丧失生产和再生产职能的工人师傅。这位老工人在工厂里被青年工人称为"师傅",那时他不只是工业产品的生产者,而且是生产者的再生产者。新中国国营工厂中的师徒制形成于 20 世纪 50 年代的社会主义改造,是建构工人阶级"主人翁"身份的内在环节,这种改造和建构"一方面使师徒制成为国家兑现充分就业政治承诺的工具,另一方面也要求其承担培训技工的主要责任,以助推理想社会战略的实现"。① 社会主义改造和国家工业化建设的过程形成了"以厂为家"的单位文化,传统中国以血缘家庭为原点的差序格局中的"尊老"逻辑在全新的生产关系和社会关系中获得了再生产:"对老年人的尊敬实际上是以这样的假设为基础的,这个假设就是在自我修养漫长而又不可避免的旅途中,一个老年人应当是在充实自己生命方面以令人激赏的成果遥遥领先。"② 随着"单位—国家"对"家族—国家"作为社会关系格局的结构性替换,"师傅"不仅是工厂内部有技术资质的老工人的称谓,也成了城市社会中除"同志"外最常听到的陌生成年人之间的敬称,这一敬称所蕴含的不是对技术的抽象推崇,而是对工人阶级在社会主义生产和再生产中"遥遥领先"的主体地位的普遍认同。

"师傅越来越幽默"是上述生产和再生产空间解体情境中的反讽修辞,作为"师傅"的老工人在国营工厂停产后被抛入市场社会,茫然无措之际,反过来需要昔日"徒弟"的帮助和指导,无论是小说《师傅越来越幽默》的主人公丁十口,还是赵本山在电影《幸福时光》中扮演的老赵,都是作为最原初意义的喜剧形象被呈现给正在接受市场规训的读者或观众的:"喜剧倾向于表现比今天的人差的人。"③ 这个喜剧形象被从最直接的再生产角度隐喻为"比今天的人差的人":小说中的老工人丁十口一直无法生育,而在电影中,人口再生产条件的匮乏则是主人公行动和影片叙事的原动力,影片前半段的情节用一句话来概括,就是一辈子没找到老婆的老工人在下岗之后急着找老婆。在这一荒诞不经的叙事的背后,是作为社会主义再生产空间的单位—家庭有机体的解体。在传统社会主义时期的东北工业基地,工人家庭成员的生老病死皆是工厂的分内事,对于青少年的成长而言,父母的工作单位既是政治教科书所说的"人民抚育我成长"的实际媒介,又是最早塑造其工作想象的自我理想的直接来源——从小便在耳濡目染中将"工人""师傅"体认为父亲之名。

如果说《幸福时光》的前半段是老工人再生产职能的去势隐喻,那么影片的后半段则是老工业基地的消费主义改造的寓言。老赵为了帮助董洁

---

① 王星:《技能形成的社会建构——中国工厂师徒制变迁过程的社会学分析》,社会科学文献出版社,2014,第351页。
② 杜维明:《仁与修身》,《杜维明文集》第四卷,武汉出版社,2002,第50页。
③ 〔古希腊〕亚里士多德:《诗学》,陈中梅译,商务印书馆,1996,第38页。

扮演的失明的孤女,把废弃工厂车间改造成了仿真的"按摩房",让原来工厂里的工友轮流来消费。透过这些由李雪健、傅彪等一线明星扮演的"工友",观众可以直接捕捉到影片的事实背后的电影的事实:赵本山已然具备了整合主流大众文化资源的市场号召力。就在《幸福时光》上映的这一年,赵本山创办了"赵本山杯"东北二人转大奖赛,并首次举行隆重的收徒仪式,以余秋雨为代表的一众文化明星从关内的文化中心赶来捧场。赵本山面对媒体如是阐述鼓弄二人转的意义:"其实二人转这个市场很大,哪个老板能出钱干它一次,不光是艺人,还有更多的关东父老乡亲会记他一辈子。"① 这是这位喜剧小品明星第一次正式要把他在十年春晚积累的象征资本转化为资本,并由此扮演东北文化的恩主角色。

与此同时,赵本山在央视春晚小品中扮演的角色也具有了老农民以外的新身份,即号称"大忽悠"的生意人。在《卖拐》(2001)、《卖车》(2002)连续塑造的这一新身份的基础上,2005 年的春晚小品《功夫》引入了前所未有的人物关系(世代与等级同构的权力关系),由此建构出全新的观看机制及主体位置。在这一年的除夕之夜,赵本山把自己的两个徒弟带上了春晚舞台,表演"大忽悠"师徒组团来忽悠,小品里的角色关系与演员之间的真实关系高度同义互文。两个徒弟满怀景仰地参与两位"大师"——赵本山扮演的"大忽悠"和范伟扮演的范厨师之间的忽悠攻守战,在景仰中翘首盼望自己的红包,同时也牵引着观众的感官与期待,与他们同视同听:

> 两徒弟:师父,收下我们吧!
> 范厨师:哎哎,孩子们,"忽"海无涯,回头是岸,学好就好啊,过年了,给你们包红包去啊。
> 大忽悠:悲哀,的确悲哀,这钱你俩能要吗?上月我没给你俩发工资吗?

以"师父"为大对体,两个徒弟一系列的自称与他称——"我们""孩子们""你们""你俩"共同询唤着一种新的青年工作主体:受到文化产业资本家青睐的喜剧人力资本。当 2009 年小沈阳凭借小品《不差钱》蜚声全

---

① 小泥:《"赵本山杯"二人转大奖赛正式启动》,http://ent.sina.com.cn/h/42330.html。

国,该主体不仅是整个春节晚会最受瞩目的焦点,而且再造了东北工业城市的劳动叙事的中心——沈阳市总工会把这一年的五一劳动奖章颁授给了小沈阳。这位新时代的劳模成了众多缺少上升通道的东北底层青年的理想自我,而这个理想自我的自我理想显然不是来自劳模的命名者,毋宁说,该命名本身是对更高的父名的攀附:小沈阳首先是本山传媒的优秀员工,然后才可能是沈阳市总工会的劳模。本山传媒的董事长既是其旗下艺人在民间传统名义上的"师父",又是辽宁大学本山艺术学院的院长,在建立老板为师、资本为父的喜剧人力资本再生产模式的同时,使其喜剧产业占据了重塑东北青年主体的意识形态实践的重要位置。

二 作为青年文化的"二人转"与"喊麦"的父名

赵本山的喜剧产业是以"二人转"为核心能指的,这个能指几乎可以涵盖一切赵本山所说的"生产快乐"的表演,它一方面为这类产业化的混杂表演赋予了古老的乡土表象,另一方面却以区域中心和大都市为实际的策源地,向小城市、县级市辐射建构新世纪东北的城市青年文化。

赵本山在2003年将原来演出京剧和评剧的沈阳大舞台改造为"刘老根大舞台",打造出最具品牌价值和示范效应的"二人转"产业地标,而在他名义上的故乡、被认为是"二人转发源地之一"的辽宁铁岭的县级市开原,① 专门的"二人转"剧场开原大戏院直到2006年才成立。开原大戏院的大厅正中醒目地张贴着赵本山关于"三百年的二人转"的大段题词,题词旁是静享香案贡果的关公像,而大厅海报上却是清一色青春俊靓的"转坛新星",当这些青年"二人转"演员在舞台上以各种形式"生产快乐"时,台下的观众也大多是年轻人,他们是这座城市第一代接受"二人转"熏陶的青年。开原市的主城区是因铁路交通而兴起的现代城市空间,无论是通常被称作"蹦蹦"的1949年之前二人转的乡村表演形式,还是50~70年代建构的二人转"民间形式",在这里都没有群众基础。直到21世纪初,赵本山的喜剧产业伴随东北老工业基地的整体衰落而异军突起,开原据此将城市身份"乡土化"——将工人文化宫改制为专营"二人转"的开原大戏院。

---

① 赵本山的老家莲花村原属吉林省伊通县,1941年划入开原。

将工人阶级文化空间改造为"二人转"剧场,是东北老工业基地发展消费主义喜剧产业的一种普遍模式,除了城市空间改造、文化机构改制的脉络之外,这种产业发展与媒体的发展有着密切的关联,城市越大,改造的规模越大,便越显现出多重脉络的互动。如在东北最大的工业城市沈阳,隶属于沈阳铁路局的沈铁文化宫、隶属于铁西区总工会的沈阳工人会堂(原沈阳电缆厂文化宫——铁西区仅存的厂建工人文化宫)分别在2006年和2007年成为"刘老根大舞台"的剧场,而隶属于沈阳市总工会的沈阳市文化宫则于近年引入了"东北情大剧院",延请"四平青年"老大"二龙湖浩哥"来压场。2012年,在赵家班霸屏东北电视媒体之际,四平几位名不见经传的"二人转"演员自导自演的网络电影《四平青年》突然声名鹊起,第一次在本山传媒的系统之外生产出具有全国性影响的东北青年喜剧人形象,也第一次彰显出互联网之于东北喜剧的意义。

2014年之后,随着赵本山的形象从主流媒介淡出,东北喜剧几乎全然呈现为一种青年文化。一方面,更多的"转坛新星"与赵家班弟子一道活跃于各种电视喜剧综艺和真人秀;另一方面,网络直播借助移动互联网新媒体迅速崛起,以"喊麦"为标识的网络说唱主播几乎成了东北青年的专属行业,在描述这种流行文化的流行话语中,"喊麦"既被比附为"东北Rap""中国嘻哈",又被溯源至"二人转说口",由此顺理成章地汇入了跨越新老媒体时代的地域神话:喜剧性的表演仿佛本来就是东北人的乡土习性。然而,这种习性与其说来自乡土的自然赋予,毋宁说是"社会空间结构内在化的产物","它持续将必然变成策略,将限制变成偏好,非机械决定地产生一套构成生活风格的'选择',这些生活风格从它们在对立和关联的系统中的位置获得其意义亦即价值"。① 移动物联网时代的东北青年喜剧人,大多来自衰落的老工业基地的社会底层,在地域与阶级的双重分化所限定的成长环境中,赵本山引领的东北喜剧既是他们最容易分享到的文化资源,又是他们难能想象的上升通道,资源与通道的限制转而成为主体的自我规训:如果不会忽悠,不会白话,不具备某种喜剧表演天赋,并以此作为资源竞争和交换价值增值的手段,就不是一个合格的东北青年。尽管在社会符号的区隔体系中,东北喜剧——从小品、"二人转"到"喊麦"始

---

① Pierre Bourdieu, *Distinction: A Social Critique of the Judgement of Taste*, Cambridge, Massachusetts: Harvard University Press, 1984, p. 175.

终被定位为低俗文化，但正像赵本山经营"二人转"一样，把"俗"转喻为草根本色的自我塑像，同样是线上东北喜剧富于感召力的主体建构策略。

以东北网络主播的代表 MC 天佑为例，这位"喊麦之王"是锦州下岗工人的儿子，曾经卖过炸串，当过网吧收银员，他不仅乐于叙述自己的底层经验，更以此形塑作品中的理想自我。在其成名作《女人们你们听好》（根据他本人的说法，创作灵感来自被拜金女友抛弃的亲身经历）中，一位愤怒的底层男性叙述者将移情富二代的女人视为现实逻辑的化身：

> 现实的社会有一种物质叫金钱
> 有一种人类叫作女人
> 在这个社会上有很多事情被金钱打翻
> 在这个社会上金钱打翻了一切

但对拜金女发泄怒火，最终并不是要与金钱主导的秩序决裂，而是要烧掉前者错拜的偶像，从而发现和理解真正的金主——富二代的父亲：

> 钱是他父亲挣来的
> 为什么能挣到这么多钱
> 就是因为他父亲在年轻的时候
> 找到一个像他母亲一样愿意陪着他的女人
> 所以才有了今天

对"他父亲"的叙述是使叙述者自己的想象性认同得以确立的符号性认同："想象性认同是对这样一种意象的认同，在那里，我们自讨欢心；是对表现'我们想成为什么'这样一种意象的认同。符号性认同则是对某一位置的认同，从那里我们被人观察，从那里我们注视自己，以便令我们更可爱一些，更值得去爱。"① 只有以资本的位置为自我理想，主体才能体认理想的自我——正在奋力打拼的底层男青年，这个意象由于资本的凝视而获得了意义。"喊麦"对于东北底层青年的感召力，正来自它在这些老工业

---

① 〔斯洛文尼亚〕斯拉沃热·齐泽克：《意识形态的崇高客体》，季广茂译，中央编译出版社，2002，第 145 页。

基地的孩子与作为新父名的资本之间建立的认同机制,即便 MC 天佑已是千万富翁,仍然会被为他打赏的底层青年视为阶级兄弟,他的呼喊越是被所谓"精英"区隔为"低俗",聆听、模仿以至渴望成为他的工人之子们,便越有反制的快感,正如最流行的"喊麦"作品《一人我饮酒醉》所喊:

> 败帝王,斗苍天
> 夺得了皇位以成仙
> 豪情万丈天地间
> 我续写了另类帝王篇

就这种喜剧人力资本再生产的快感强度而言,"喊麦"无疑是以资本为父的"二人转"的升级版。

三 流散东北喜剧人怀旧中的无父之地

以"喊麦"为代表形式的东北网络直播,是在老工业基地人口老龄化与经济衰退同时凸显的语境中兴起的,在劳动力人口随资本流动的市场社会再生产前提下,超地域的互联网直播平台在文化生产方面对东北年轻人的外流趋势起了某种程度的缓冲作用,而在此之前,已有大量东北青年在关内的经济和文化中心成为喜剧人力资本。这些流散漂泊的东北青年一方面以自我喜剧化来实现自身作为人力资本的增值,另一方面则比留在故乡的同代人更深地感受着规训和异化的压力,因而在进行赵本山所说的"生产快乐"的同时,也生产着自己的厌倦和恶心。近年几部由流散东北人主创的流行喜剧电影都以这种厌恶感作为叙事动机。

最直观的征候是《夏洛特烦恼》(2015)的开头:受够了日常生活的主人公夏洛抱着马桶呕吐。呕吐物的倾泻口同时是时空穿越的出入口,主人公重返 1997 年——既是他正式成人前的高中时代,又是生活世界尚未因市场关系而完全分化的社会转型期。经过"马桶穿越"的过程,夏洛又重新对恶心的日常甘之如饴,怀旧之旅构成了主体的创伤修复手段,某种本原幻象为其提供了非异化的抚慰。《夏洛特烦恼》是在大连取景拍摄的,这座曾是改革开放前沿的东北城市被呈现出最老旧的一面,其中作为核心叙事空间的夏洛的中学拍摄于破产国企旅顺晶体管厂的旧厂区,仿佛承载着影片主创的"锈带"乡愁,然而,老国营工厂本身却不是影片再现和追怀的对象。与此相契合,夏洛穿越返回的是一块无父之地:在1997年的时空里,主人公没有父亲,只有表现为家庭妇女的母亲。剥离家庭的外部性,同时将中学校园再现为自在的再生产空间,影片借此使抚慰性的怀旧成了可能。

和《夏洛特烦恼》相比,大鹏执导并主演的《煎饼侠》(2015)和《缝纫机乐队》(2017)是更具自传色彩的流散东北喜剧人的怀旧电影。这位闯荡北京的"80后"东北艺人先后在两部影片中扮演了和自己类似的角色,并重复了同一种"原始要终"的叙事模式:当主人公对事业感到厌倦或颓丧时,对自己出身的底层家庭的回忆不仅是励志的源泉,而且为他终将实现的理想提供了命名,同时也构成了影片本身的命名。"煎饼"和"缝纫机"都是主人公的底层家庭的再生产方式,父母以这两种谋生手段供养着儿子的梦想——成为某种流行文化的生产者。对自在的底层家庭再生产方式的追忆与认同,既是工人阶级城市及单位—家庭有机体解体的结果,也是这一解体过程被遗忘的结果:仿佛"煎饼"和"缝纫机"是走向"侠"(超级英雄电影)和"乐队"的符号生产世界的自然起点。然而,在以上述底层家庭再生产方式命名的电影中,实际上却看不到主人公的底层父母,尤其是在直接对东北城市进行"还乡"式书写的《缝纫机乐队》中,这一悖论更加值得玩味:子一代以父母和故乡的名义投身符号生产,反倒在父母之乡隔离了作为物质生产者的父辈。

《缝纫机乐队》是在大鹏的家乡吉林边境小城集安拍摄的,以拍工人题材电影著称的"70后"东北导演张猛曾在这里拍摄自己的处女作《耳朵大有福》(2008),在重写城市当代史的意义上,这两部电影形成了显著的互文关系:曾经实际发生的工人阶级城市的衰败史被改写成了景观化的"摇滚之城"的重建史。一方面,模拟《耳朵大有福》对真实城市改造中的废墟的呈现,《缝纫机乐队》以一座仿真的大吉他雕塑的废墟为中心,使整个城市生活显现为居伊·德波所说的"巨大的景观堆积","曾经直接经历的一切都已变成纯粹的表象"。[①] 而另一方面,《耳朵大有福》之于景观社会的符号生产,又不只是消极等待被挪用和改写的对象,而是以自己的废墟书写记录了前者的真实形成过程。

《耳朵大有福》在直接呈现城市改造中的废墟/工地的同时,以一位退

---

① Guy Debord, *The Society of the Spectacle*, New York: Zone Books, 1995, p. 12.

休的老工人——主人公王抗美穿行城市的经历来表述正在改造中形成的空间。影片中一个反复出现的特写镜头隐喻了王抗美的经历。那是一张一元钱纸币,上面有手写的"周杰伦"几个字,王抗美买东西的时候,别人找给他,他后来花了出去,但最后又回到他的手里,他所经历的空间就是"周杰伦"的流通空间。"周杰伦"是景观社会里的消费文化符号,但它写在纸币上却不附加任何符号价值,王抗美最初得到这张一元钱纸币的时候,正在一家兼作小卖部的网吧里买方便面、啤酒和烟——他只消费基本的使用价值,而几乎不为实现符号价值支付交换价值。与此同时,王抗美在包括"二人转"剧场在内的城市消费空间中穿行,并不是要进行消费,而是要作为一家之主找到新的工作,以解决家庭的经济困难。但在这个正在形成的符号生产空间里,"消费力本身就是一种生产力的结构模式",[1]他无法参与符号的消费,也就意味着无法进行生产性的劳动。

书写不合格的消费/生产者的《耳朵大有福》是以青年为生产/消费主体的当下东北喜剧的元喜剧,它再现了流散东北喜剧人怀旧中的无父之地的形成机制:如果说"隔离是景观的始与终"[2],那么在由工人阶级社群空间蜕变而来的景观社会里,首先被隔离的就是变成老/穷人的老工人。从这个意义上说,东北的老龄化困境并非孤立的地方问题,而是以交换价值和符号价值区隔身份的"普遍性"社会生产体系表现在人口地理上的症候,对它的诊治需要想象曾以"(工人)师傅"为父名的再生产空间的重建形式,在那个空间里,老年的养成与青年的发展互为条件。

---

[1] 〔法〕鲍德里亚:《符号政治经济学批判》,夏莹译,南京大学出版社,2009,第69页。
[2] Guy Debord, *The Society of the Spectacle*, New York: Zone Books, 1995, p.20.

从地方到空间：新世纪诗歌的地理视角考察

冯 雷[*]

摘要 随着全球化、一体化趋势的加强，平面的地方概念逐渐拓展为立体的空间概念。交通工具、通信手段的变革及由此造成"时空压缩"深刻地改变了人们的审美感受，也丰富、拓展了文学研究中的地理视角。以这样的问题意识进入新世纪诗歌，除了景物描写、地方差异之外，还会触碰到性别、阶层、族群等问题。探讨这些问题，不但有助于纠正文学研究中过分倚重时间维度的偏颇，也有助于深化和完善对于现代性的认识。

关键词 地方 空间 新世纪 诗歌

Abstract With the strengthening of globalization and integration, the concept of place has gradually expanded into the concept of space. The transformation of transportation and communication, as well as the time-space compression, profoundly changed people's aesthetic experience, and enriched and expanded the geographical perspective of literary research. In addition to the description of the scenery and the local differences, we will touch the

---

[*] 冯雷，北方工业大学文法学院中文系讲师。本文为 2016 年北京市社会科学基金项目：新世纪诗歌"日常生活书写"研究（16WXC016）、2016 年北京高等学校高水平人才交叉培养"实培计划"大学生科研训练计划深化项目"面向学科竞赛的学生素质培养与拓展"（1754003）、2016 年北方工业大学教育教学改革和课程建设研究项目"以竞赛和升学为驱动——培养与提升大学生人文综合素质的探索与实践"（XN009 - 57）的阶段性成果。

problems of gender, class and ethnic group. The discussion of these problems will not only help to correct the bias of excessive reliance on the time dimension in literature research, but also help to deepen and improve the understanding of modernity.

Key Words　Place　Space　New Century　Poetry

近些年来，地理与文学，特别是与现当代文学、现当代诗歌之间的关系越来越引起学界的注意，以杨义、张清华等为代表的一批学者不断拓展学术边界，尝试建构和完善"文化地理学"、"文学地理学"、"人文地理学"及"新诗地理学"等，① 尽管他们各自的焦点、方法、路径不同，但其问题意识却大体相近，即力图清理并阐释诗歌与地理之间的关系。而从近些年的学术成果中也隐约可以看到从"地方"向"空间"、从传统的文学地理学向后现代空间批评的学术转型。

传统的文学地理学主要研究和地理环境有关的人文活动，尤其关注"在哪里"、"什么样"和"意味着什么"。而伴随着全球化、一体化趋势的加强，平面的地理概念逐渐拓展为立体的空间观念，交通工具、通信手段的变革、升级使得人口流动更趋频繁，"时空压缩"正成为一个显在的事实。西方学者转而认为空间不只是一种客观的物质存在，也是人们对于现实世界的认知和理解，是人类实践和生产的对象与产物，是与人的创造性相关的主观存在。他们主张，要对晚期资本主义社会中多元混杂的社会权力关系进行讨论，就不得不对多维指涉的空间进行研究。他们认为地方（place）是倾注了人类经验、欲望、记忆的场所（locale），这些情感不但包含着个人化的意向，而且还承载着集体的文化认同，是"在场"（presence）的；空间（space）是文化与社会关系的产物，是"缺场"（absence）的，体现为虚拟、抽象的物物关系。② 段义孚从经验、感受的角度出发，认为"地方"是亲切的、熟悉的，"空间"则是陌生的、有距

---

① 参见张清华《经验转移·诗歌地理·底层问题——观察当前诗歌的三个维度》，《文艺争鸣》2008 年第 6 期；张清华：《当代诗歌中的地方美学与地域意识形态——从文化地理视角的观察》，《文艺研究》2010 年第 10 期；曾大兴：《文学地理学研究》，商务印书馆，2012；杨义：《文学地理学会通》，中国社会科学出版社，2013；张立群：《新诗地理学》，辽宁大学出版社，2015。2017 年 6 月，北京师范大学国际写作中心等在北京召开了"第九届当代诗学论坛·百年新诗：历史变迁与空间共生"学术研讨会。

② 参见〔英〕安东尼·吉登斯《现代性的后果》，田禾译，译林出版社，2011，第 16~18 页。

离的。① 当代语境乃是"空间、时间和社会存在的三方辩证关系,对历史、地理和现代性彼此之间的关系进行改革性的重新理论化"②。因此,空间批评也就应运而生。

对于新世纪中国诗歌来说,尽管许多诗人争相标榜"先锋",但是美学上的暴动并不像人们所期待的那样轰轰烈烈。传统的寄情山水、"相看两不厌"式的创作模式并未过时。当然,如果把一些作品放在社会关系的网格中来考察的话,那些个人化的表达则可能不仅仅是地域差异的问题,和不均衡的社会—政治—文化关系也存在密切关联。而且,在新世纪的诗歌里,诗人们也普遍更加关注自己的生存境遇与文化身份,许多诗歌问题实际上被社会关系支配,同时又生产出社会关系,从而成为空间问题的有趣注脚。

一 诗歌作为人文地理坐标

"地者,万物之本原,诸生之根菀也,美恶、贤不肖、愚俊之所生也。"③ 中国的古人凭借超群的智慧很早就注意到地表自然形态或微妙或显著的差异,他们适应自然、改造自然,也欣赏自然,在自然深邃而绚烂的怀抱里想象世界、感知自我,"在心为志,发言为诗"。与那些知名的或不知名的山川草木的对话已经沉淀为民族的集体记忆。

故乡、居住地往往是人们最熟悉的地理环境,和古人一样,新世纪以来许多诗人都曾描绘过自己身边的风土人情,许多诗人名声大噪或多或少都和他们对地域景观的呈现有关,诸如雷平阳、王单单描写云南,沈苇和南归之前的杨方讲述新疆,又如庞培、潘维、吴少东等在江南吟唱,辰水、轩辕轼轲及进京之前的邰筐、入海之前的江非在山东临沂抢酒拉呱,慕白反反复复为浙江文成代言,等等。虽然这些诗人抒写的题材大都非常广泛,但让他们声名鹊起的作品大都与自幼浸淫其中的山山水水有关。

而值得注意的是,不少诗人迁居异地之后好像并不再热衷于描写新的地方环境。比如像生长在江苏南通的戴潍娜,她的第一部诗文集就命名为

---

① 参见〔美〕段义孚《空间与地方——经验的视角》,王志标译,中国人民大学出版社,2017,第110~112页。
② 〔美〕爱德华·W. 苏贾:《后现代地理学——重申批判社会理论中的空间》,王文斌译,商务印书馆,2004,第18页。
③ 《管子校注》卷十四《水地篇》,中华书局,2004,第813页。

《瘦江南》（2012），后来她进京读书、游学、工作，渐渐地融入北京的文学圈，新近还成了"截句诗丛"的一员，个人创作也从富于地域特色的抒写转向女性气质更为鲜明的自我对话、诘难，"试图在彼此身上创造悬崖"①，早期的江南气息已经难寻踪迹了。相比于戴潍娜，江非在家乡生活的时间要更长些，山东临沂的"平墩湖"几乎成了贴在他早期诗歌上的一个标签。定居海南之后，江非则明确地体认到自己"不是一个到了何处就写何处风物的人"②，他的创作，诸如《面对一具意外出土的尸骨》《铁锹传奇》《逃跑的家伙》等，强烈地呈现出一种面向社会、历史的挖掘意识。为什么当诗人进入创作的成熟期、完全有能力更加从容地调配词语和想象力的时候，却不再倾心于地方景致了呢？这恐怕是因为新迁入的城市虽然别具一格，但在情感方面毕竟不能与故乡等量齐观，且诗人的创作渐入佳境，写作视野也日渐宽阔，"诗文随世韵，无日不趋新"也是人之常情。再有，诗人们迁入的往往是二线、一线城市，但是在全球化、现代化不断扩张的过程中，这些大城市的地方性却大多显得面目模糊。一百年前的"京味儿""海派"如今看来更像是历史遥远的回声。越是欠发达、欠开放的城镇，其地方色彩反倒越鲜明些，而越是摩登、现代的城市，无论是外在景观还是内在精神都似乎越趋于同质化。的确，在全球化、一体化的文化视野中，文学的地域风格之间的差异似乎正在变得越来越模糊，"那些东方的小姑娘们〔在她们所说的法语中〕如此欣然地接受了并且精彩地复制着法兰西的幻象与旋律"③。所以在类似萨义德"想象的地域及其表述"中，许多诗歌作品其实不仅仅是对个人记忆、情绪、想象的标记，更是现代乃至后现代语境中各个民族珍贵的人文地理坐标。

和上述这些诗人的兴趣转移到乡土以外的其他领域形成对照，还有一些诗人则对旅途中的人文、自然景观颇为瞩意，有的研究者将其概括为"旅行视野"，认为它已经成为新世纪诗歌的一个基本面。④ 多多、王家新、蔡天新等都堪称这方面的代表。颇为活跃的青年诗人中，小布头（王洁）早年以小说创作为主业，进入新世纪重拾诗笔，有将近三分之一的诗是写

---

① 戴潍娜：《灵魂体操》，黄山书社，2016，第 97 页。
② 冯雷、江非：《在通往理解的途中——江非访谈》，《新文学评论》2014 年第 4 期。
③ 〔美〕爱德华·W. 萨义德：《东方学》，王宇根译，生活·读书·新知三联书店，2007，第 312 页。
④ 参见卢桢《21 世纪诗歌的想象视野》，《诗刊》（上半月）2016 年第 4 期。

个人旅行的，体量非常大。被冠以"自然诗人"的李少君行走天下，在"诗学的生态主义"① 中深耕，《南渡江》《西湖边》《青海的一朵云》等都记录了漫游的脚步。冯娜有感于进藏的见闻而完成了随笔集《一个季节的西藏》（2014），以首师大驻校诗人的身份客居北京期间，天坛、玉渊潭、潭柘寺、戒台寺都曾点燃她内心的诗意。以《天下龙门》《过黄河》等为代表，杨方也有许多作品是拜沿途景物所赐，她在诗集《骆驼羔一样的眼睛》（2014）里还专门以"流水词"为题把这些诗歌收为一辑。

无论是作为归人书写乡土，还是身为过客记录行程，这些紧扣地理的观察和想象无疑值得重视，它们接续了古人游历山水的情怀和遐思，使得山水、建筑、遗迹等景观更富于人文气息而成为地方人文地理坐标。不过更让我感兴趣的是，在戴维·哈维看来，在资本流动、积累加速的过程中，空间阻隔被层层打破了，在电报、火车、飞机、电视、网络等纷至沓来的背后隐现着的是"时空压缩"的现代性事实，其结果则是如我们业已目睹的那样，许多独具特色的本土文化在一点点地被蚕食和吞噬。地理区域的概念正逐渐从文化、历史和地理意义中解脱出来，而被重新整合到由形形色色的物象、人文构成的功能网络里，构成了新的文化空间。

二 地方差异的个人化表达

"人们是坐在速度的上面的。"② 西美尔认为现代交通工具改变了大城市的人际关系，他说："在公共汽车、火车、有轨电车还没有出现的19世纪，生活中还没有出现过这样的场景：人与人之间不进行交谈而又必须几分钟，甚至几小时彼此相望。"③ 的确，现代性、全球化的到来深刻地改变了人们的日常审美感受。或是借助媒体通信手段，或是直接旅游穿行，无须竹杖芒鞋一日何止千里？地理环境对人的制约和影响已经大为削弱。胡小石先生曾经指出："以地域关系区分文学派别，本来无可非议，不过只适宜于交通不便、政治不统一的时候。"④ 更有学者认为："在全球一体化的背景之

---

① 参见吴晓东《生态主义的诗学与政治——李少君诗歌论》，《南方文坛》2011年第3期。
② 刘呐鸥：《风景》，《都市风景线》，水沫书店，1930，第21页。
③ 转引自〔德〕瓦尔特·本雅明《发达资本主义时代的抒情诗人》，王才勇译，江苏人民出版社，2005，第34页。
④ 胡小石：《李杜诗之比较》，《胡小石论文集》，上海古籍出版社，1982，第107页。

下,再谈文学的地域性已经没有什么意义。"① 这些看法与时空压缩的现代转型是深深契合的。从新世纪的诗歌实践来看,在"诗歌地理专号""区域性诗歌联展"等活动、栏目展示的作品中,总体上因为地域不同而造成的风格差异其实并不明显。当然,自然环境对新世纪诗歌创作的影响依然存在,只是它表现得不再像"胡马依北风,越鸟巢南枝""铁马秋风塞北,杏花春雨江南"那样简单、粗暴、直接,而是常常和个人经历、地方历史、观念习俗、集体意识等多重因素综合在一起,显得更加"个人化"。

张二棍是近些年备受关注的青年诗人,他的家乡"就是山西,就是代县,/就是西段景村,就是滹沱河"(《故乡》)。诗人不过是他的业余身份,他赖以生存的工作是大同地质队的钻探工。长期生活在晋南的同乡小说家葛水平形容山西是"高寒、干旱、山大沟深,交通不便"②,张二棍生活、工作的晋北地瘠民贫,自然条件就更为严苛。因为特殊的工作属性,张二棍十六七年来"一直在荒村野店,穷山瘦水中"③奔走,跋山涉水如家常便饭,有时候连续近一个月与世隔绝,"哪怕一个人躺在床上/蒙着脸,也有奔波之苦"(《我已经和这个世界格格不入了》),这就是他真实的日常生活。由于长期在野外作业,张二棍特别熟悉那些缄默的植物和微小的生灵,在《大风吹》《旷野》《让我长成一棵草吧》《暮色中的事物》《听,羊群咀嚼的声音》《草民》《蚁》《雀》等作品里,他描写了许多"单薄的草,瘦削的树"(《大风吹》),以及和那些野草为伍的"羊群""蚂蚁""麻雀""灰兔""飞鸟"等。和大部分生活在城市的诗人相比,自然地理环境对张二棍的影响要更大些。他觉得"在乡野、山林待太久了,真的会把草木当亲人。你高兴的时候,会在草地上撒欢,你无聊时,会在一棵大树下坐到天黑。你想哭,就会跑到崖壁下仰起头来"。他还说:"我始终认为,植物有我们永远抵达不了的品质。"④ 环境对他的作用不只体现在意象塑造方面,更体现在对他抒情质地的影响上,而这正是足以将他和同时代许多诗人区别开的方面。抒写草木、植物的诗人不在少数,张二棍诗里的草木却沁着一种

---

① 李敬敏:《全球一体化中的地域文化与地域文学》,靳明全主编《区域文化与文学》,中国社会科学出版社,2003,第154页。
② 葛水平:《浮生》,《守望》,百花文艺出版社,2006,第366页。
③ 石泽凤:《访谈两篇》,《青龙湾杂志》2016年第1期,http://www.ngcm.cn/articleview/2016-5-9/article_view_40513.htm。
④ 冯雷、张二棍:《"我是个不擅长书写欢快的人"——张二棍诗歌访谈》(未刊)。

小人物的自得与自省,"须是北风,才配得/一个大字。也须是在北方/万物沉寂的荒原上/你才能体味,吹的含义/这容不得矫情。它是暴虐的刀子/但你不必心生悲悯。"(《北风》)草民像韭菜一样"用一生的时间,顺从着刀子/来不及流血,来不及愈合"(《草民》),就连神仙在乡下也是朴素的,"坐在穷人的/堂屋里,接受了粗茶淡饭"(《在乡下,神是朴素的》)。可以说,张二棍的诗里,人物和草芥是同构的,借用他《安享》里的一句诗,他们都"散发着的/——微苦,冷清,怏怏的气息"。

冯娜生在云南丽江,后来在温郁的广州求学、工作、写诗,她对植物很有研究,曾经在一份报纸上开了一个关于植物的专栏。比起张二棍笔下那些籍籍无名、略失单调的小草,冯娜诗歌里的植物要丰富、精致得多,也更富于生机,以植物为题的作品有《松果》《杏树》《宫粉紫荆》《苔藓》《风吹银杏》《橙子》等。虽然她笔下这些苍翠的精灵并不直接指涉她身处的羊城,不过秀丽的景致倒也可以视为南国草木葳蕤的生动写照。在张二棍的诗歌里,"草"是同诗人对生活的感受、思索紧密相连的。同样,多姿多彩的根须和枝叶也正是冯娜追踪、叩问自己内心的一种个人化的方式。"怎样得到一株黑色的百合?/……如同我手上的皱纹"(《短歌》),"我也想像香椿树,信仰一门叫做春天的宗教"《香椿树》,"如果树木不只在春天丧失记忆/它将如期获得每一年的初恋"(《春天的树》)。有的研究者用"精神性植物视域"来概括冯娜对植物的书写,认为植物"是跟她整个的生命态度连在一起,"[①]这是有道理的。而在"生命态度"中,最具有典范意义和辨识度的便是冯娜的"女性意识"。冯娜的诗里,"女性意识"的痕迹非常明显,与翟永明式的"黑夜意识"不同,冯娜的女性意识要显得澄明、温静许多。"每一株杏树体内都点着一盏灯/……/杏花开的时候,我知道自己还拥有一把火柴"(《杏树》)。有意思的是,冯娜谈到"女性"时又常常会提到一种或几种植物,比如在《尖叫》、《魔术》和《短歌》里。或许可以说,在冯娜的笔下,植物不是单纯作为一种地方景观出现的,而是承担着诗人和世界对话的中介功能,使得每一种细密的感受都可以找到一株独特的植物去投注灵魂。

张二棍、冯娜笔下的草木的确体现了南北方的地理差异,这是显而易

[①] 陈培浩:《机械复制时代的灵韵诗人》,载吴思敬主编《诗探索·4》(理论卷),作家出版社,2016,第84页。

见的。更值得深究的是，通过他们"个人化"的表达，我们还可以窥探到更多的内容，比如拿个体对于集体的承担与想象来说，张二棍所处的晋北和郁笛他们混迹的鲁东南差异何在？就女性诗歌的出场策略而言，八十年代的成都和新世纪的广州有什么不同？这些比较无疑是建立在地方的基础上，但显然都不是地域风格能够解释的，而是涉及空间视域下的阶层、文化、权力、性别、历史等多重关系。正是在这个意义上，乡村也好，城市也好，都不只是由交错的经纬确定的一个地点，而是各种复合因素集结而成的立体系统。

三　"北漂"诗歌：底层经验的空间差异

地形、水文、气候、物种等对文学的发生和塑造当然有不容忽视的影响，但是仅从这些角度入手去讨论分布、风格等问题，恐怕并不能真正触及现代性语境下文学与外在环境之间丰富、多样的关系，因为它忽视了"地理"这一概念的深刻变革。地理大发现以来的自然探险不仅发现了新的大陆，更重要的是把世界连接为一个整体，促进了不同文明之间的交流，改变了世界格局。"空间关系的急遽重组，空间障碍的进一步消除，其最终导致的后现代新地理形势的出现，影响到政治和文化的方方面面。"[①] 试想，如果没有《海国图志》（1842）、《瀛寰志略》（1849）打开眼界，那我们可能依然沉浸在天朝上国的迷梦之中。所以，伴随着各种虚拟关系的建立、组合，传统的平面地理研究已经转向立体的、多维的空间研究。列斐伏尔在他的研究中发挥了马克思主义的基本理论，把空间视为一个抽象的社会性—政治性的存在，"政治经济学变成了空间的政治经济学"[②]。郝景芳的《北京折叠》（2016）讲述的其实正是一个"空间政治经济学"视角下的北京。从这种视角来看，新世纪甚至现代以来的许多文学现象、文学事件不仅呈现出地域差异，也表现出空间差异，还可以从空间化、层次化的角度进一步加以观察和解读。

新世纪初年的"打工诗歌""底层写作""民生关怀"，[③] 这些命名所指涉的对象既有交叉重叠之处，也有各自独特的部分。人们对于打工诗人和

[①] 陆扬：《日常生活审美化批判》，复旦大学出版社，2012，第356页。
[②] 〔法〕亨利·列斐伏尔：《空间与政治》，李春译，上海人民出版社，2015，第103页。
[③] 参见王光明《近年诗歌的民生关怀》，《河南社会科学》2006年第6期。

他们的生存境遇给予关注，实际上呈现了社会转型时期，以人口流动为前提的人与城、城与乡之间的复杂矛盾。以郑小琼等为代表的打工仔、打工妹们，每天从事着高强度的手工业制造工作，"在炉火中歌唱的铁，充满着回忆的铁"①，他们自己也像一块铁一样被生活锻打。郑小琼们的作品里积郁着痛楚、悲凉，几乎是站在绝望的边缘。然而，值得注意的是，从地域的角度来看，这种情绪的弥散是以广东为策源地的，而在两千公里之外的北京也聚集着一大批被冠以"北漂"的外来务工人员，他们作品的风貌和南方的工友们似乎不大一样。而且，虽然是讲述北京，其中却既没有八百年帝都的雍容和大气，也没有市井街头的京味儿。

人口统计数据显示，较长一段时期以来，"北京流动人口文化程度居全国之首"②，根据2016年的研究数据，北京的流动人口中大专以上学历占比达30%，要远高于全国其他地区③，北漂诗人当中有不少都是高校毕业的"小白领"。珠三角的"外来妹"们文化程度普遍较低，大多从事低端的制造业，如果离开嘈杂的车间和简朴的宿舍，他们恐怕只能折返回乡村去务农。而对于不少"北漂"来说，北京则未见得是一个没有退路的选择。只是，从"逃离北上广"到"逃回北上广"，这个"不是堕落，就是回来"④的预言似乎正说明，北京不只意味着生存，还意味着认同和追寻。"北京诗人们到河北，我在最高级的宾馆宴请他们/我觉得他们都住在皇宫里"（王秀云《从北京到文成和从文成到北京不是一样的距离》）。在许多人眼中，北京是一座被重重魅影笼罩的"梦想之都"，但并不是所有的朝圣者都能如愿以偿——"有些人的梦想坐在车里/有些人的梦想飞在天上/有些人的梦想在地宫里日夜疾驰/而有些人的梦想破碎如尘埃洒落一地"（小海《梦想之都》）。北漂们的作品里同样充斥着劳累、卑微和沉重之感，但总体上似乎没有南方打工仔们的那种尖锐的疼痛。或者，如果说南方的打工诗歌细述了生存的切肤之痛，那么北漂诗歌则道出了梦想如断线的气球一般的"生命中不能承受之轻"。"我们搭坐地铁和公交几个小时，来到公司/习惯性地刷卡、微笑/打开电脑，开始一天的工作/不得不承认，这是我们最光

---

① 郑小琼：《歌唱》，载张清华主编《2006年诗歌》，春风文艺出版社，2007，第292页。
② 国家统计局人口和就业统计司编《2007中国人口》，中国统计出版社，2008，第103页。
③ 马小红、胡梦芸：《京津冀协同发展视域下的北京流动人口发展趋势》，《前线》2016年第2期。
④ 鲁迅：《娜拉走后怎样》，《鲁迅全集》（第一卷），人民文学出版社，2005，第166页。

鲜的一天"。只有在工作的时候才是"最光鲜的",下班之后则又要沦为"蚁族","日复一日地为生存而奋斗着/我们活过,像从未活过一样"(杨泽西《北京地下室之蚁族》)。又如沈亦然的《书橱:腹中自有江山》,"我身扛江山跨越江河/与你一起/从乡村来到京都/从北三环迁至东六环/又从黑格尔到尼采、从叔本华到萨特/越过了李白、波德莱尔和兰波/遇上王小波、余华、海明威和卡佛/……/转眼间/你已大腹便便身怀六甲徒增负重"。诗人是循着那一串伟大的名字千里迢迢来北京追逐文学梦想的,然而"转眼间"梦想却被庸常的生活所覆盖,真可谓"二十四桥仍在,波心荡、冷月无声。"

可尽管如此,谈起在北京扎根的经历,不同年龄段的"北漂"们却又显得无怨无悔、矢志不渝。2015年开始"北漂"的"90后"孤狼说:"我不知道它有什么好,我只知道从我来到北京以后再也离不开了。"2000年抵京的"80后"李成恩相信:"北京是一个大熔炉,把一块破铜烂铁扔进来都会哧哧冒烟,把你锻造成一把好刀。"1995年就进京的"70后"沈浩波谈道:"随着年岁渐大,故乡感日渐趋弱,因此漂泊感也日渐趋弱。何处不是家乡?何处不是漂泊?"2008年来京的"60后"王秀云感言:"北京,你没有理由离开,也没有理由留下。"2012年进京的"50后"苑长武认为:"漂在北京,也是北京人。"[①] 北漂诗人们像本雅明在《发达资本主义时代的抒情诗人》中所描述的"浪荡游民"一样混迹于社会各行各业,但却普遍表现出对北京的向往、眷恋与认同。这种感情在南方高温、潮湿的车间、工棚里似乎是体会不到的吧。

自然,"北漂"们的诗歌并不足以代表新世纪人们对于北京的文化想象。北京是名流汇聚、土著繁衍的一线城市,是与"外省"相对的首都,更是日益国际化的、与伦敦和纽约比肩的国际大都市。在这重重叠叠的政治经济关系的掩映、交叉之中,事实上也正显现出空间与地方的对峙。在全球化的语境下,这种对峙也可以被拆解为资本与劳动的差异,启蒙与被启蒙的区别。那么,在这样的背景下,又该如何来寻找和看待地方的意义呢?

四 地方性的错位和融合

必须要承认,全球化背景下的空间压缩并不是发生在所有地方,当全

[①] 师力斌、安琪主编《北漂诗篇》,中国言实出版社,2017,第21、186、208、93、59页。

世界变得天涯若比邻时,还有不少人迹罕至的地方却是比邻若天涯。当北京的地方特色变得面貌模糊时,在那些封闭、遥远的草原、孤岛上,地方身份就能得到清晰的辨认吗?

中国地域广袤,民族众多,自古以来,少数民族的聚居区就主要集中在天辽地阔的西部和北部,通常谈到"民族文学""民族意识",人们一般是不大会联想到富庶的内陆核心地区及"北上广"这些中心城市的。但是新世纪以来,北京市常住人口中,少数民族人口总量一直呈上升趋势[1],许多年轻的少数民族诗人,比如戴琳、刘阳鹤等因为求学而告别民族氛围浓郁的家乡来到北京,恰恰是在北京学习、生活期间,他们才清晰地觉察到自己的民族身份,创作了一批显现着民族意识、宗教色彩的作品。在他们身上,我们似乎可以发现地方性有趣的错位和融合。在少数民族诗歌的地图里,北京反而出人意料地成为一个重镇。

把戴琳和刘阳鹤放在一起考察很有意思,他们年龄相仿、经历相似,呈现出的问题也具有一致性。他们俩在来北京读大学之前一直随父母生活在家乡,对于自己的民族身份可以说是不自觉的。戴琳是鄂温克族,她的家在内蒙古呼伦贝尔鄂温克族自治旗。据她说,在当地的日常生活中,她们受到蒙古族文化和汉族文化的双重影响,但她对后者更为偏爱,喜欢读一些汉语文学作品。上大学之前,她不喜欢自己鄂温克族的身份,到北京读书之后,她还一度想要隐藏自己的少数民族身份。回族诗人刘阳鹤生长在甘肃天水,由陇入京、初学写诗的时候,他的诗如《假如我有一匹马》(2011)等是典型的校园励志诗歌,并没有什么特殊的地方。刘阳鹤自己也认为,在民族聚居区他不会感到自己与周围环境的差别,不会清晰地意识到自己是一个有着独特文化背景的穆斯林。

来到北京之后,由于和周围人的差别,他们逐渐意识到自己的民族身份,不约而同地在创作中开始文化寻根。戴琳的觉悟始于一次旅行,她从内蒙古的红花尔基一直到根河、莫尔道嘎去。在红花尔基,鄂温克语和鄂温克族文化都保留得非常好。而在莫尔道嘎,传统的驯鹿业虽然很发达,但是在文化观念方面,汉化却比较严重。两个地方的反差及沿途的见闻、感受促使戴琳思考自己的命运处境:"你不会嫁给一个牧民或者猎民吧",

---

[1] 参见北京市第六次全国人口普查办公室《迈向小康社会的中国人口(北京卷)》,中国统计出版社,2015,第238、239页。

并写下了《嫁》（2014）和《莫尔道嘎》（2014）。刘阳鹤则是在和本族同胞的交流中逐渐意识到自己穆斯林的身份，在北京，他和其他人的差别醒目地凸显出来，偶尔他还会和回族朋友一起去清真寺，渐渐地他对穆斯林文化充满了兴趣和热情，以至于他觉得北京的民族氛围比起西北来还要浓郁。出于内心的冲动，他还曾专程前往有"小麦加"之称的宁夏临夏去致敬，创作了《小麦加游记》（2014）、《同心圆》（2015）等。

他们俩的这些作品都体现出一种"寻找水源"似的"寻根"姿态。"嫁"意味着女性要离开熟悉的原生家庭"去"到陌生、有时还很遥远的夫家。"红花尔基前往莫尔道嘎的路上"或许就曾是戴琳的祖先成亲远嫁的路途，而她一路上所看到的"牧民""猎民""草原""鹿王""俯冲而来的鹰"或许正是她的祖先所目睹的。那如织锦一般、充满边地民族风情的森林景色对于她"一个来自远方城市的人"来说全都是陌生的。她不由得像崇敬自己的父亲一样崇敬自己的民族历史与民族文化，在她的心目中，父亲是通晓一切的，"闭着眼睛也不会认错路的老司机"，"父亲知道地图之外的事情"。这和刘阳鹤心目中的父亲形象如出一辙，在"向父亲致敬"的《为流离于渭河以南而作》（2014）中刘阳鹤写道："你通晓我所周知的"。在这首诗里，"父亲"是一个被充分历史化了的形象，"灶边的不洁净"和被无业游民绞杀的"观赏鸽"似乎象征了某种因袭的民族偏见与重负，而"父亲"却像"姜太公坐定时"一样，流露着"十三朝古都"博大、肃穆的神情。戴琳的"寻根"之旅首先是一次旅行，所以她一路都在"看"。而刘阳鹤在前往临夏之前已经有所觉悟，所以西行的路上他似乎一路都在面向民族历史思索、参悟。"我们默然／把历史的疮伤写进血迹研究"，"我们被逐渐解构了的／生存史，将悲观主义贴附在宿命论的车胎上"。他的表达也常常表现出穆旦一般受难的品质。

虽然心向往之，而且崇敬有加，但戴琳、刘阳鹤"寻根"的收获却可能并不尽如人意。在自己的祖地，戴琳很快意识到自己正是鹿王想要赶走的那个"带着油烟味道的异乡人"，《莫尔道嘎》则更像是一曲挽歌，"一切都预示着通晓万物的萨满不会再降临了"，"森林得不到一具完整的尸身"，"皮革制成的小鸟不能再唱一首有始有终的歌"。不但自己无法融入森林，就连森林织锦一般的美景也逐渐沉沦。而刘阳鹤的"寻根"更像是"十八岁出门远行"似的猎奇。他自己也强调："我无可避免地历经了民族意识觉醒前、后两个不同阶段，当然这里所谓的'觉醒'是体现在写作意义之上的。也就是说，当我在写作中萌发了对民族身份的思考时，我的写作在真正意义上才开始生效。"① 换言之，所谓的"生效"其实就是使他的创作迅速度过了学步期，开始夯筑较为坚实的思想质地。随着他到西安去生活，那些带有民族、宗教风情的创作也越来越少了。

因为特殊的身份，戴琳和刘阳鹤的诗歌创作很容易被通常意义上的少数民族文学化约掉，而忽略了"北京"对他们的独特影响。实际上，他们的"寻根"都是以对"异乡"和"远方的城市"、对北京的归属感为前提的，反倒是对本民族的祖地和圣地却显得迟疑甚至是抗拒。而且，在他们俩的诗里都有一个非常情感化的细节，都提到了"观光"。在《嫁》里，戴琳意识到自己就像是"被围栏拦在观光区外"的鹿王。在《时间之墟》（2015）中，刘阳鹤面对着历史感叹，"谁若担心承重墙垮掉，谁便是/不解风情的观光者"。似乎自始至终，他们都是外在于民族想象与认同的。那么，在全球化、一体化的时代，他们民族身份的觉醒是否只是在北京"观光"而得的一重"风景"呢？

结　语

我想无须再去追述中国古典文学中"诗歌与地理"的渊源了。"人间四月芳菲尽，山寺桃花始盛开""东边日出西边雨，道是无晴却有晴"等，这些反映自然地理规律、特点、现象、景观的名句已经成为宝贵的历史遗产，不断地被人传诵。而从"地方"转向"空间"，应当说不仅是认识的必然，更是实践的必然。综合苏贾、哈维等的观点，他们认为在西方从19世纪中叶一直到20世纪60年代，批判社会思想中，去空间化的历史决定论都居于主导地位。当资本效益无法再通过扩张领土来实现时，就必然诉诸效率的提升，而"时空压缩"正是提高流通效率的一种思路与方式，"空间上的障碍只有通过创造特殊的空间（铁路、公路、机场、远程运输等）才能被减少。"② 因此，从20世纪60年代开始，在一系列现代化浪潮的带动下，空间问题重又引起人们的重视。③

---

① 刘阳鹤：《真诚与写作》，《文艺报》2015年6月3日，第6版。
② 参见〔美〕戴维·哈维《后现代的状况》，阎嘉译，商务印书馆，2013，第290页。
③ 〔美〕爱德华·W.苏贾：《后现代地理学——重申批判社会理论中的空间》，商务印书馆，2004，第5~7页。

回到中国语境来看，晚清以来，无论是改造实践还是历史阐释大体都是在线性时间观念的支配下展开的，"三千年未有之大变局""超英赶美""时间就是生命"，这些判断与口号共同诠释了追求现代性的紧迫感。而按照哈贝马斯所言，现代性始终是一个未完成的工程。近些年在全球化的影响下，人们又纷纷讨论地缘优势、区位功能、地域文化，这些也都说明人们对现代性的理解还在不断深化与拓展。对于当代诗歌的阐释来说，引入和建立"地理—空间"视角，也有助于丰富全球化背景下人们对于现代性的认识。

新中国单位组织制度下的话剧生产
——以北京人民艺术剧院（1952~1966年）为例

郭云娇*

摘要 新中国成立以后，文艺生产被纳入单位组织之中，单位组织制度下的话剧生产也在民族国家建构中表现鲜明的本土意味。北京人民艺术剧院作为社会主义话剧的主要生产单位，无论是其单位制度的不断变革，还是身份从作家到文艺工作者的转变，抑或剧目改编的意识形态化，其间均纵横交错地涉及所谓民间与官方、文艺与政治、自由与体制的冲突与联系，揭示了新中国文化政治实践的意识形态内涵、策略及其运作方式。

关键词 单位制　人艺　话剧生产

Abstract Since the founding of the People's Republic of China, the art production has been incorporated into the organization structure of the unit, and the drama production under the unit system also showed vivid local characteristics in the construction of national-state. Beijing People's Art Theatre was the main unit for producing dramas in China. Whether it is the continuous change of its unit system, or the change in identity from the writers to the literary workers, and the political ideology implied in the drama adaptations. It involves the conflict and connection between the so-called civil and the official, art and politics, freedom and system. In that way, this paper can reveal the ideology connotations, strategy and the operations of New China's cultural

---

* 郭云娇，首都师范大学文学院博士研究生。

and political practices.

Key Words　The Unit System　Beijing People's Art Theatre　Drama Production

单位组织是中国较有特色的社会现象。① 新中国成立后，社会主义的文艺实践被纳入以单位为单元的组织形态之中，作为知识分子的作家、艺术家也被纳入体制之内。国家对话剧部门的整合与管理，不再需要面对单一的文艺工作者，而是通过对由众多文艺工作者构成的单位组织的管理来实现。单位组织不仅是一种管理形式，而且是一种制度组织，这种制度组织深受国家政治制度环境的影响。

新中国成立后，话剧以其本身所具有的仪式性、公开性、公共性等特点，成为备受官方重视的文艺样式。北京人民艺术剧院（以下简称"人艺"）作为新中国话剧生产的龙头，在新中国成立初期就以话剧艺术生产为使命，逐步承担起了宣传、教育的社会责任，成为国家主流意识形态的重要文化载体。人艺建院后，其作为隶属文化部的文艺单位，全国政治运动的频发与中央文化政策的频变直接引发了剧院对自身组织结构上的调整，其所产生的几次重大的体制调整及不同时期各组织部门的增减调整与人事安排，也间接地反映了不同时期的政治文化运动的导向。人艺单位组织结构的调整直接推动生产决策权的调转；然而，生产决策权则意味着导向把关，其最终在剧院的话剧生产的实际活动中呈现权威效力。那么，对人艺在不同时期、不同组织制度下进行的话剧生产实践的阐析，将能够呈现新中国以"单位组织"的形式对作家及作品所完成的"组织化"与"一体化"过程，揭示新中国文化政治实践的意识形态内涵、策略及其运作方式。

---

① 所谓单位组织主要是指国家所有性质的各种不同的企业和事业组织。李汉林认为，这种独特的社会现象是指大多数社会成员被组织到一个个具体的"单位组织"中，由这种单位组织给予他们社会行为的权利、身份和合法地位，满足他们的各种需求，代表和维护他们的利益，规范他们的行为。单位组织依赖于国家（政府），个人依赖于组织单位。同时，国家有赖于这些单位组织协调和整合社会。因而，单位组织构成了当代中国城市社区的基本结构。参见李汉林《转型社会中的整合与控制——关于中国单位制度变迁的思考》，《吉林大学社会科学学报》2007 年第 4 期。

一 院党组决策模式的逐步建立（1952~1955年）

1952年建院时，人艺的组织结构较为精简，北京市人民政府批准的组织机构如图1所示。

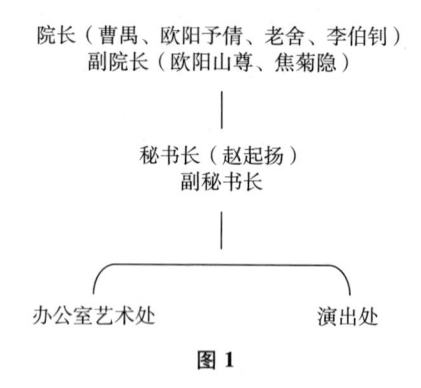

```
院长（曹禺、欧阳予倩、老舍、李伯钊）
副院长（欧阳山尊、焦菊隐）
          │
    秘书长（赵起扬）
      副秘书长
          │
    ┌─────┴─────┐
办公室艺术处      演出处
```

图1

1953年上半年，在院长层级之下，增设了行政会议、院务会议与艺术会议一层，如图2所示。

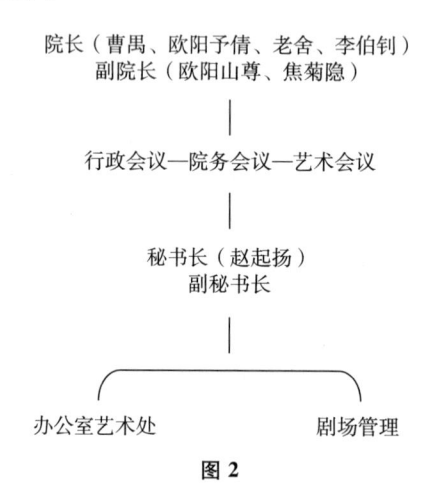

```
院长（曹禺、欧阳予倩、老舍、李伯钊）
副院长（欧阳山尊、焦菊隐）
          │
 行政会议—院务会议—艺术会议
          │
     秘书长（赵起扬）
       副秘书长
          │
    ┌─────┴─────┐
办公室艺术处      剧场管理
```

图2

可以看出，此时人艺将政务工作与艺术生产区分开来，有意强化艺术生产的独立性，减少行政事务及院务对艺术生产的干扰，并明确了艺术会议的性质与作用，即是全院重要的艺术问题的研究与指导机构，而不是艺术行政机构。凡有关全院艺术问题，经艺术会议研究得出结果后，呈院长审查批准，再由艺术处具体执行。可见，在建院之初，人艺此次自发进行的机构调整，意在突出话剧生产的艺术性，增强艺术部门的执行力，使艺术会议成为有权决定剧院排演"何剧"，决定"何演员"担任"何角色"的重要机构。然而，人艺在建院之初形成的这一以艺术生产为核心，将行政事务与艺术生产相分离的组织结构仅维持了几个月。

1953 年 6 月，中共中央政治局召开扩大会议，制定了第一个五年计划，提出了党在过渡时期的"总路线"，话剧生产作为文艺生产计划中的一部分，则必须按照国家对文艺单位的指示，完成第一个五年计划中的生产目标。自此，人艺开始按"总路线"中的相关规划来执行本院的剧目生产计划，为了落实并完成该计划任务，人艺设立了党组会议，以加强党对艺术工作的领导，并将之前由院务会议（院长负责主持）讨论决议的有关剧目生产计划与排演剧目的职权转移到院党组，由院党组直接传达政策安排，并最终决定年度的艺术生产计划。[①] 由此，院党组成为具有最终决策权的核心部门，人艺的话剧生产决策权则逐步从院长那里转移到院党组。

"在中国的国有经济制度中，任何一个单位都会有党组织的存在，都必须要努力地去贯彻党的指示，都必须要努力地去实现这种政治功能。这样的一些单位，就不仅仅是一种单纯的经济组织，它同时还体现……一种制度化的形式。"[②] 党组模式在各文艺单位中的逐步建立，实则意味着党在单位人事、行政及艺术生产上拥有最终决策权，这也是党加强对文艺的领导的具体体现。据《北京人民艺术剧院大事记》（简称《人艺大事记》）记载：

> 1953 年 7 月 10 日，党组会。赵起扬主持。研究 1953 年下半年计划，接着读了廖沫沙（市委宣传部部长）同志的来信，明确提出，在总结中要结合廖沫沙同志来信和群总要求，认真研究下半年的工作。还初步讨论了彭真市长提出的要从工农中吸收演员的意见。另外，关

---

① 建院时，院党组即成立，经北京市委批准的党组成员为：党组书记赵起扬，委员有欧阳山尊、邵惟、刘景毅、王学然、严青、田冲、白山。党组书记赵起扬则一直负责传达并宣布上级党委的指示和任务。但是，在此（1953 年 7 月 10 日）之前，"人艺"所召开的会议中未曾出现过"党组会"记录。可见在 1953 年院党组会议设立之前，院党组并没有在"人艺"的话剧生产决策中参与众多事务，剧院的领导决策权仍归院长及艺术处。

② 李汉林：《转型社会中的整合与控制——关于中国单位制度变迁的思考》，《吉林大学社会科学学报》2007 年第 4 期。

于下半年的剧目安排，倾向于排演《非这样生活不可》。①

1952~1955年，正值社会主义经济改造与政治调整阶段，文化系统也处于不断调整的紧张局势中，人艺无论是在单位组织体系的建设方面，还是在剧院艺术风格形成方面，皆处在摸索阶段。院党组决策模式确立之前，1953年全年院党组会（包括扩大会议）仅召开5次，相比之下，在党的"四中全会"结束后的1954年，院党组共召开会议达18次之多。在会议内容上，1953年院党组会议仍以商议和决定剧院剧目生产计划为主，而在1954年6月和7月中，人艺在两个月之内分别连续召开院党组会议8天和4天，检查党员干部个人的思想成为主要议题，"团结"成为院党组会议的关键词。② 人艺的组织制度从短暂的以作家、艺术家为中心逐步转向了以政治为中心。其话剧生产则"坚持执行以现代剧目为主的方针"，全面投入意识形态的宣传中，并"以艺术为武器"参与到各项社会政治活动之中，如演出宣传"农村合作社运动"的话剧《扩社的时候》，歌颂工人劳动的话剧《青年突击队》，反映新中国城市改造的话剧《龙须沟》，以及宣传"总路线""土改""肃反"等的话剧《麦收之前》《人往高处走》等，这一时期反映社会主义经济改造和建设的剧目则达到了所演剧目的八成以上。

二 企业化发展模式下的"花开"（1956~1957年）

1955年"一五"计划决议通过，为了缓解国家经济压力，中央提出艺术事业企业化的方针。如要实行这个方针，就要求剧院在经济上做到精打细算，即在厉行节俭的同时，又要自谋出路，为剧院增加收入，减少国家补助或为国家积累资金。那么，企业化率、每场收入、税收比例，每年演出几部戏，多少场次、总收入如何，每年国家给多少钱，能不能实现企业化，等等，不仅成为1955年上级领导要询问的问题，也成为人艺调整剧院发展方向时首先

---

① 北京人民艺术剧院大事记编辑组编《北京人民艺术剧院大事记》第一集，1993，第22页。
② 随着"批判《红楼梦》研究"运动展开，作为院党组最高领导、一直以积极传达党中央指示，并负责剧院党政生活的赵起扬，则被视为"向资产阶级唯心论观点投降""压制新生力量"代表人物（《文艺报》批判语）。此时作为剧院艺术生产的专家，仍拥有舞台决定权的学者型导演，并享受休假旅行待遇的无党派人士焦菊隐，则被视为俞平伯式的"资产阶级学术权威"，首先遭到"不团结"的批评。二人成为"人艺"将"批判《红楼梦》研究"运动与剧院实际情况相结合的不得不上交的两大"成果"。

需要考虑的核心目标。由此，为了提高艺术质量，向企业化方向发展，就得强化艺术生产部门的独立运作，人艺自发调整了剧院的组织结构，如图3所示。

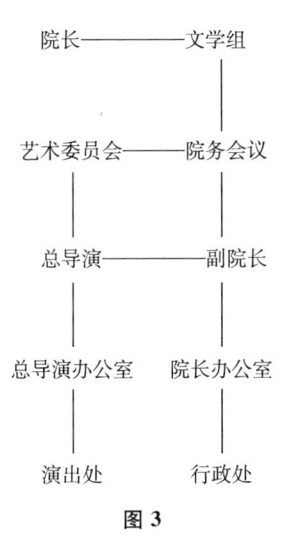

```
院长————————文学组
         │
艺术委员会————院务会议
         │
总导演————————副院长
         │
总导演办公室    院长办公室
         │
      演出处    行政处
```

图3

由图3可以看出，人艺增设了文学组，与院长同级，并实行总导演制，由学者型副院长焦菊隐担任总导演并全权负责剧院的艺术生产工作。原来的艺术会议由新的艺术委员会所取代，委员会成员由院长、副院长、总导演、总导演办公室主任、文学组组长、设计组组长、演出处主任组成，其主要职责是讨论演出剧目、主持艺术问题的学术讨论、提前审查每一场演出、总结演出和艺术创作经验等相关工作。这就意味着新的艺术委员会不仅从行政会议、院务会议中脱离出来，而且成为人艺单位组织结构中最为核心的部门，拥有艺术生产的发言权及决定权，无论是在成员组成上还是在功能具备上都更加完备和专业。同时，为加强集体领导，简化行政层次，将原行政会议与院务会议合组，统一为院务会议。根据《北京人民艺术剧院大事记》记载，人艺在1955年一年之中未曾有过院党组会议记录，但此年有多次文艺运动的开展，导致与艺术生产相关的会议也只召开3次，[①] 新

---

① 讨论机构调整方案1次（后因艺术停产而未落实）；参演全国话剧观摩，演出剧目1次（演出因"肃反运动"推迟而未落实）；宣布停止艺术生产开展运动1次；1955年，为"批判《红楼梦》研究"运动成立了专门的学术委员会，在1月15日到3月10日的50多天中，召开全天的学术委员会会议7天，半天学术委员会会议16次。而后5月27日到6月11日15日之内，夜以继日为动员声讨胡风召开全院会议7次，"肃反"运动开展后全院全部艺术生产活动停止。

排演的剧目也仅有5部，其中3部是受上级指示突击创作而成，均为宣传"农村合作社运动"的小戏，另外两部则分别为反映"工业战线生产与思想斗争"的《考验》与"肃清敌特、保卫海防"的《海滨激战》。虽然此次人艺单位结构调整受政治文化运动的影响，在1955年并没有迅速地得以落实，但提高艺术质量求得企业化发展的设想，却展示了一个较为理想的单位文艺结构，这个组织结构在1956年4月中央提出繁荣文艺的"双百"方针后，为人艺在"十七年"中开出了最为灿烂的花朵。

1956年，在社会主义经济改造基本完成的形势下，周恩来在1月做了关于知识分子问题的报告，紧接着，党中央、毛泽东主席适时地提出了"向科学进军"的号召，并制定和布置了"十二年科学技术发展远景规划"——《1956—1967年科学技术发展规划纲要》。遵照"纲要"，人艺相应地制定了剧院的"十二年发展规划"，其中"如何实现企业化"就成为此规划的题中之意。为此，在1956年，人艺全年院务会议召开12次。[①] 4月，文化部在京召开全国话剧工作会议，文化部副部长刘芝明在报告中就企业化问题，提出如下要求：

> 各剧院团要提高艺术质量，丰富上演剧目，大力培养团结作家，创造自己的风格，积累保留剧目，改进经营管理，实行经济核算，奖励制度，割掉供给制尾巴，厉行节约等。特别强调必须把企业化与提高艺术质量结合起来。并要改进领导方法，行政工作要紧密配合艺术生产。[②]

按照文化部的规定，由于人艺属于第一类型的剧院，所以在执行文化部的指示上要更具示范性与主动性。由此，人艺组成了"剧目""培养提高""企业化"三个专题小组。在剧目选择上"要注意到我们剧院的'个性'，要排除公式化、概念化的作品'"；在艺术干部的培养提高上，要"强调加强艺术总结、艺术研究、艺术创造鉴定等理论建设工作，以及提高文化水平的重要性"；关于剧院企业化问题，应"提高演出质量，改善经营管

[①] 自1955年增设艺术委员会后，此部门并未发挥过所设想的作用，在1955~1956年也未有过艺术会议召开的记录，一直处在被不断商讨和中断中，未实质落实。

[②] 引自人艺1956年4月27日的院务会议记录。见北京人民艺术剧院大事记编辑组编《北京人民艺术剧院大事记》第一集，1993，第11页。

理，最大限度地增收节支"。在一系列较为宽松的方针政策下，人艺对自身未来的发展提出了较为科学、合理的体制规划，虽然这些设想又很快在1957年初的大规模的反右斗争中遭受打击而中断，但正是在短暂的宽松环境下，人艺涌现了不朽的经典之作《茶馆》。人艺尝试企业化设想的这一阶段，也是人艺形成自身独特风格的重要时期，积累了至今仍在上演的经典保留剧目《雷雨》《蔡文姬》《日出》《茶馆》等。但在1964年开始的极"左"运动中，这一辉煌期被称为"资本主义向社会主义疯狂进攻的时期"。建立剧场艺术的思想则被称为脱离工农兵方向、脱离实际、关门提高、追求"大洋古"的剧场艺术。人艺的领导方式也被批判为受苏联专家不良影响的"艺术家办院""艺术至上"等。

人艺在1955～1956年所进行的单位组织制度调整是一次由国家倡导的自上而下的文艺单位企业化改革尝试，在当时特定的政治、经济和文化环境下，新中国国家所有制的文艺单位，除了具有西方国家所具有的国有经济的一般特征以外，还具有中国特色的制度性特征，那就是中国国有经济制度所具有的政治功能。一方面，保证党的领导必须在国有文艺单位设置党组织。无论是"双百"方针下准备实现企业化的人艺，还是1955年之前的人艺，党组皆是人艺拥有最终决策权的领导部门，只不过在或宽或严的政策环境下，党组对艺术生产决策做相应的调整而已；另一方面，企业化的发展模式在根本上要求国有文艺单位也应该承担实现经济功能以外的社会功能，且具有较强的政治意识。因此，在这个意义上，人艺经过短暂的企业化发展既带来了政治效益又带来了文艺生产的繁荣。

三 "革命化"斗争模式下的"花落"（1963～1966年）

1963年极"左"路线再次抬头，由此，人艺的剧目生产状态由原来的"百花齐放"迅速调整为"大搞现代剧"。1963年人艺就"大搞现代剧"的安排产生过很大异议，认为"对党的文艺方针政策必须全面理解，不能说只有演现代才是执行党的方针政策，演其它的戏就是执行另外的什么方针；也不能说只有写'十三年'的戏才算现代戏，写革命的历史题材就不算现代戏"[①]。

---

① 引自人艺1963年召开党委扩大会议的记录，见北京人民艺术剧院大事记编辑组编《北京人民艺术剧院大事记》第四集，1993，第25页。

并在保留异议的情况下,上演"非现代剧"《茶馆》①与《武则天》以增加剧院收入,并5次召开院长会议,酝酿人艺未来五年的发展计划,提出经营管理上的改革设想,以尽量避免每年为完成上级下达的任务指标而疲于奔命的状态,而应该多用一些时间搞艺术总结与业务进修以提高艺术质量,并在艺术生产安排上应多一些主动权。这些设想因政治形势的逐步紧张而未能实现,五年计划亦成泡影。

作为备受中共中央领导重视的主要话剧生产部门,1964年人艺已经提前进入"文革"劫难期。1964年2月,北京市委宣传部就一年工作安排下达了明确指示:

> 安排工作的前提是思想的革命化、人的革命化。思想革命化的任务为领导干部的思想作风、工作方法革命化;机关革命化;文艺革命问题要重点抓建国15周年剧目的落实;要恢复市级领导的审查制度。在思想上,文艺为工农兵服务,为社会主义服务的方向要十分明确等。②

受上级指示,制度上要先立后破,在党委领导下建立政治工作小组,统一领导,搞革命化。"要继承并发展大跃进时期大搞群众运动的好经验","人人开动脑筋,献计献策,群策群力,集体创造"。③要求所有导演及演员都要以革命者的姿态出现,把艺术创作当成完成革命任务的手段。

按照上级对文艺整风的指示,全体业务人员要"三年在上边,三年在下面"。为落实这一要求,人艺打破原有的组织结构,全院人员被分化组成各支队伍,进行民兵训练,并建立"轻骑队",以到农村演出为主。根据1964年、1965年、1966年《北京人民艺术剧院大事记》中的单位活动记录,人艺进行与艺术讨论相关的会议次数为零,院长会议3年仅召开3次。所排演的剧目大致可分两类:一类为直接指定的生产剧目;另一类为根据运动形势及政策要求,由剧院人员集体创作的反映现实斗争的剧目。这两

---

① 《茶馆》再度公演后不久,有些关心爱护剧院的朋友都为人艺担心。当时空政话剧团的兰马私下里对人艺的同志说:"现在是什么时候了,你们还敢演这样的戏?!"
② 摘自1964年2月26日,夏淳传达市委宣传部工作安排的会议记录。见北京人民艺术剧院大事记编辑组编《北京人民艺术剧院大事记》第五集,1993,第13页。
③ 引自1964年11月13日,人艺起草的给华北局的报告。同上,第81页。

类剧目除接受相关部门的审查以外，还要邀请相关部门的群众看戏，并召开座谈会听取意见。

1966年6月18日，人艺自发成立"革命委员会"，废除已有的一切党团组织，人艺的单位组织体系全部由"革命委员会"体系取代。自此，人艺正式进入了十年浩劫时期。由此，"革命化"的人艺走入了艺术生产中最为凋零的"花落"时期。

不难看出，在20世纪五六十年代人艺的单位组织结构处在不断调整中，如从最初的由作家文艺家构成的院长制，逐步走向由院党组决策艺术生产的党组制和党委制；话剧的生产模式也随之做相应的调整，如从企业化模式的短暂尝试到党委全权制艺术生产模式的建立，再到"革命化"艺术生产模式的形成。这一调整轨迹呈现了在新中国在20世纪五六十年代的社会政治文化转型过程中，文艺单位所进行的组织体制与艺术生产模式的调整过程。纵观人艺在1952~1966年的话剧生产活动，其作为文艺单位，在相当长的一段时间里，国家与单位、单位与个人的关系始终处于一种不断协调的状况中。在这个意义上，单位作为一种制度组织，成为定义和规范人们行为的制度模式。

替代性的欲望满足：宫斗题材作品中的乌托邦书写

丁文俊[*]

摘要 《甄嬛传》《琅琊榜》《芈月传》等宫斗剧的热播是近几年中国大众文化领域的重要事件，从文化社会学的视角考察宫斗题材作品，能为理解当代中国提供新的视角。从叙事内容角度看，宫斗剧具有欲望与权谋这两种家族相似属性，以被否定的方式反向建构了情感/家国乌托邦。透过大众文化的视角，宫斗剧体现了对资本与受众的迎合，乌托邦建立在同质化的叙事模式和精细化、骇人化的叙事风格的基础上，是当代中国现实与精神生活走向虚无化的投射。因而在文化政治层面，建立在"伪真实"基础上的乌托邦，实质上只能在政治、性欲范畴为大众提供臆想性的替代性满足，缺失在公共层面建构潜在的进步共同体的能力与动力。

关键词 宫斗剧 乌托邦 替代性满足 公共政治

Abstract In recent years, the popularity of the harem-drama, like *Empresses in the Palace*, *Nirvana in Fire*, *Legend of Mi Yue* and so on, have became an important event of the contemporary Chinese popular culture. Through the perspective of cultural sociology on the harem-drama, it will provide a new perspective for understanding contemporary China. From the narrative content, there are the two characters of the family resemblance of

---

[*] 丁文俊，华东师范大学中文系博士研究生，法国国立东方语言文化学院联合培养博士研究生。

the desire and tactics from the harem-drama, and in which the utopia of emotion or family-nation has been constructed reversely in a negated way. From the perspective to the popular culture, the harem-drama ingratiates itself with the capital and the mass, the utopia reconstructed represents the nihility both in the actual and the spiritual life from the contemporary China due to the homogeneous narrative model as well as the meticulous and horrible narrative style. Therefore, in the aspect of the cultural politics, the utopia from the harem-drama provides the substituted suppositional reality to the people, and offers the fancied satisfaction in the aspects of the politics and sexuality, and lacks the ability and the motivation to constructing the potential progressive community in the field of the the publicness of politics.

Key Words Harem-drama Utopia The Substitute for satisfaction The Publicness of Politics

宫廷故事一直是中国大陆与港台地区电视节目的重要题材，《金枝欲孽》于 2004 年播出后，被诸多学术文献视为首开华语"宫斗剧"的先河，但是早在 2000 年，在台湾播出的《怀玉公主》，以及 2002 年在香港首播的《无头东宫》，均在一定程度上具备了宫斗剧的特征。其后，中国大陆和港台先后推出《宫心计》《步步惊心》《万凰之王》等多部以宫斗为题材的电视剧。2012 年，改编自流潋紫的网络小说的电视剧《甄嬛传》首播，在收视率、观众口碑和商业效应等方面均取得了近乎完美的成功，宫斗题材的受关注度取得狂飙发展。① 而《琅琊榜》《芈月传》先后在 2015 年下半年播出，则延续了宫斗剧的热潮。值得关注的是，流潋紫为电视剧《甄嬛传》创作的续集小说《如懿传》在 2015 年完成了全部六集图书的出版，并改编为由周迅、霍建华主演的电视剧，将于 2018 年上映，从目前网络舆论的高期待看，届时宫斗剧将再次成为娱乐新闻的热点。无论学界与媒体对宫斗剧做出正面或者是反面的解读，这已经是一个无法否认的事实——宫斗剧已经成为当代中国大众文化领域的重要事件，通过对宫斗题材作品创作、

---

① 对宫斗剧的历史进程的梳理，最新的研究成果参见周丽娜《中国电视剧历史叙事中的权力与性别——以宫斗剧为例》，《烟台大学学报》（哲学社会科学版）2017 年第 6 期；胡朝凯：《宫斗剧的现状与困境》，辽宁大学硕士学位论文，2014；蒋红怡：《女性主义视阈下的国产宫斗剧研究》，西南大学硕士学位论文，2014。

传播和接受情况进行文化政治视角的考察与反思,可以为理解当代中国大众日常生活、社会现状提供一个独特视角。

一 当前宫斗剧的现状与乌托邦建构

首先,我们有必要对宫斗剧的概念做出简要界定。大众文化作品的题材具有诸多混杂性,各种新颖的内容与技术形式不断被纳入创作当中,为宫斗剧给出一个严谨且长期有效的定义并不具备可操作性和实际意义。不妨借鉴维特根斯坦"家族相似"的理论视角,维氏以定义"游戏"为例,认为"各种'游戏'构成了一个家族",[①]他反对为"游戏"概念确立一个严格的封闭边界,而主张回到谈论某种特定"游戏"的日常语境中,将具有直接或间接亲缘性的性质作为判断"何为游戏"需要遵循的规则。遵循维氏的方法论,我们将通过对最近几年几部经典宫斗作品的文本特征进行归纳,从而划定宫斗剧的大致范围。

以电视剧《甄嬛传》与《雍正王朝》《康熙微服私访记》等历史剧、戏说剧的对比为例,后一类作品的主要特征被归纳为"男性英雄气质"与"权力的个体"的结合。[②]而《甄嬛传》则以雍正皇帝的一众妻妾围绕后宫的权位进行的斗争为叙事主线,同时借助电视影像,以孙俪、蒋欣为代表的众多女演员的秀丽妆容成为宫斗剧的主要卖点,如此看来,"群女"与"权谋"的叠加可以视为宫斗剧的初步特征。无论是由中国大陆制作的《芈月传》,还是香港制作的《万凰之王》,都基本符合这一特征。再从更深层次看,"群女"受到观众的热捧,并不仅仅因为她们的演技或所扮演的人物角色,而是因为她们是作为美丽的"物"而存在的,电视观众对"群女"的注视实际上就是一个不断欣赏、在想象中试图占有的过程,其间伴随着欲望的持续产生。正因如此,近年来宫斗剧往往以人数众多的后宫"群女"作为推销热点,而《芈月传》的剧情即使受到众多负面批评,但是凭借孙俪、刘涛的出演,依然保持了极高的收视率。因此,我们可以把是否能激起观众的"欲望"与叙事细节是否凸显"权谋",作为构成宫斗剧基本属性的"家族相似"的判定条件。近年热播的《芈月传》《万凰之王》显然满

---

① 〔英〕路德维希·维特根斯坦:《哲学研究》,陈嘉映译,上海人民出版社,2005,第38页。
② Zhong Xueping, *Mainstream Culture Refocused: Television Drama Society, and the Production of Meaning in Reform-Era China*, Honolulu: University of Hawai'i Press, 2010, pp. 70–71.

足该条件。再看电视剧《琅琊榜》,尽管该剧以男性权谋为主要特征,然而,主演胡军与王凯不仅满足了"男色"的条件,而且他们之间的相处模式更是被解读为"同性社交欲望"①,"以'兄弟'之名行言情之实",② 为"腐女"群体提供了另一种欲望满足,因而《琅琊榜》也可以纳入宫斗剧的范畴。

从作品特征上看,宫斗剧普遍兼具激发"欲望"与突出"权谋"的家族属性,"欲望"一直以来就是宫斗作品乃至大众文化的重要特征,近年宫斗剧的发展趋势是不断增加"权谋"的比重,这一新发展趋势受到学界与媒体的较多关注,在学术界受到质疑与批评。最经典的批判来自陶东风,他认为,"最后,甄嬛终于通过这种比坏的方式成功地加害皇后并取而代之,这就是《甄嬛传》传播和宣扬的价值观"③。通过对比韩剧《大长今》,陶东风批判《甄嬛传》所宣扬的"比坏"逻辑,指出建立在"比坏"基础上的"以恶抗恶"将导致"犬儒主义和投机活动",对社会道德价值观念造成严重危害。陶东风对《甄嬛传》的权谋特征与负面影响的揭示可谓一针见血,但是他关于甄嬛与大长今的对比,却引出华语大众文化作品中的"白莲花"式的人物形象,构成了另外一个思考甄嬛形象的角度。

我们可以跳出宫斗题材作品的限制,在此前包括港台作品在内的华语大众文化作品中,完美无瑕的主角形象比比皆是,在网络上被讽称为"白莲花","她们柔弱善良,逆来顺受,对于爱情忠贞不渝,实际上是'男性向'视角下理想女性的化身"④,代表人物有《还珠格格》中的紫薇、《无头东宫》中的凌云,她们对受到的迫害表现出令人难以置信的宽容态度。《甄嬛传》《琅琊榜》等宫斗剧将主角塑造成不屈从于既有权力框架、敢于斗争的人物形象,超越了原来的"白莲花"风格的面谱型人物,是当代中国社会愈加强调个人利益的表征。当然,这种社会状况在缺失必要的道德和法制规范的情况下,会堕落为陶东风所指出的"犬儒主义和投机活动";但同时,这种人物模式的嬗变,也是大众文化谱系中创作方式的更新和演

---

① 薛英杰:《欲望的缺席与在场:电视剧〈琅琊榜〉的性别机制》,《妇女研究论丛》2016年第1期。
② 王玉玊:《用"言情梗"写"兄弟情"——为什么说〈琅琊榜〉是"耽美向"作品》,《南方文坛》2016年第2期。
③ 陶东风:《比坏心理腐蚀社会道德》,《人民日报》2013年9月19日,第8版。
④ 王玉玊:《从〈渴望〉到〈甄嬛传〉:走出"白莲花"时代》,《南方文坛》2015年第5期。

变。正因如此,尽管"比坏"是当前宫斗剧的一个鲜明特点,但是如果仅仅把"比坏"看作可以涵盖当代宫斗剧文本的唯一法则,将会忽视文本内部诸多复杂的张力结构及其与外部社会现实之间的关系。

对于一部优质、成熟的宫斗剧来说,尽管其商业卖点依然是"欲望"和"权谋",但是,其所表达的境界往往超越了"欲望"与"权谋",而试图阐述某种引起大众共鸣的超越性价值,这正是《甄嬛传》《琅琊榜》能在众多论坛连载小说中脱颖而出的原因。当前,宫斗剧对超越性价值的建构,主要通过呈现这种超越性价值追求无法在作品的历史情境中实现的方式,予以反向体现,而非以一个大团圆的结局予以直接讲述。以电视剧《甄嬛传》为例,一段用心、长久的爱情是整部作品中几乎所有人物的梦想,皇帝、太后、亲王、皇后、甄嬛等人,甚至是太监,都在不同时候表达了对非利益化的爱情的期盼,对因为各种原因而失去的爱情充满了遗憾与追忆。在叙事情节方面,理想化的爱情又与关涉权位的权谋斗争纠缠在一起,对爱情的渴望与权谋的抉择多次构成强烈的冲突,例如甄嬛携毒酒最后致使果亲王死亡;太后为了缓和母子关系、巩固皇帝的权力,亲自毒杀情人隆科多;甄嬛毒杀曾经让她抱有甜蜜爱情憧憬的皇帝;等等。《甄嬛传》中的理想爱情,基本都以另一方的死亡而惨烈结束,到故事完结的时候,甄嬛尽管成了权谋斗争的胜利者,但是显而易见的是,她并没有任何成功的喜悦,而是在孤独、寂寞中悲悼果亲王,这是一种区别于此前华语文艺作品叙事模式的反大团圆式的结局,作者称之为"无尽的悲哀里的身影"[①]。

再对比之前的大众文化作品,经典的大众文化作品的叙事模式,往往会倾向于塑造一个"白莲花"式的主人公,不管在任何状况下依然保持对所处体制的忠诚,最终借助各种力量的帮助(如穿越获得的现代力量、皇帝的谅解与接纳、正义角色的倾力相助等),港剧甚至会动用感动上天实现死后重生的情节,在结尾实现奇迹般的大团圆结局,用以传播某种正面价值观。与这种叙事模式相反,《甄嬛传》及其他很多宫斗剧,则以反大团圆的方式结束,作者无意过渡渲染权谋的正当性,即使是对甄嬛、钮祜禄·伊兰这两个宫斗胜利者而言,与权谋的胜利相伴随的代价都是理想生活憧憬的破灭,据此可以认为,宫斗剧并没有由"比坏"主宰。尽管以"比坏"

[①] 流潋紫:《虽是红颜如花——写在〈后宫·甄嬛传〉之前》,《后宫·甄嬛传(壹)》(修订典藏版),浙江文艺出版社,2012,第1页。

为主基调的宫斗占据了大量的篇幅,但是《甄嬛传》《万凰之王》均通过超越性价值与权谋相冲突的情节设置,凸显了各式人物在外部环境下的迫不得已、无力抗拒,并由此出发使权谋制胜的叙事逻辑在部分时段失效,从而表达对超越性价值的向往、悲悼。由此可以认为,近年的宫斗剧依然保留了与"比坏"逻辑相冲突的超越性价值,只不过,它是通过超越性价值在现实中破灭的叙事进行反向建构的。相比于以"白莲花"式的主人公、大团圆的结局为特征的作品,《甄嬛传》《万凰之王》等宫斗剧在这个意义上更具有批判精神。

二 创作的贫乏:对资本与受众的迎合

宫斗剧在资本市场与大众追捧两方面都取得了成功,那么,如何从大众文化理论的角度对宫斗剧进行文化社会学的阐释呢?我们需要首先参考中外理论家对大众文化的代表性论述。霍克海默与阿多诺在《启蒙的辩证法》中揭露了资本的力量如何主宰了大众文化的生产、传播与消费,他们提出,文化工业通过构建同质化的内容,禁锢了大众自主性思考的潜能。其后,随着大众文化日益成为社会无法替代的构成部分,以伯明翰学派为代表,诸多学者试图将大众文化视为民众在日常生活中针对主流审美趣味和统治阶级的抵抗,将底层民众塑造为文化再生产的主体与行动者,强调大众文化包含了平等与反抗的潜在价值。例如,斯图亚特·霍尔写道:"最后,电视观众有可能完全理解话语赋予的字面和内涵意义的曲折变化,但以一种全然相反的方式去解码信息。"[1] 陶东风则立足于中国后革命时代的社会状况,指出中国当前大众文化的"去政治化"的症候,"仅限于在消费娱乐的地盘'自己作主'('想唱就唱')实际上是在回避一个比娱乐世界更加切己、更重要的公共政治世界(这里的政治活动是广义的)"[2]。那么,当前宫斗剧以反向的方式进行乌托邦建构,是否有可能产生对日常生活的积极改造?能否克服法兰克福学派对大众文化的尖锐指控?

以流潋紫的《甄嬛传》《后宫·如懿传》(以下简称《如懿传》)为例,作者在接受媒体采访时,多次讲述了两部作品的创作意图:"甄嬛传是我作

---

[1] 〔英〕斯图亚特·霍尔:《编码,解码》,王广州译,罗钢、刘象愚编《文化研究读本》,中国社会科学出版社,2000,第358页。
[2] 陶东风:《文学理论与公共言说》,中国社会科学出版社,2012,第212页。

为大学生时候写的，视角是多从女生的角度来写。如懿传是我结婚以后的作品。其实这两个人，甄嬛看似取得成功，其实牺牲了情爱，得到了可怜的虚名，并不能说成为人生赢家。而如懿是在后宫中维护自己的情爱，保有普通女子心态，但无法抗争过命运，也是个悲剧人物。"① 简言之，尽管甄嬛与如懿最后的结局迥异，但实质上两部作品均是悲剧的故事，《甄嬛传》讲述的是爱情不可得的悲剧，而《如懿传》则讲述了美满婚姻梦想破灭的悲剧。两部作品均是以反向建构的方式描述了一个关于理想化爱情与婚姻的乌托邦，并以其最终破灭的结局表达了对君王所象征的最高权力的反抗。如果从作品的创作意图来看，流潋紫的宫斗写作的确具有批判精神。但需要进一步思考的是，文本的具体情节和叙事模式，是否能成功支撑作者试图构建的乌托邦？

首先从叙事模式上看，《甄嬛传》与《如懿传》出现诸多相似的情节模式，例如，两部作品的男配角命运类似，太医温实初、侍卫凌云彻均因为分别陷入与女主角的暧昧流言而遭遇去势；女主角都曾经因陷入宫闱阴谋而被废黜、外迁，甄嬛移居甘露寺，如懿被禁闭在冷宫；后宫争宠的手段也类似，文鸳和如懿、高晞月均因为佩戴时任皇后所赠的首饰而长时间没法怀孕，安陵容、厄音珠都使用性药争宠且最后都被揭发。尽管流潋紫强调两部作品的主题存在"爱情"与"婚姻"的区分，并在受访时提出，《如懿传》并不是宫斗剧，而是"发生在宫廷中的爱情婚姻悲剧"②，但实际上，两部作品从叙事框架到情节模式都具有高度近似性。由此出发，尽管作者对甄嬛与如懿各自的人生历程做出了不同的讲述，并试图以她们分别经历的悲剧反向塑造关于爱情与婚姻的乌托邦，但实际上这两种内涵的乌托邦却建立在大量雷同的文本细节、相似的叙事结构之上，我们不得不对乌托邦与文本细节之间关联的有效性抱有疑问。

再探究文本的叙事风格，以小说文本为例，相比于《甄嬛传》，《如懿传》进一步细化了暴力与性爱方面的描写。例如，作者描写了如懿对背叛自己的侍女阿箬使用"猫刑"，对行刑过程前后阿箬的惊恐、绝望与受伤情况均进行了精细化的描述，试图通过文字描写对场景进行全方位的还原、

---

① 赵媛：《〈甄嬛传〉写爱情 〈如懿传〉写婚姻》，《华商报》2015年9月12日，第B5版。
② 郭丽霞：《流潋紫：甄嬛是没结婚的如懿 如懿是结了婚的甄嬛》，《长江晚报》2015年10月15日，第B02版。

再现；① 另外《如懿传》大量增加了直白性描写的篇幅，例如第四部描写了皇帝的"初老"，没法完成与如懿的性爱，两人在性爱过程中的语言、动作、神情，以及宫殿的布置、室外的天气等均得到细致入微的描写。② 在第六部的第十九章，作者更是在情节上将暴力与性混合在一起，仰慕如懿的侍卫凌云彻被皇帝处以宫刑后，被派遣担任皇后宫中的太监，并奉命在帝后性爱过程中端来茶水，整个过程再次得到细致的刻画。③ 简言之，作者运用全方位展示的细节描写方法，在作品中塑造了诸多以暴力、性欲为主题的场景，文本的叙事风格具有精细化、骇人化的特征。

综合流潋紫宫斗作品的叙事模式与风格，可以看出，尽管《甄嬛传》与《如懿传》的小说文本在叙事视角上存在第一人称与第三人称的区别，但具体到叙事模式，两部作品存在诸多雷同。而在叙事风格上，流潋紫着力通过精细化的细节描写，对人物、环境进行了几乎无所遗漏的刻画，构成了一个个完整独立的叙事场景，并让与暴力或性直接或间接相关的内容成为众多场景的主题。尽管对身体或暴力的书写是现当代华语文学用以展示人性特征的重要写作方式，但在流潋紫的宫斗作品中，这些暴力或性书写缺乏了对性爱、施暴背后的人性进行深度挖掘，仅仅为了满足读者对性爱的窥探欲望，以及让读者体验到施暴所展示的权力快感。另外一个显而易见的事实是，相比于《甄嬛传》，《如懿传》的暴力与性爱描写的篇幅与直白程度明显增加，究其原因，《甄嬛传》最初是在小说论坛晋江原创网连载，这仅仅是作者大学期间的兴趣所在，在每天大量更新的小说论坛中得到出版社或者影视公司的垂青仅有小概率的可能，而《如懿传》构思于《甄嬛传》的拍摄过程中，得益于《甄嬛传》成功的影视版权销售，《如懿传》的构思和创作必然充分考虑到版权的出售价值。正因如此，《如懿传》增加了施暴与性爱的篇幅，并深化了场景的细致刻画，这是出于满足电视剧本的编排要求与提高收视率的考虑，简言之，《如懿传》就是一部为满足资本市场需要而创作的小说。而单一场景的细致刻画，以及对施暴或性爱情节的突出，将导致众场景之间缺乏紧密关联，情节与作品主题之间的关系出现不自然的断裂，整部作品就不可能作为一个有机整体而存在。对读者而言，事后更愿意重温的往往是诸如五女伺寝、皇帝用牵机药毒杀魏嬿

---

① 流潋紫：《后宫·如懿传（贰）》，中国华侨出版社，2012，第 158~161 页。
② 流潋紫：《后宫·如懿传（肆）》，中国华侨出版社，2013，第 162~164 页。
③ 流潋紫：《后宫·如懿传（大结局）》，中国华侨出版社，2016，第 159~165 页。

婉的惨状等情节，而作者试图塑造的婚姻乌托邦在快感阅读中变得无足轻重。

再将视野从文本范围扩大到社会场域，流潋紫的写作在叙事模式和叙事风格上的缺陷，是对当前文化场域普遍存在的创造力贫乏的现状的表征。宫廷故事往往与宏大的社会历史背景结合在一起，《如懿传》中的后宫嫔妃的母家就囊括了朝中重臣、满蒙各部、高丽王朝等多元的政治背景，然而作者却缺乏成功调动上述历史背景进入宫斗叙事的能力，错综复杂的政治斗争在宫斗叙事中往往被化约为围绕后嗣数量、宠幸次数展开的局限在后宫的权谋，沉迷于对作为被窥视对象的后宫嫔妃进行没有必要的大量列举。假如将《如懿传》的历史背景换到另一个朝代，作品的叙事逻辑基本也可以成立，因而，《如懿传》和小说版本的《甄嬛传》一样，本质上也是一部架空小说。架空类作品的缺陷在于作者回避了通过虚构性写作对特定历史情境进行回应，因而缺乏建立在理性反思基础上的历史意识。流潋紫沉迷于对情爱、性爱和施暴进行细致刻画，将叙事隔离在公共政治的视野之外，这正是当下大众文化场域中精神虚无化的表征。创作者缺乏植根于历史脉络进行言说的能力，个体的经验失去了与整个社会的共同经验进行对话的可能，由此作品往往沦为性爱与施暴的欲望的隐性陈述。

三 文化政治的视角：私人维度的替代性满足

根据约翰·费斯克的观点，"不管是进步还是反动，这些对抗性的共通之处在于，被支配的大众欲图在某种程度上控制他们自己生活的某些层面，特别是要控制他们自己的文化"[1]。大众在文化消费的过程中，可以产生植根于自我经验的快感，通过快感的流通对抗统治意识形态自上而下的灌输，从而不断扩展自身的文化空间。我们有必要思考，虽然宫斗作品在创作方面没有成功通过叙事情节建构出一个有机整体，但是在受众接受过程中，作者试图构建的乌托邦主题能否以碎片的形式在文化再生产过程中激发受众进行有益的思考或进步的政治行动，从而在微观政治层面产生积极意义？

从最近几部宫斗剧的主题来看，《甄嬛传》的乌托邦主题是以非功利

---

[1] 〔美〕约翰·费斯克：《理解大众文化》，王晓珏、宋伟杰译，中央编译出版社，2001，第193页。

性、相互理解为基础的美好爱情，《如懿传》的乌托邦主题是建立在平等尊重、相互认同基础上的婚姻，《琅琊榜》的乌托邦主题是建立在舍生忘死追求公义基础上的家国情怀。这三部作品的乌托邦均不是通过常见的大团圆结局予以表达，而是通过不同程度的悲剧结局构成崇高感。相比于此前流行的以大团圆作为结局的大众文化作品，上述这些宫斗作品通过塑造具有崇高感的结局，对作品中存在的权力结构进行了质疑与反抗，而非选择和解，这是中国同类题材在创作上的进步，理应得到肯定，正如邵燕君指出的，"这个剧确实没有弘扬善、美，但我觉得它在揭示真的层面上，还是有相当大的推进的，它把我们这个世界的规则和潜规则的真实性和残酷性揭示出来了，这也是一种推进"[1]。

阿多诺认为，涵盖了电影、电视剧及其他娱乐活动的文化工业体系支配了大众的闲暇生活，将大众禁锢在资本通过文化产品或文化活动建构的"伪真实"中，这是一种脱离了针对生产关系、政治状况进行反思的虚拟真实，同时通过一系列被人为拔高的"伪活动"让大众在消费文化产品中获得了享受、反抗的快感，实践中本应具备的批判诉求在消费过程中获得了"替代性的满足"，这是一种"伪实践"，将个体对潜在乌托邦愿景进行想象的能力禁锢在文化产品划定的范围内。诚然，阿多诺关于文化工业的论述对中国语境的有效程度一直受到质疑，然而根据朱国华的观点，通过追溯阿多诺大众文化批判的内在逻辑与方法论的运用，阿多诺批判大众文化的意图是"对个体的拯救"，批判的方法论是"非同一性理论"和"对自恋和升华心理机制的分析"，因此在中国语境挪用阿多诺的理论资源，需要考察"个体是否也面临着衰减的危险"，以及大众文化的作用机制。[2]

宫斗作品所展示的对于权力结构的抵抗，能否在受众的接受过程中产生积极意义，以下将从两个方面予以分析。第一，从历史背景的书写方式看，作者往往出于方便根据自己的意图构思人物命运，采取架空历史的方式，或者对既有历史背景进行大幅改动，历史事件被叙述为宫闱斗争的附属品，诸如和亲、朝堂政争、对外战争等历史背景均被叙述为由宫闱斗争主导的事件。而宫闱斗争往往局限于以性爱为核心的、围绕恩宠与子嗣数量的角力，是一种局限于私人维度的欲望争夺。在这种书写历史的指导原

---

[1] 孙佳山等：《多重视野下的〈甄嬛传〉》，《文艺理论与批评》2012年第4期。
[2] 朱国华：《阿多诺的大众文化观与中国语境》，《文艺研究》2012年第11期。

则下,宫斗剧中的历史被简化为从私人欲望出发想象的历史,类似跨社会阶层之间的互动、跨民族的对话等政治问题被化约为以依附/打压、收买/利用为显著特征的宫闱争宠斗争的副产品。例如《如懿传》中七公主远嫁蒙古,被视为来自蒙古的养母敏妃与生母魏嬿婉在后宫争宠成败的直接结果。① 简而言之,宫斗作品中历史的重新书写,几乎将所有可引起严肃政治思考的元素都转化为私人欲望的简单满足,这正是阿多诺所着力揭示的大众文化所塑造的"伪真实"。

在这一认识基础上,再考察第二个方面——主题内容。尽管宫斗剧的乌托邦主题涵盖了爱情、婚姻、家国等多个方面,但是上述场景却是建立在以"伪真实"为特质的历史书写方式之上的,因此尽管宫斗剧中成功通过情节的曲折、精细刻画塑造了具有崇高悲剧色彩的两性情感与家国情怀,但是由于缺乏深层历史结构的支撑,这种乌托邦的悲剧书写最终仅仅止步于浅层表达。最终,作品都结束于简单的复仇,甄嬛加速了皇帝的病发身亡,如懿的同盟海兰主导了对魏嬿婉的复仇,梅长苏让参与陷害赤焰军的参与者全部身败名裂。周志强在解读网络官场小说时把以暴易暴的情节视为"快感写作的内在伦理"②,这同样适用于宫斗剧,对受众而言,因为乌托邦的悲剧书写产生的情感波动,最终在复仇情节中获得了快感满足。这正是阿多诺所指出的文化工业提供的"替代性的满足",受众尽管可以在文化接受过程中幻想自己参与到后宫权斗、前朝政争,甚至以角色代入的方式产生了崇高感,但事实上这仅仅是一种臆想性的满足。受众的幻想实际上是建立在"去政治化"的"伪真实"基础之上的"伪实践"。受众关于身体欲望、家国情感等范畴的思考最终被宫斗作品中的浅层描写所替代,将关于政治权力、性别权力的反思转化为对身体描写的窥视,以及快意复仇中的力比多释放,获得了"替代性的满足",从而加深了对宫斗作品塑造的"伪真实"的认同。

简而言之,宫斗作品通过为大众提供窥视与施暴的快感,让受众在观看过程中获得了臆想性的欲望与伸张正义的替代性经验,从而进一步将受众禁锢在局限于私人维度中的"伪真实",带来的恶果是大众没有能力在理性反思中理解历史,费斯克所期待的大众文化在接受过程中发生的政治潜

---

① 流潋紫:《后宫·如懿传(大结局)》,中国华侨出版社,2016,第279页。
② 周志强:《极端的艺术与欲望的政治——网络官场小说的写作伦理》,《河南社会科学》2016年第9期。

能更无从谈起。另一种大众文化的热门文类耽美作品与宫斗剧具有诸多相似点，均在一定程度上满足了受众对性爱的幻想，而耽美作品之所以能在性别政治领域取得重要的影响力，缘于受众在耽美作品的接受过程中，将自身的欲望满足与理解、尊重性少数群体结合在一起，在现实生活中对性少数群体的身份认同表示支持与理解，开展多元群体之间的交流与协助，将个人的欲望满足与性别政治领域的积极实践相结合。但是，宫斗剧却不具备耽美作品的政治潜能，"伪真实"的历史背景将受众的接受视野完全禁锢在狭隘的私人维度。宫斗作品的结尾往往通过主角的古典式复仇，为受众提供了伸张正义的"替代性满足"，也因此终结了受众对文本提供的乌托邦主题做进一步的思考，人们对文本的记忆往往局限于人物的美色、残酷的阴谋算计、反面人物罪有应得的结局，而没有真正围绕文本意图表达的乌托邦主题进行有益的讨论。

因而，尽管宫斗剧在情节塑造上超越了"白莲花"式的窠臼，然而文本所建构的具有抵抗意义的乌托邦，却没法真正在大众中生产出哈特、奈格里所期待的"共同性"。紧闭在私人维度的欲望经验没有转化为生命政治的可能。相比于耽美作品在性别政治层面发挥的积极作用与深刻影响，宫斗剧的热播表征了当前中国精神虚无化的现状，大众满足于通过宫斗剧获得关于情爱、施暴的欲望满足，止步于娱乐消遣，缺乏借助大众文化文本对公共政治问题进行反思的动力。

不合"时"宜的块茎文本：读《朝霞》

吕鹤颖[*]

摘要 吴亮的小说《朝霞》以"同代人"为关键词，将一代人过去的经验、当下的反思与未来的审视置入文本，并以块茎思维为指引，随时打断文本内部叙事的时间线性，碎片式地堆砌既属于时代又疏离于时代的剩余之物，建构特定时代的记忆空间，进而召唤阅读者尤其是历史的非亲历者对文本进行阐释性的再生产。《朝霞》试图言说不可言说的历史难题，这使得该文本处于历史与当下的双重的不合时宜之中，呈现一种多元的、持续生成的美学状态。

关键词 《朝霞》 同代人 剩余之物 块茎思维

Abstract Taking the "contemporary" as the key word, Wu Liang's novel *Sunglow* puts the past experience of a generation, the current reflection and the examining of the future into the text. Based on rhizomic thoughts, the novel breaks in the linear of internal narrative time of the text at any time, piles up fragmental remnants which not only belong to the times, but also alienate the times. *Sunglow* presents unspeakable historical problems, constructs the memory space of specific era, and invites the readers and the person who have not see the process of the history to reproduce the text through interpretive process, which makes it in the dual untimely way between history and present time and in a multiple and continuous aesthetic state.

---

[*] 吕鹤颖，广州大学人文学院讲师。

Key Words *Sunglow* Contemporary Remnants Rhizomic Thoughts

长篇小说《朝霞》①问世后,作者吴亮与批评家黄子平、程德培一起举行了一次对谈,对谈的题目叫"为同代人写作"。这不是吴亮第一次提到其为"同代人"写作,他早在2011年就在《我的罗陀斯:上海七十年代》②里就已经很明确地指出,同时代的同龄人是他的期待受众。也就是说,"同代人"是生物学上的代际分野,相同代际的人有着相似的社会经历,有着相似的文化心理和特定的精神状态,因而能够更好地理解文本的意义。不仅如此,作家本人还觉得他的写作"可能是写给作家看的,应该是写给评论家看的,因为它有一定的阅读难度。文字叙事必须是面向那个时代有兴趣的人,里面涉及各种信息、知识、观点和各种多样性,对形式有研究的人,对小说风格有点了解的人,才不至于把它作为一种障碍,而能够作为一种乐趣"③。

如果按照吴亮出生的1955年来计算年龄,《朝霞》所期待的读者群应该是那些在童年和少年时期亲历了特定时代的人。这么看来,无论是从年龄,还是从身份,那个时代的非亲历者都不是文本所期待的阅读者。然而,一如《朝霞》扉页上所记录的古罗马剧作家泰伦修的话"人类的一切都与我血肉相关",线性时间中的后来者因这种血肉相关来面对这样一部一边建构又一边解构,内容不断越出文本的界限,且体量异常庞大的书写特定时代的作品时,浮现于他们面前的那个时代则会始终如一个巨大的谜面,禁不住让人急切地想要了解它,完整地破译它。

一 少年游荡者与"同代人"

在《朝霞》被打乱的叙事逻辑中,作家吴亮与批评家吴亮的身份在文本中交替出现。作家吴亮清醒地"借助某种文学虚构形式",在文本中填充了"肤浅的思考、过时的知识、原始录音式的苍白对白,庸庸碌碌,纷繁、凌乱、无秩序、琐碎、普通,大量不值得回味的段落,经不起分析";而批

---

① 吴亮:《朝霞》,人民文学出版社,2016。
② 吴亮:《我的罗陀斯:上海七十年代》,人民文学出版社,2011。
③ 黄子平、程德培、吴亮:《为同代人写作——长篇小说〈朝霞〉三人谈》,《书城》2016年11月号。

评家吴亮则明确表示,这些恰恰是作品想要的,因为它"一直在那儿,它根本上排斥阅读,如生活本身一般无意义,不管这个时代曾经如何黑暗,或正相反,它如何伟大与光荣"。这部"向过去开放"的作品"无意诉诸今天的新一代人",而是"宁可未来三十年的年轻读者忽略它怠慢它",也要执拗地"等待过去的读书人"。①

其所等待的"过去的读书人",是那个并不遥远的岁月里的一群少年。这是一群游荡于20世纪70年代上海街头的旁观者,是一群"多余的人、归来的人、释放的人、离散的人、幽闭的人、双重人格的人、无用的知识人"②,这些人都被"时代的大机器、社会的大机器、运动大机器抛到旁边",是"各式各样的缝隙当中生活着的人",③他们之所以能够形成宏大时代里的旁观态度,靠的是从生活中观察来的经验,而他们不断生长的个体主体性,则来自那些"良莠不齐的阅读,饥不择食阅读"④,他们因真切地感知时代而害怕,又因害怕而逃避,且选择闭口不言,禁锢于书和幻想之类的消极自由里。

这样一种对当年少年人生活的描绘,与我们从之前的文学艺术文本中得来的特定时代的少年面貌相异,以致我们惯用的被时代洪流裹挟的说法似乎部分失效。《朝霞》中这群少年人是远离时代的,他们始终以历史旁观者的身份在时代的夹缝中成长,他们面对的是小家庭隐秘的私人生活,捉鼠追猫、柴米油盐、情爱欲念、鸡毛蒜皮、饮食男女,等等,但他们又在同样远离时代的少年同伴儿中显得异类:热切地关注着革命思想与神学哲思。这群少年既生存在作家吴亮"被一种难以忘怀的童年经验唤起"⑤的写作欲望中,也生存于批评家吴亮的反思中,因而当《朝霞》文本侧重表现少年们事无巨细的生活经验时,这种侧重就不是猎奇或揭私,它应该被理解为一种去除了个人性的个人写作,这是一种"同代人"的写作,它总是与我们和过去时代的关系相关。这种写作想要捕捉的,是大历史榜单上的落榜者,是过去那些虽然看不见却与每

---

① 以上引文均见吴亮《朝霞》,第355页。
② 吴亮:《隆巴耶与他的侄子的对话:关于〈朝霞〉》,参见 https://book.douban.com/review/8068731/,最后访问时间:2017年1月23日。
③ 黄茜:《吴亮:博览群书的野孩子真的变成了文学家》,《南方都市报》2016年9月19日。
④ 吴亮:《朝霞》,第10页。
⑤ 吴亮:《朝霞》,第3页。

个人肌肤相亲的记忆空间。

在那个时代逐渐远离之后,对过去时代的记忆又总是需要重返那个时代,甚至未来也"必须成为过去式才能被把握"①,过去、现在和未来通过写作被置于同一个记忆空间,而这个空间的关键词是"同代人"。"同代人"在字面上不可避免地表达时间的截取、断裂与个人的无法逃离,然而,正如黄子平指出的意大利哲学家阿甘本(Giorgio Agamben)的"同代人"(contemporary,又有学者将之译为"当代人")对理解吴亮的可参考性。② 吴亮就是以"同代人"写作表达他对少年游荡者的理解和厚望。

阿甘本在《什么是同代人?》(*What Is The Contemporary?*)的发言中,开宗明义地提出,他想要理解"我们和谁以及什么同属于一个时代"③ 的问题。他以罗兰·巴特在法兰西学院演讲时的一则注释的概括——"所谓同时代就是不合时宜"("The contemporary is the untimely")——引出他所赞同的尼采对待其时代所持的立场,认为"真正的属于时代的同代人",是那些"既不完美符合时代,又不为了适应时代所需调整自己"的人,是那些为了理解时代而"坚定地注视着他们时代的黑暗,而不是光明"的人,是那些"知道如何看到现时的晦涩,并能够用笔尖蘸着这晦涩书写"的人,是那些不允许自己"因世纪的光明而盲视,并设法看到光明之阴影"的人,是那些将时代的黑暗理解为"与己相关,且从未停止过吸引自己"的人,是那些眼睛"被来自他们自己时代的黑暗之光击中"的人。④ 这样的黑暗并不是完全消极的,因为它同时包含了可被觉察的、正在努力抵达却也无法抵达的光明。"同代人是稀少的,鉴于这个原因,成为同代人,首先且最为重要的,是勇气问题,因为它意味着不仅要坚定地将凝视固着于时代的黑暗上,而且要察觉在这黑暗之中,既有朝向我们(directed toward us)又无限地与我们拉远距离的光明。换句话说,如同赶赴一场必须准时却又错过

---

① 吴亮:《朝霞》,第 376 页。
② 黄子平、程德培、吴亮:《为同代人写作——长篇小说〈朝霞〉三人谈》,《书城》2016 年 11 月号。
③ Giorgio Agamben, "What Is the Contemporary?" in *What Is an Apparatus?: And Other Essays*, trans. by David Kishik and Stefan Pedatella, Stanford University Press, 2009, p. 39. 另外,中文译文也可参见王立秋翻译的《何为同时代?》(《上海文化》2010 年第 4 期),以及白轻(Lightwhite)翻译的《什么是当代人?》,https://www.douban.com/note/153131392/,最后访问日期:2016 年 10 月 3 日。
④ Giorgio Agamben, "What Is the Contemporary?" in *What Is an Apparatus?: And Other Essays*, trans. by David Kishik and Stefan Pedatella, pp. 40, 44, 45.

的约会"。①

阿甘本所认为的成为"同代人"不仅是不合"时"宜的,而且要有凝视时代黑暗,并有勇气发现黑暗之中所包含的一直在来路上的光明,以及它们与当下的相关性。《朝霞》中的这群过去时代的少年人,是"逍遥"于其时代主潮之外的边缘人,可谓不合其时代规范的人,但他们又奇特地通过与其时代的脱节来观察、感知并依附于其时代。他们这种既依附于其时代,又与其时代保持距离的奇特关系,就是阿甘本所说的"同时代性"(contemporariness)。《朝霞》这部作品正是通过文本时间与时代的断裂和脱节,将过去时代的繁复和记忆空间多层面地呈现在远离了时代的少年看客们面前。这群少年是过去时代的"同代人",这并不是由于他们生长于那个时代,而是因为他们的眼睛凝视着其时代的晦暗之处,并用个体经验呈现集体记忆的不一致。正是这种不一致,成为我们在文本之外的当下时空里理解文本中过去时代的一个维度。

吴亮强调"同代人",自然有关注自身的过去与现在的意思,但是我们不能就此忽略他所写的少年游荡者们过去的生活经验,与当时的社会主潮是脱节的;同时,《朝霞》所涉及的内容,又与他写作《朝霞》的时代要求相异。这样一来,《朝霞》就有了两重的不合时宜:书写那个时代本身的不合时宜,以及在当下书写那个时代行动的不合时宜。这就导致了《朝霞》在文本内外都处在与历史的和当下的双重背离中。这双重的不合"时"宜,无不与阿甘本所说的"同时代性"相吻合,使得文本充满了艺术与哲思的张力。

正如阿甘本以在研讨班发言的此刻"时间"为例所指出的,要解决"我们和谁以及什么同属于一个时代"这个问题,在很大程度上就必须有一种迫切需要的能力。这种能力就是不管我们所阅读的文本作者对我们来说是很多个世纪以前的,还是较近的,抑或非常新近的,无论如何我们都要试图在某种程度上成为文本的"同代人"。② 这样来看,文本的"同代人"不一定就是来自过去的人,当下之人或未来之人也都可能成为"同代人"。因而,吴亮对《朝霞》期待读者的想象,还在另一个层面上表征着他对文

---

① Giorgio Agamben, "What Is the Contemporary?" in *What Is an Apparatus?: And Other Essays*, trans. by David Kishik and Stefan Pedatella, p. 46.

② Giorgio Agamben, "What Is the Contemporary?" in *What Is an Apparatus?: And Other Essays*, trans. by David Kishik and Stefan Pedatella, p. 39.

本解读姿态的追求,即期待解读者为作者的"同代人"——既具有勇气面对我们所身处时代的断裂,又能够觉察断裂背后的意义,还愿意担承弥合断裂义务,从而使解读者以与己相关的态度去摩挲过去,在晦暗中看见光明。

二 碎片式书写的"剩余"之物

从对"同代人"的强调出发,我们可以见出作者对其作品有着明确的认知。作者很清醒地知道他所书写的、所面对的是一个"历史难题",这个所谓的"历史难题"是由多重因素造就的,它既有历史经验(亲历的或习得的)本身的多样性,又有经验历史的主体(言说者)之立场、态度的复杂性(主动遗忘或主动记忆);既有受不同时代制约的表达(时间性与可说的经验或只能沉默的经验),又有表达所使用的语言先验意义对所要表达之历史经验的心照不宣和词不达意(记忆空间建构的复杂性)。

强调它是一个难题,并"不是拒绝历史难题,而是无力谈论历史难题"[1],表达这样的"历史难题",已经有无数种委婉曲折的方式,甚至已经形成了不少"行之有效"的模式,因而,作者要恢复文学伦理,恢复文学的政治性维度和社会功能,"把这个隐藏着的历史从光天化日之下再次以文学的方式隐藏起来,不是揭露和控告那些早已作古的偶然性,也无须推翻他们的定论,只有这样一个观念才是符合文学伦理的:将芸芸众生从记忆的瀚海中打捞出来"[2]。"从光天化日之下"在当下的语境中意味着什么,似乎很难描述,因而作者说,他"借此叙述得以窥见死去的亡灵与每一道消失的晚霞,它们全是绝对的在场者,它们站在舞台上,闭上的大幕再次开启,叙述者,他姿态的力度将决定叙述的能量可以无穷尽地保持下去"[3]。

正如作者所言,对《朝霞》的书写,就是致力于"把无法重现的昨天——这个昨天包括一切刚刚过去的那个瞬间——从记忆的混沌牢笼中解放出来"[4]。在这样明确而强烈的写作目的指引下,作者将文本切割为叙事时间和议论时间。在文本的叙事时间中填充了大量节奏松弛的、漫无边际

---

[1] 吴亮:《朝霞》,第7页。
[2] 吴亮:《朝霞》,第227页。
[3] 吴亮:《朝霞》,第173页。
[4] 吴亮:《朝霞》,第11页。

的闲言碎语和对话,支离破碎的片段,以及五花八门的读书摘抄和引文。①这样破碎的情节设置常常令人感到困惑,它们跟情节的推进似乎是无关的,它们相互之间关系松散,完全是跳跃的、随意的、破碎的,它们就这样被生硬而费解地堆砌在文本中。程德培借用科塔萨尔在写作《跳房子》时所说的话说:"饱和点实在太高了,唯一诚实的做法就是接受这些源源不断来自街上、书本、会话、每天发生在灾难中的信息,然后把它们转变成段落、片段,必要和非必要的章节。"② 这段引述极为贴切,作者将这些碎片拼在一起时,就令人震撼地编织出了一幅芜杂的20世纪70年代的生活图景。令人不得不猜测,或许碎片和芜杂正是作者想要呈现的,那些无关且松散的片段可能是作者使用的呈现不可呈现之物的方式,因为《朝霞》处理的毕竟是不可言说的难题,作者所面对的毕竟是不可言说的东西。

言说不可言说是《朝霞》预设的想要解决的难题,这样的难题使得作者期待他的读者是"内行的",是"知道如何区分里面的复杂性与歧义性"③ 的,知道要从这些零碎的、无法形成连贯意义的背后,发现其未明确言说的东西。比如,作者一面说"游荡于十字街头的少年不知维特之烦恼",从而使得"被幻觉化了的阳光灿烂的日子或许就是当年最真实的体验",一面又写"幻化、投射、覆盖残酷记忆,人类儿童时期的嗜血本能,身体内部的骚动,破坏欲望";一面讴歌阅读世界是封锁现实世界的避难所,一面发现"支离破碎的语词脱落为标签,荒诞喜剧与道德剧的不同之处,前者不需要逻辑";一面细描厨房里不忍丢弃的旧冰箱、黄铜门把手、铸铁栅栏,一面说这个大都市变成了一个巨型剧场,居民通通卷入其中无法逃逸。④ 在《朝霞》中,作者的情绪极为鼓荡,小说在拉拉杂杂的各种碎片里却显得生机勃勃。有论者称它有"'百科全书式'的知识激情",并且"更像一个回忆录式文本交叉试验,或者说是小说化思想随笔"⑤ 的越轨式

---

① 比如,"面目潮红"的食疗方子,"四书五经"摘句,唐太宗和宇文士及的"嘉树佞臣"辩,《旧约·利未记》,大白菜和圆白菜的药用价值,劳动价值论,中世纪康斯坦斯修女致博得里修士的一封信,《德意志安魂曲》和《六首钢琴小品》的作品含义,等等。
② 程德培:《一个黎明时分的拾荒者》,参见 http://www.shzuojia.com/plus/view.php?aid=1534,最后访问日期:2017年3月3日。
③ 吴亮:《隆巴耶与他的侄子的对话:关于〈朝霞〉》,参见 https://book.douban.com/review/8068731/,最后访问日期:2017年1月23日。
④ 吴亮:《朝霞》,第30、6、47页。
⑤ 房伟:《当"朝霞"升起的时候》,《文艺报》2016年7月15日,第7版。

的形式。这种形式的越轨所包含的,是作者试图记录过去事件中晦暗之处的野心,芜杂的生活碎片重叠交织成时代的"特别的'剩余'之物"①。这些"剩余"之物,是过去与现在之间的异质性要素。它们如此"顽强地存在于历史的此时此刻,没有被这个此刻所勾除而是成为它的一部分。不仅如此,它同样顽强地不被这个此刻所同化和吞并,绝不成为此刻的同质化客体。也就是说,它既属于这个时代,是这个时代不可抹去的一部分,但又是这个时代的他者,和这个时代的主流刻意保持张力:它既属于这个时代,又不属于这个时代"②。这些"剩余"之物,是作者为了表达"不得不将之扭曲,或故意将之转向"③的写作,需要阅读者去发现,去增补,并对文本进行阐释性的再生产。而阅读者阐释行为发生的这个现在,"不仅让历史、让过去的意象侧身进入,同样也让现在所发生但被排斥掉的异质性要素也密密麻麻地挤进来,让同时代那些被排斥被压制的异己者也挤进来。'现在'被这样的多重性所塞满从而成为一个充满张力和冲突的结构"④。

《朝霞》碎片式的书写所描绘的,是经由对童年经验与后来之记忆、知识的不停反刍和思考而得来的,是既属于这个时代又不属于这个时代的"剩余"之物,它通过叙事在文本中搭建了曾经存在、已经不再存在、将会一直存在的过去,时间停顿,消逝的时间通过语词搭建的空间被呈现出来,并通过阅读复活于此时此刻。"剩余"之物是微不足道的,却占据着特殊的位置。《朝霞》将对"剩余"之物的捡拾与碎片式的书写融洽地结合在一起,其时代的特别的"剩余"之物展现于文本的叙事时间和议论时间的消长中。

从开篇的"整整十五年了,父亲背影从这条街消逝"开始,到"二十七年前"将邦斯舅舅送进青海共和县劳改农场的那些干部和同事去探望"六十五岁"回到上海的邦斯舅舅,再到阿诺头一次看到朱莉是"一九七〇年冬天",又到第1节"一九七二年"阿诺中学毕业,以及终章第99节最后一个时间"一九七六年九月"阿诺接到的没有具体日期和落款的信,⑤这

---

① 汪民安:《福柯、本雅明与阿甘本:什么是当代》,《马克思主义与现实》2013 年第 6 期。
② 汪民安:《福柯、本雅明与阿甘本:什么是当代》,《马克思主义与现实》2013 年第 6 期。
③ 吴亮:《隆巴耶与他的侄子的对话:关于〈朝霞〉》,参见 https://book.douban.com/review/8068731/,最后访问日期:2017 年 1 月 23 日。
④ 汪民安:《福柯、本雅明与阿甘本:什么是当代》,《马克思主义与现实》2013 年第 6 期。
⑤ 吴亮:《朝霞》,第 2、4、5、7、460 页。

些时间表述使我们可以看到,《朝霞》围绕着少年游荡者们的叙事基本是沿着那个时代的线性时间脉络展开的,与之同时摹写的还有个体生命时间对线性时间看似偶然的无序插入。在文本的每一节里,打断文本叙事时间的是作者毫无规律的议论时间,这些时间符号的转换,几乎等同于叙事空间的转移,断裂的、碎片式的文本形式造就了意义的不完整,使得整部小说时时发生的不完整叙事产生了无数的裂隙,增大了文本的可容纳性。

的确如有的评论者所说的,吴亮"频繁地切换镜头,笔触在各个人物之间的闪入闪出,是想摆脱时间的束缚,获得更加自由的表述空间。时间顺序尽管是叙事的依据,却往往是发议论的障碍,特别是那些天马行空的议论"[1]。然而,虽然小说的书写反复出现有意识的对线性时间和对叙事高潮的阻断,虽然在小说中,过去—现在—未来的叙事不再是连续的、编年史式的,而是将叙事时间从编年史式的时间序列中剥离出来,但其目的是把那个时代从同质化的、进步的历史进程中剥离出来。这种剥离是作者着力的重心,其议论看似因为阻碍了叙事的顺畅而使叙事结构变得支离破碎,阅读也似乎变得杂乱无序,甚至可以随意地翻开它从任何一个句子读起,读罢好像也难以从中提取一条完整的、有持续的情节设置的叙事链,但是这些天马行空的议论是回溯性的,它与正叙少年游荡者们的叙事时间形成交叉层叠的结构。"文革"是过去发生的有明确时间段的、具体的历史性事件,《朝霞》通过随时插入的议论时间,将那个特定时代在文本中延续至今。这种延续至今与文本叙事时间"在思想中形成另一条绵延的河流",使得当年的少年游荡者们可以灵活地穿越,从而"既保持着自己的青春气息,又有着对这青春的回溯性省察"[2],在开放的文本中,在那个特定时代和当下的两个时间维度里,历史的异质性得以显现。

三 用块茎思维写作或记忆

如此多的"剩余"之物塞进文本之后,文本被割裂、重组,似乎逃离了作者想要的模式而自成一体。吴亮这样描述他的小说:一旦从第一句话开始

---

[1] 蒋原伦:《从形象到多元意识镜像——关于吴亮〈朝霞〉的读解》,《扬子江评论》2017年第2期。
[2] 黄德海:《一个旁观者的反思性成长》,参见 https://book.douban.com/subject/26851548/discussion/615327927/,最后访问日期:2017年3月6日。

后，"能量随之集中，需要更多的出口，句子和句子前赴后继，句子已经不为注意，句子汇合成句丛，一个一个句丛的团块，块茎，有自己的生命，它们开始自作主张，它们有了内部的欲望，还有自己的意志，那个叫作人物的角色，他，他和她，更多的他和她，他们！……必须有一个光辉的结局，……为了发生过的一切生活痕迹留下文字，在虚空里消逝"①。"一个个句丛的团块"如块茎，吴亮所描述的文本逃逸，似乎既逃离作者，又逃离文本所描绘的那个时代，甚至是逃离文本本身，他看似无意使用的"块茎"一词，既形象地说明作者用字、词、句搭建小说这个过程时的感受，又同时令人无法忽视地想到"块茎"还是一种哲学思维和空间诗学理论。

德勒兹和加塔利创造的"块茎"（rhizome，又译为"根茎"）概念，是对以"树—根"图式来描述的西方传统理性主义思想形态和思维模式的反动。传统的理性主义思想形态就如同树一样，是从树根开始生长的。树和根一分为二，树形思维是一种二元的辩证逻辑，有序且循序渐进，无论树怎么生长，它都与根相连。而块茎则不同。生物学意义上的块茎（如红薯、马铃薯等）在地下衍生，表面布满不规则的芽眼，可以向各个方向长出新枝和不定根，结成一种多元网络。基于块茎如此形象化的生物学特征，块茎思维方式的主要特征就得以完整显现。德勒兹认为块茎包含了连接原则、异质性原则、多元体原则、非示意的断裂原则、绘图法原则和转印法（décalcomanie）原则。②德勒兹和加塔利总结块茎的基本特征，认为它"连接任意两点，它的线条（trait）并不必然与相同本性的线条相连接，它动用了极为差异的符号机制，……它没有开端也没有中介，而是始终处于中间，由此它生长并漫溢。它形成了n维的、线性的多元体，既没有主体也没有客体，可以被展开于一个容贯的平面之上，……只从线中形成，……不是复制的对象，……它是一种短时记忆，甚或一种反记忆。……通过变化、拓张、征服、捕获、旁生而运作。……具有多重入口和出口，具有其自身的逃逸线。……是一个去中心化、非等级化和非示意的系统，……它仅仅为一种状态的流通所界定。……所有这些都与树形的关联不同：各种各样的'生成'"③。

---

① 吴亮：《朝霞》，第154页。
② 〔法〕德勒兹、加塔利：《资本主义与精神分裂（卷2）·千高原》，姜宇辉译，上海书店出版社，2010，导论。
③ 〔法〕德勒兹、加塔利：《资本主义与精神分裂（卷2）·千高原》，姜宇辉译，第27～28页。

按照引述之意，我们能看到与树形思维逻辑不同的是，块茎思维是不受"树—根"逻辑限制的，它有着强大的自我繁殖力，任意两点之间皆可连接，能够多个方向、多种路径的逃逸，它本质上是反谱系的，是强调差异的，是不规则的、无法预料的和敞开的。而在这种思维指引下书写的文本，也同样具有如此特征。凯尔纳曾这样评价德勒兹和加塔利以块茎式思维写作的《千高原》：以"类似拼凑的技巧，放弃了任何类似于叙事或论证阐述的理论方法，偏好一种随机的、观点并置的章节安排，或者说是由复杂的概念流组成的'高原'。这些高原混乱地跨越了许多不同主题、时间框架及学科领域；而且，依照作者的建议，它可以按照任意一种顺序来阅读"，"使书的'形式'成为其'内容'的一部分，或者干脆打破了形式与内容之分"。① 是拼凑的技巧和观点并置的章节安排也好，是打破形式和内容使形式和内容共同成为形式或内容也罢，块茎思维表面的随机和断裂，恰恰都是深入处在多元且持续的生成状态中。

由此，当我们回到吴亮《朝霞》，并记起前文所分析的所谓不合"时"宜、"同代人"、"剩余"之物、碎片式书写、去中心化的人物书写时，便可以发现这些无不是从多重入口进入不可言说之物，并在每一个断裂的入口处萌发一个新的块茎图式的且借助它产生的新意义，它与文本中作者看似无意提及的"块茎"诗学理论相吻合。也就是说，《朝霞》处于一种多元的、持续生成的美学状态中，无论我们从哪里进入，都能够通达某个不可预知的层面，打破线性时间的无序的文本结构，处处呈现意义自我生成的痕迹。而作者对《朝霞》读者的期待，又使得每一位读者的阅读同时开启了块茎思维增殖性和持续延宕性思考模式，沿着时间的断裂处追索线性时间的意义，跟随任意一个不断延宕的意义之线，寻找逝去的往昔里不断逃逸与被掩藏的暗面或光明。它能激发读者调用已有的阅读经验与知识累积去理解文本，并在块茎思维中解域和再结域（reterritorialisation）。② 可以说，《朝霞》在某种程度上基本契合《千高原》的如下描述："一本书的理想就是在这样一个外在性的平面之上展开所有的事物，在一页纸上，在同一页纸上：经历的事件，历史性的决断，被思索的概念，个体，群体及社会构型（formation）。Kleist创造了一种这个类型的写作，一种情状（affect）的

---

① 〔美〕道格拉斯·凯尔纳、斯蒂文·贝斯特：《后现代理论——批判性的质疑》，张志斌译，中央编译出版社，1999，第127页。
② 〔法〕德勒兹、加塔利：《资本主义与精神分裂（卷2）·千高原》，姜宇辉译，第11页。

断裂链条，带有着多变的速度，加速与变形，始终与外部相关联。开放之环。"①

如前文所述，吴亮写《朝霞》之目的是记忆与重现过去，但它又是一个无力谈论的"历史难题"。书写所面临的是文本第 0 节就提及的"我们经历过，是见证"②的一切，书写所思索的则是原罪与堕落之谁先谁后的问题——亚当、夏娃到底是因为本已经堕落而被驱逐出伊甸园，还是因为被驱逐出了伊甸园后才堕落。作者紧随其后短短几句描述大楼被洗劫一空，古董被焚烧，图书馆被捣毁，墓园破败，校园荒芜，等等，又与亚当、夏娃之原罪有何关系？原罪与堕落是支离破碎的标签，是意义含混的隐语，什么是文本所涉及的原罪？与之相关的堕落又是什么？这短短的一段所展开的是大量的信息碎片，是许多的秩序断裂，是多重的入口邀约，它们是文本内部的一个个块茎，因为要理解它们，就需要与外部相关联，它们始终处在开放之环上。

我们再以《朝霞》文本的语言为例进一步分析。吴亮表示，就像莎士比亚的语言不等于莎士比亚生活时代的语言一样，"用一种与某特殊时代盛行的语言格格不入的文风和修辞方式去重塑那个惊惶、恐怖、匮乏、粗俗的极端时代，理所当然会遭质疑，不是后世人，而是同时代人的质疑，真实，真实，真实！……却没有能力发现他们身边的秘密天才，……他们在沉寂中一遍一遍默诵他们自己的语言，他们不需要任何学院的培训，就像彼得和莎士比亚一样，突然有一天破土而出"。③ 在讲述文本时，对于语言，作者是有所考虑的：是为求真实而采取与特殊时代所盛行的保持一致的语言，还是采取自己独特的语言？是再次回到只负责意义和真理、道德和效忠且不指代事实的语言，还是丢弃这种含糊、武断、空洞且早已死亡的语言而返归几乎一切男男女女的肉体使用着的、汹涌而无声的语言，哪怕它们"放荡、肮脏、默契、含蓄，不贞洁，甚至于无耻、海淫、亵渎、放纵无度"？④ 很显然，小说特殊的言说方式不仅表达特殊的语意，还与特定的逻辑结构、情感偏向密切相关，语言形式、语意所指、逻辑结构与情感倾向之间的互动，制造了各种各样的可行性阐释。于是，作者在文本中从不

---

① 〔法〕德勒兹、加塔利：《资本主义与精神分裂（卷2）·千高原》，姜宇辉译，第10页。
② 吴亮：《朝霞》，第6页。
③ 吴亮：《朝霞》，第21~22页。
④ 吴亮：《朝霞》，第215页。

隐藏自己的叙述人处处出现，直言不讳地发表议论。叙述人弃置模仿，随心所欲地拮取玩笑俚语和烦琐絮叨如流水账一般的述说，无不是在某些处境中、某些路径上或文本意义空间中进行的话语实践。黄子平在分析《朝霞》中的对话时，提到吴亮的"日常絮语"①的使用。②他认为这些交谈首先是文本内部的对话，比如，这一段讲上海里弄中俗不可耐的无聊生活，下一段则描述充满哲理的遐思，随后又来一段介绍戏剧化的舞台装置提示；又如一段文字中先讲述某一内容，但马上提示不要在外面泄露这一内容。文本内部的这些东拉西扯的絮语是离题的、无意义的，它不停被打断，又不断地产生新的对话，至于新的对话向外部的哪个方向延展，则是一个无法预测的问题。

如果说，以往渐趋模式化的对特定历史时期的书写采取的是树状思维的话，那么《朝霞》的混杂和碎片化的书写则采取的是块茎式思维，它不再有某种固定的表达方式，将那些纪念式的特定事件消弭于闲言碎语中，每个碎片皆可感知，可流动，可再造，可生成，纷杂的历史记忆和既往的历史书写都是《朝霞》的注脚，它"到处埋伏着错误记忆、不准确的知识"③。

小　结

"为同代人写作"的吴亮所心心念念的不合"时"宜之人，不仅仅是能够感知时代的晦暗和那始终也无法到达的光明的人，同时还是"能够划分和插入（interpolating）时间，改变时间并把它置于与其他时间联系中的人。他们能够以无法预料的方式阅读历史，并根据某种必要性来'引证它'。无论如何，这种必要性并不是来自他们的意志，而是来自他们不得不做出回应的某种紧迫状况，就好像当下黑暗中的不可见的光将其阴影投射于过去，因而被其阴影触摸的过去，就获得了回应此刻黑暗的能力"④。《朝霞》文本所期待的不合"时"宜的"同代人"，具有将过去和现在与未来联系起来的

---

① 吴亮：《朝霞》，第245页。
② 黄子平、程德培、吴亮：《为同代人写作——长篇小说〈朝霞〉三人谈》，《书城》2016年11月号。
③ 楼耀福：《亮的霞》，参见 http：//www.shzuojia.com/plus/view.php？aid=1533，最后访问日期：2018年5月17日。
④ Giorgio Agamben, "What Is the Contemporary?" in *What Is an Apparatus?: And Other Essays*, trans. by David Kishik and Stefan Pedatella, p. 53.

时间观,并主动与时代疏离,在每一个历史的小入口发现现在。

《朝霞》的独特之处就在于它对已有的以特定历史时代为题材的小说书写经验的反动。它用反小说的创作形式打断编年体式的时间线性,再建构与过去、当下和未来时间相关的历史记忆空间。以一个解构"历史难题"的框架来支撑密密匝匝堆积的叙事碎片,并以开放的姿势期待读者在任一意象或任意一行文字前停下来,以自身之问题意识、立场、史观、思维等来亲自动手对这些"剩余"之物重新进行排列组合。《朝霞》所要表现的是在线性时间的断裂与倒错中进行的记忆与遗忘的争斗。正因有此文本所书写的那个时代线性时间的断裂,我们才得以在时间的停顿中凝视此文本之外的当下时代深处的晦暗,并透过晦暗见到始终在不停前来的光明。

中国大众文艺中古典意象的同质化问题
——以古装电视剧为分析重点

马骁远[*]

摘要 古典意象是互相异质的象征符号，对它们的使用不能脱离特定的语境，包括时代、环境和主体状况等。然而，在中国当代的大众文艺中，对古典意象的使用趋于同质化，脱离了语境的约束，使之不受任何时空现实性的束缚，完全服务于大众的审美期待。这种情况在大众文艺作品中屡见不鲜，在古装电视剧中尤其典型。它造成了作品中相似意象的泛滥以及作品的形式与内容脱节等后果。同质化是大众文化和现代性的产物，由市场经济、意识形态、现代人的生活和心理条件等多方面因素所决定。

关键词 大众文化 古典意象 古装电视剧 同质化

Abstract Classical imageries are symbols which are heterogeneous to each other, the use of them, thus is restricted by certain context such as ages, surroundings and subjective conditions. However, the tendency of homogenization could be found in contemporary use of classical imageries in Chinese popular literature and art, deprived of any restrict of the spatio-temporal reality, i. e. , the context. Imageries have been made subordinate to the aesthetical expectation of the masses. Such situations could always be found in the works of contemporary popular literature and art, especially in ancient costume dramas. Consequently, a surfeit of similar imageries and the disjoint

---

[*] 马骁远，华东师范大学思勉人文高等研究院博士研究生。

between form and content always appear in works. It is the aftermath of popular culture that market economy, ideology, living and mental conditions cause the homogenization together. Art, therefore, would seek transcendence to sublate itself, and the new higher level of it is expectable.

Key Words　Popular Culture　Classical Imagery　Ancient Costume Drama　Homogenization

一　意象"家族"及意象的同质化

中国古典文艺常常借助某些客观事物对特定的对象进行描写,被描写的对象包括具体的物或人,也可能是作家的主观感受。被借助的客观事物就是意象。如果我们借用索绪尔语言学的术语,意象可以被看作由能指和所指构成的象征符号。能指和所指最初的搭配是因为它们之间"有一点自然联系的根基",① 在现实中存在可以论证的余地。后来,由于长期的"集体习惯"或"约定俗成",能指与所指的联系被固定下来。因此,古代文艺作品中的意象有着相对固定的意义,在使用上也具有较为固定的模式。如"折柳""河梁"用于送别,常出现于送别场景;"平沙落雁"常出现在边塞或战争的场景;"明月""鸿雁"表达思念;"菊花""鹤"与归隐有关,等等。另外,从语言的现实性角度来看,能指与所指的联系需要有参照物在场;这同时也说明了意象与含义的关联不能摆脱特定的语境,并始终受到语境的影响。

笔者将上述描写每一种特定场合的所有意象的集合看作一个"意象家族",类似于维特根斯坦的"家族相似性"或阿多诺的"星丛",统摄着大量的意象,但这些意象之间只是在某些意义上具有相似性,实际上是异质的。它们是对应着共同的所指的不同能指,同时,它们都属于不同的参照系,有不同的参照物,这导致它们虽然在同一个家族内,却不可任意替换。因为它们每一个都具有异质的现实性,即受到时代、环境和主体状况等多种条件的制约。

---

① 〔瑞士〕费尔迪南·德·索绪尔:《普通语言学教程》,高名凯译,商务印书馆,1980,第97页。

以描写女人的意象为例,李白和杜甫都写过很多。从客观的环境来看,李白大多时候是借助女人题材来表现失意的政治抱负,在描写女人时也尽量抽象化、完美化。所描写的女人大多是仙女、宫女这些。杜甫则是在遭受各种人生磨难的过程里,逐渐关注到底层的生活境况,因而很少描写抽象、完美的女人形象,却更多地刻画现实中的妇女,她们有的是下层平民,有的是骄奢淫逸的真实贵妇。从主观方面来看,李白和杜甫在比喻习惯、审美倾向和对婚姻的态度上都存在着差异,这些差异也多层次地决定了两位诗人对意象的选取。[1] 这表明了限制意象使用的条件是多方面的。

所以李白《古风》中的女人和杜甫《丽人行》或《新婚别》中的女人必定是不可通约的,它们的描写只适用于各自的特定的诗篇。李白的仙女可以是"素手""虚步""霓裳""广带""飘拂";杜甫的贵妇是"态浓意远淑且真,肌理细腻骨肉匀"。而杜甫的贫家怨妇则是"自嗟贫家女,久致罗襦裳。罗襦不复施,对君洗红妆"。另外,《诗经》中的"静女"、《楚辞》中的"山鬼"、曹植的"佳人"和"洛神"、王安石的"明妃",等等,也都是描写女人的经典,它们构成了关于女人的庞大的意象家族。但是这些意象都具有各自的历史环境,不可任意互换。如果把这些意象打乱,按照读者的喜好拼凑到同一个女人身上,必然使形象变得空洞,难以辨认。

随着当代中国大众文化的兴起与壮大,以及古典文化在时代上的渐渐远去,古典意象家族开始出现了构成性的危机,意象符号朝着逐渐同质化的趋势发展。它们仍然是原先的能指,也对应着原先的所指,但是它们被抽离了历史环境和作家主体状况,成为抽象的、形式化的符号。这种变化也可以用詹明信的观念概括,他认为现代生活从语言中逐渐排除了参照物的维度,使得符号仅剩下能指和所指。[2] 而且,这种脱离不只是对原有语境即古代作品文本环境的脱离,而是不受任何时空现实性的约束,完全服务于大众的审美期待。

这种现象并不少见,例如在很多电视剧中,无论是宫廷贵胄、出入战场的武将,还是下层农民,抑或历史中相貌并不出众的人,全都有一副永远干净、年轻、瘦美的面容。而这也是大众希望看到的。

---

[1] 参见刘明华、杨理论《李杜诗歌中的女性题材及抒情特征三论——李杜诗歌女性观念的比较》,《社会科学研究》2001年第2期。

[2] 参见〔美〕詹明信《现实主义、现代主义、后现代主义》,载张旭东编《晚期资本主义的文化逻辑》,陈清侨、严锋等译,三联书店,2013。

笔者在本文将重点选取古装电视剧进行分析，同时也会涉及其他的大众文艺形式。

二 同质化的表现与后果：作品的意象泛滥以及形式与内容的脱节

意象家族的同质化问题在古装电视剧中表现得尤为明显。而且，古装剧往往由网络小说改编而来，介于大众文化的多种形式之间，具有典型性。

古装剧为了营造所谓的"古典情境"，常常混乱地引用古典意象，使它们几乎完全脱离了原有的语境，失去了原来的内容。从之前的家族相似关系，变成了等式关系。这种同质化就表现为古装剧中的意象泛滥问题。

笔者将重点对2017年的古装"网剧"《九州·海上牧云记》进行分析，并简单涉及其他电视剧。

2017年上映的古装"网剧"《九州·海上牧云记》（简称"海牧"）以其玄幻的剧情，宏大的场面，精致的美工，强大的演员阵容赢得了网友的纷纷好评。这部剧发生在非实际的历史中，是以"架空剧情"的样貌出现的。在剧中有大量的中国古典意象符号。

其中最引人注目的就是烦琐的古礼。观众能够看到占卜之礼、登基之礼、祭奠之礼、朝觐之礼，以及作揖时男女的左右手之分，迈过门槛时规范的动作要领，等等。可以说，"大至群臣朝拜，细至餐具摆放"，每一个细节似乎都是经过仔细研究和反复排练的。"礼仪指导李斌表示，剧中的礼仪是上到周、下到清朝时期古礼的融合。"[1]

还有剧作所选取的各种"炫目"的名称。例如，"殇"和"晟"都是较为生僻的字，恐怕在古代也很少被使用，剧中却出现了"大晟朝"和"殇州"。"晟"有兴盛之意，用于对朝代的命名似乎寓意过于显白。"殇"在楚辞中指为国战死的人，在剧中用以命名九州之一。其寒冷偏僻，有巨人"夸父"守卫，从没有人类成功建立过一座城市，因而起名为"殇州"。另外，对道士的命名都出现了"鹤""羽"等字，而宫廷贵族也都根据角色起了好听、文雅的名字。更有甚者，帝王晏驾竟然要使用"薨"这一结构

---

[1] http://baike.sogou.com/v103996822.htm?fromTitle=海上牧云记。

复杂,却只用于诸侯王的字。

同类的情况还出现在其他古装剧中,表面上看,它们在古代文化和场景的还原方面做出了相当大的努力。例如,有学者指出电视剧《琅琊榜》在交接场面的礼仪、拱手礼、退礼、祭奠礼等礼仪方面,以及服装道具方面是如何符合古代文化的,并具有"传承和弘扬中国优秀的传统文化,为观众传递正确的价值观"[①] 的作用。

此外,众多网友也声称海牧是对美剧《权力的游戏》的中国化改编,不论此言是否属实,剧中都出现了大量非中国特有的元素:如家徽制(在中国漫长的帝制文化中这几乎是不可能的,它是西方中世纪的常见文化元素),"九州六族"之说(即使"九州"是中国特有的,但"六族"更像是西方中世纪的神话中划分的矮人、巨人、精灵等),还有台词中大量的莎士比亚式的独白(硕风和叶常说的那段话非常典型),以及"荣耀"这一近乎罗马贵族或基督徒的常用语,等等。

综上所述,海牧融合了中国古典和西方文化中几乎所有为人熟知的文化意象,而这些符号的加入使得该剧体量十分宏大,成了名副其实的"史诗剧"。但是这也更加突出了该剧在剧情和台词上的缺陷,尤其是出现在左右全剧发展的关键节点上的缺陷,成为被人诟病最多的地方。例如,皇帝牧云勤一方面劝诫儿子牧云笙要面对现实,接受应该有的政治和世俗训练,但他自己却沉迷于对银容妃的眷恋,丝毫不顾现实情况;将军穆如槊向来忠君护国,手握全国武装,却是在皇帝受伤无法言语的时候主动让出兵权,这段剧情完全没有铺垫,显得莫名其妙;牧云合戈在夺权成功之际将对手全部扫除,手段和心机都可谓用到了极致,还有皇后在旁辅佐,却唯独留下了对手的家将虞心忌,并委以重任,最终功败垂成,这根本不合理。类似的矛盾、交代不清之处还有很多。相比于美国同类型的电视剧——《罗马》《权力的游戏》等——海牧只是用极其精致的古装剧外衣包裹着庸俗的内容脱离了历史质料而空有史诗形式的"残次品"。

整体来看,海牧的创作流于形式,疏于整体性的整合。而其最吸人眼球的地方,只是将大量的古典意象符号抽取并搭建起来。这些形式上的东西——场景、故事梗概、文化符号的大致类型等——像是被制作人预先设计好的,再由编剧将剧情内容填充进去。因而,这也造成了全剧的剧集冗

---

① 杨紫玮:《电视剧〈琅琊榜〉中传统文化元素的美学解读》,《当代电视》2016年第3期。

长，情节拖沓，节奏感不强。其中最好的部分也许只是男女主角的感情戏。

形式与内容脱节的情况并不少见。例如，2014年的电视剧《武媚娘传奇》在拍摄过程中，"道具、人物、服装、场景等细节要素，被要求'需要还原历史真实'，要能接受观众们的'考据'"。① 剧情方面，也试图以历史正剧《武则天》上映，结果加入了大量野史，使得剧情"天马行空"，完全脱离了历史真实。令人啼笑皆非的是，仍有人声称：该剧"会为这个传奇女人翻案，将其定义为'一个为爱而生的女人'。该剧会刻画一个全新的武则天，一个除掉各种妖魔化的脸谱、真实的武则天"。② 2016年的《女医·明妃传》自称根据真实历史人物故事，参考明代历史，要还原真实的明代生活，制作方还煞费苦心地钻研中医药学，"然而此剧播出之后仍然遭到了质疑，主要是观众指出女医谈允贤生活的时代根本就是搞错了。"③ 这些都使电视剧在艺术上的真实性大打折扣。

当代中国古装剧中形式与内容的脱节揭示出它们对古典意象的使用似乎是任意拿来，不是为了服务于内容，只是为了在形式上造成古典意味，使意象本身严重脱离了现实。这是意象同质化造成的后果。

相反的例子可以举出1997年的电视剧《雍正王朝》，其意象与情节大部分都结合得很好，少有脱节。如在第38集中，八皇叔胤禩试图拉拢三阿哥弘时对抗雍正，当时弘时正在院子里"逗鸟"。"逗鸟"是清代纨绔子弟常有的娱乐，老舍的《茶馆》中就有这样的人物。而当胤禩哄骗弘时成功之后，镜头也颇有深意地对准了笼子中的鸟。这里又正好揭示了弘时将成为胤禩的政治棋子，陷入圈套当中，而弘时本人缺乏政治能力，只能像笼中鸟一样任人摆布。这个意象的使用将古典内涵与剧中情节完美地结合起来。另外，《雍正王朝》中的人物言行也都较为符合清代风貌，很少使人"出戏"。这样的意象使用并不铺张，却做到了恰当。

三　同质化的原因探究

古典意象同质化是当代大众文化和现代性的产物，它的原因是多方面的。

---

① 郭必恒：《电视应多些"文化味儿"》，《中国文艺评论》2017年第7期。
② http://baike.sogou.com/v89249856.htm?fromTitle=武媚娘传奇。
③ 郭必恒：《电视应多些"文化味儿"》，《中国文艺评论》2017年第7期。

第一，电视剧类型化生产造成了固定的美学模式。电视剧的类型化与电影的类型化以及网络文学的类型化相辅相成，在大众文化的环境中并驾齐驱。一切类型化最重要的特征就是每一种类型都具有自身的"内在规定性"。"内在规定性是由文化产品自身的机制和观众的口味决定的，一旦形成，就具有了相当的稳定性，容不得随意地更改，否则就会得不到观众认可。"① 所以，同类型的电视剧形成了相同的套路，由同质化的意象元素构成。"它追求标准化、无个性、程式化，只求新奇刺激，而不必留意什么风格技巧。"② 古装剧中不可缺少古典的环境，古代的穿着和言行，虚构的古代故事，并且要极度地"求美，求韵"。③ 因此，创作者只要尽可能地在"意象大辞典"中寻找同类家族中的意象符号——如各种体现出古雅、华美的古礼、词汇意象——即可，不需要过多地考虑"原出处"和情节环境。"只要能流行，大众文化可以无所顾忌地借鉴任何文化素材以滋养自身"④。

第二，大众文化的商业模式催生出文化快餐。当代大众文化的发展不能离开市场经济的作用，在这种背景下，它的生产量和需求量都是相当惊人的。截至 2012 年年底，中国互联网络信息中心统计报告显示，有超过 2000 万人上网写作，其中有 10 万人通过网络写作获得经济收入，其中 3 万人以上是职业或半职业写手。文学网站及移动平台每天的阅读人数超过 10 亿人次。CNNIC 网络文学用户调研数据显示，79.2% 的网络读者希望网络文学作品被改编成影视剧。⑤ 这些数据从侧面反映出，大众文化的生产者必须不断更新产品，并使产品保持受关注度，而享受大众文化的人也具有相当的热情沉浸其中。

> 大众文化在当代社会中的生产完全是以产业化形式进行的，市场法则像一只看不见的手主导着大众文化的制作，大众的口味主导着文化市场的发展，无论是流行歌曲、畅销书，还是娱乐电影，这些大众文化制作成功与否，与是否迎合了大众当下的感性刺激与追求密切

---

① 曲德煊：《从古装剧及相近类型看电视剧类型化发展》，《中国电视》2007 年第 3 期。
② 邹广文：《当代中国大众文化及其生成背景》，《清华大学学报》2001 年第 2 期。
③ 曲德煊：《从古装剧及相近类型看电视剧类型化发展》，《中国电视》2007 年 3 月。
④ 邹广文：《当代中国大众文化及其生成背景》，《清华大学学报》2001 年第 2 期。
⑤ 参考欧阳友权《当下网络文学的十个关键词》，《求是学刊》2013 年 5 月。

相关。①

因此，大众文化也被称为"一次性消费"的文化，它们看重的是暂时的流行效果。这也正是詹明信所描述的，在市场经济下的"物化的力量"，它消解了现实主义的模式，将参照物的经验丢弃掉了。② 尤其对于电视剧这种非文本型文艺类别来说——经验上可知，很多观众只是为了在上班、做家务的时候打发无聊时间的，只要提醒观众故事的发生时间、地点和基本的剧情架构，就足以使观众享受其中了。

第三，中国现代化的生活节奏和生活内容单一化，现代人的"原子化"，造成实际生活经验的匮乏，精神生活的空虚。在西方历史玄幻类的作家中，《魔戒》的作者托尔金和《权力的游戏》的作者乔治·R. R. 马丁都有丰富的生活阅历。前者参加过一战，在作品中渗透着对现代性诸问题的反思；后者在 48 岁才开始写作《权力的游戏》，在此之前已经是成功的作家，而漫长的写作时间也渗透了他丰富的经验和智慧。中国的同类作家则正好相反，小说的创作可以如此概括：

> 缺少深厚的文化底蕴和坚实的生活积累，用于想象的素材囿于有限的生活阅历、知识视野，有的甚至就来自某些网络游戏，久而久之很容易陷于"枯竭焦虑"，摆脱不了自我重复的窠臼或难以为继的尴尬，导致一些类型化作品红极一时却速成速朽，短期内能赢得排行榜、赚取点击量，却少有艺术提升的空间和文学创新的潜能……这些作品千篇一律的风格好像只是换了换人物名字而已。③

事实上，连人物的名字都是按照固定套路在同质化意象中选取的。

另外，对于读者来说，小说和影视中的传统意象也只是作为空洞概念用于填充他们空虚的大脑，并没有过多值得研究的内涵。

第四，意识形态的作用下形成了"反政治的乌托邦"与"审美乌托邦"。大众文化并非全然与政治无关，而是某种"快感政治"的表现。罗

---

① 邹广文：《当代中国大众文化及其生成背景》，《清华大学学报》2001 年第 2 期。
② 〔美〕詹明信：《现实主义、现代主义、后现代主义》，载《晚期资本主义的文化逻辑》，陈清侨、严锋等译，第 232 页。
③ 欧阳友权：《当下网络文学的十个关键词》，《求是学刊》2013 年 5 月。

兰·巴特"将身体的一种享乐或说狂喜看作阅读行为中私密性的个人体验，这种体验和性欲紧密联系在一起，因此成为'个人'摆脱意识形态控制的有效途径。"① 所以，在意识形态以毛细管似的作用渗透的时代，电视剧展现着情节上的波澜起伏，演员阵容的青春靓丽，场景上的华美雅韵，它们的作用不在于表现某种需要猜测的深意，而是直白地给观众带去"享乐"和"狂喜"，以对抗无处不在的政治规训。

也有学者指出，这是一种"复调式的文化"表现。具体指代表大众文化的市民阶层"相对地从国家政治生活中分离与独立出来，使经济活动、文化活动与政治活动相对分开，获得各自的空间"。②"是经济、政治、文化活动三大领域分离状态的转变。"③

无论如何，大众文化遵循着这条享乐与分离的道路渐渐脱去了一切实质的内核，与现实生活越来越远，最后甚至成了纯粹的"快乐至上主义"。创作者和观众"不断诋毁和鄙视乌托邦主义的政治，拒绝对现实的反思意识和批判思想的培养"④。所以，他们拒绝为任何古典意象附着上意识形态的色彩，急于让它摆脱历史逻辑，而拼凑为一个纯粹的"审美乌托邦"。

第五，心理治疗时代的游戏精神导致的"自恋文化"。除了经济、文化生活和政治方面的原因，造成意象同质化的还有个体层面的主观原因。克里斯托弗·拉什描述了一种"治疗性的"文化，它是当代社会造成的。人们在其中倍感焦虑，找不到生活意义。而权力机构也仅仅是用一些心理治疗的方法消解人们的反抗意识，让他们重新安于现状，达到的效果就是："人们渴望的不是各人灵魂得到拯救，更不用说让早先的黄金时代得到重视，而是一种生活富裕、身体健康、心理安宁的感觉，或者说是一种片刻的幻觉。"⑤ 因而人们形成了一种"自欺"和"欺人"的默契，即"作者放弃了让读者认真对待的权利，同时他也逃避了被认真看待所带来的责任。

---

① 周志强：《从"娱乐"到"傻乐"——论中国大众文化的去政治化》，《天津师范大学学报》2010年第4期。
② 邹广文：《当代中国大众文化及其生成背景》，《清华大学学报》2001年第2期。
③ 邹广文：《当代中国大众文化及其生成背景》，《清华大学学报》2001年第2期。
④ 周志强：《从"娱乐"到"傻乐"——论中国大众文化的去政治化》，《天津师范大学学报》2010年第4期。
⑤〔美〕克里斯托弗·拉什：《自恋主义文化——心理危机时代的美国生活》，陈红雯、吕明译，上海译文出版社，2013，第5页。

他并不想求得读者理解，而只想得到读者的溺爱"。①

四 对同质化的超越

黑格尔将辩证逻辑分成了"辩证的或否定的"和"思辨的或肯定的"这两个阶段。在辩证的阶段，"有限规定扬弃它们自身，并且过渡到它们的反面"；② 在思辨的阶段，理性"在对立的规定中认识到它们的统一，或在对立双方的分解和过渡中，认识到它们所包含的肯定"。③ 这就是我们常说的从"反题"到"合题"的扬弃过程，它既是逻辑的展开方式，也是事物的发展路径。

古典意象的同质化已经向极端化发展，在大众文化中愈演愈烈。大众文艺在此时必然试图超越自身，寻求逻辑反题，让"另类"或"他者"介入到艺术中来。

我们可以将余秀华的诗歌作为这个反题的具体例子来分析。

有学者指出了余秀华的很多诗歌与《诗经》的互文以及对《诗经》中意象的引用。例如，化用了《桃夭》的《一页桃花》，"《桃夭》是一首祝贺女子出嫁的诗，以鲜艳的桃花和云霞比喻新娘的年轻妩媚。而此诗中的桃花面对的却是'千百个伤口在撕咬南风'的血淋淋的现实，为整首诗定下了一个阴郁的调子，全无前文本热烈、欢快和浪漫的情调"④。将传统意象与诗人当下的情感结合是复活意象的最有效方式。

以这种方式，余秀华在古典的情景中加入了新的意象家族，如身体。在田园风格的诗中融合现代人独特的身体感受，使古典情境中出现现代人的焦虑、空虚、忧郁，这的确是某种创新。"余秀华以独到的身体意识构筑了一个丰富的经验世界，创造了属于余秀华个人的独特审美经验。"⑤

余秀华诗中的这些元素虽然或多或少受到大众媚俗文化的影响，却也

---

① 〔美〕克里斯托弗·拉什：《自恋主义文化——心理危机时代的美国生活》，陈红雯、吕明译，第18页。
② 〔德〕黑格尔：《小逻辑》，贺麟译，商务印书馆，1980，第176页。
③ 〔德〕黑格尔：《小逻辑》，贺麟译，第182页。
④ 刘云峰、李俊国：《余秀华诗歌谱系与疼痛美学——以〈诗经〉、海子、"梨花体"为参照》，《北方论丛》2015年第4期。
⑤ 王泽龙、高健：《折射生存世界的棱镜——论余秀华诗歌的身体意识》，《湖南师范大学社会科学学报》2016年第5期。

使古典意象突破了传统的使用方式和期待方式，在家族内部造成了意象的极端差异。另外，它们并非唯一的反题，中国当代文艺中还有大量类似的作品存在。然而，这些作品还较为粗糙，难以酝酿出艺术精品。但是，我们仍然期待艺术"合题"的出现。众所周知的，《西厢记》《聊斋志异》《红楼梦》这些艺术经典都是在众多反礼教、反宋明理学的民间低俗文艺中产生的合题。

　　古典意象的合题要使古典意象符号的能指、所指与参照物在当下文化语境中重新结合，形成"典像"——这是艾略特诗歌理论的创新，强调对经典的引用要与现代经验完美融合。"典像"的出现也意味着合题的出现。

　　同质化的问题不仅出现在文艺作品的意象中，也出现在当代很多的古典文化符号当中。例如当下正掀起的"国学热"，使很多人将《弟子规》《三字经》等启蒙读物，或"女德班"这样的古代末流文化视为正宗的"国学"，而放弃了那些对于"国学"这一符号家族来说真正举足轻重的东西。当然，笔者也相信在经过现代媒体、书商包装的，面向大众的"国学大师"之中，会诞生"当代王阳明"这样的合题。

《文化研究》稿约

《文化研究》集刊创办于2000年，每年出版4期，主要以专题形式呈现国内外文化研究领域的最新成果，既包括对西方文化研究理论的译介，又包括对国内重要文化现象的个案研究，常设栏目有城市空间研究、记忆研究、媒体文化研究等。自2008年起，本刊连续入选南京大学中文社会科学引文索引（CSSCI）来源集刊，自2014年以来连续三次获得社会科学文献出版社"优秀学术集刊奖"，在国内文化研究领域拥有良好口碑和重要影响。本刊始终坚持以稿件质量作为唯一用稿标准，从不收取版面费，并常年面向国内外学界同人征稿，希望不吝惠赐大作，共同推动文化研究事业在中国的发展。

本刊投稿邮箱为：wenhuayanjiu2000@163.com.

《文化研究》编辑部

图书在版编目(CIP)数据

文化研究.第32辑,2018年.春/陶东风,周宪主编.--北京:社会科学文献出版社,2018.6
ISBN 978-7-5201-2954-1

Ⅰ.①文… Ⅱ.①陶…②周… Ⅲ.①文化研究－丛刊 Ⅳ.①G0-55

中国版本图书馆CIP数据核字(2018)第134081号

文化研究（第32辑）（2018年·春）

主　　编 / 陶东风（执行）　周　宪
副 主 编 / 胡疆锋　周计武

出 版 人 / 谢寿光
项目统筹 / 宋月华　吴　超
责任编辑 / 郭白歌

出　　版 / 社会科学文献出版社·人文分社（010）59367215
　　　　　 地址：北京市北三环中路甲29号院华龙大厦　邮编：100029
　　　　　 网址：www.ssap.com.cn
发　　行 / 市场营销中心（010）59367081　59367018
印　　装 / 三河市龙林印务有限公司
规　　格 / 开　本：787mm×1092mm　1/16
　　　　　 印　张：16.5　字　数：272千字
版　　次 / 2018年6月第1版　2018年6月第1次印刷
书　　号 / ISBN 978-7-5201-2954-1
定　　价 / 79.00元

本书如有印装质量问题，请与读者服务中心（010-59367028）联系

▲ 版权所有 翻印必究